中国科技创新的财政支持研究

王小平 著

中国财经出版传媒集团
中国财政经济出版社

图书在版编目（CIP）数据

中国科技创新的财政支持研究/王小平著.—北京：中国财政经济出版社，2017.12
ISBN 978-7-5095-7840-7

Ⅰ.①中… Ⅱ.①王… Ⅲ.①技术革新-财政政策-政策支持-研究-中国- Ⅳ.①F124.3②F812.0

中国版本图书馆 CIP 数据核字（2017）第 276778 号

责任编辑：胡 博 闫 娟 责任校对：杨瑞琦
封面设计：孙俪铭

中国财政经济出版社 出版

URL：http://www.cfeph.cn
E-mail：cfeph@cfeph.cn

（版权所有 翻印必究）

社址：北京市海淀区阜成路甲 28 号 邮政编码：100142
营销中心电话：88190406 北京财经书店电话：64033436 84041336
北京富生印刷厂印刷 各地新华书店经销
787×1092 毫米 16 开 15 印张 256 000 字
2017 年 12 月第 1 版 2017 年 12 月北京第 1 次印刷
定价：58.00 元
ISBN 978-7-5095-7840-7
（图书出现印装问题，本社负责调换）
本社质量投诉电话：010-88190744
打击盗版举报热线：010-88190414 QQ：447268889

前　言

伴随着近年来世界科学技术突飞猛进，科技创新对全球性的经济增长和经济结构调整影响越来越显著，科技创新与经济增长一体化趋势得到进一步加强。与此同时，科技创新在促进经济社会可持续发展等一系列重大问题上发挥着越来越重要的作用，成为国际竞争的主要因素和经济社会可持续发展的重要推动力。近年来，世界发达国家纷纷把促进科技创新作为国家战略，通过制定各种科技计划、政策和法规来支持本国的科技创新活动，而财政支持是促进科技创新最主要的手段。为了提高中国的科技创新水平，中国政府在2015年召开的十八届五中全会中明确指出：坚持创新发展，必须把创新摆在国家发展全局的核心位置，不断推进理论创新、制度创新、科技创新等各方面创新，让创新贯穿党和国家一切工作，让创新在全社会蔚然成风。必须把发展基点放在创新上，形成促进创新的体制架构。伴随着中国促进科技创新的财政支持不断实施，财政支持对科技创新的激励效果、财政支持存在的问题等也必然引起人们的高度关注。

针对上述问题，本书选取中国财政支持对科技创新影响为研究对象，以2000～2013年为观测期，深入分析了财政支持对科技创新的效应，以期对以促进科技创新为目标的财政支持提供一些理论和现实依据。文章根据"相关理论分析—现状分析—理论假说—实证分析—结论与建议"的分析思路进行论述，得出了如下结论：总的来说，目前中国的科技创新绩效水平较低；现有的财政支持对科技创新有显著的激励作用，但激励作用有限，在一定程度上限制了科技创新促进经济增长的作用发挥。具体而言，本书从如下几个方面对该问题进行了较为深入的研究。

第一，在对促进科技创新的财政支持国内外文献研究的基础上，对科技创新的内涵以及科技创新导向型财政支持的内涵进行详细阐述，进而从科技创新活动的公共性、科技创新活动的外部性和科技创新活动的不确定性与风险等理论出发，分析财政支持弥补科技创新市场失灵问题。

第二，在归纳了中国财政支持科技创新的政策演变的基础上，对现行财政支持和科技创新水平现状进行分析。现阶段，中国财政科技支出绝对值呈现出逐渐上升的趋势，中央财政科技支出占总财政科技支出比重整体呈现下降趋势，但试验发展占R&D支出比重最大，基础研究占R&D支出比重最小。中国政府采购规模和范围日趋扩大，采购资金来源呈现多元化，但服务类的采购比重偏低，采购资金仍然以预算内资金为主。中国促进科技创新的税收政策陆续出台，并不断丰富完善，但缺乏专门支持科技创新的税收优惠政策。这表明中国财政支持科技创新已经取得了一定的效果，但现有财政支持对科技创新的激励作用还远远不足，从而使得我们必须要重新审视现有的财政支持对科技创新的激励问题。

第三，采用数据包络法对中国财政科技支出激励科技创新进行实证检验。绩效评估结果表明：中国各省市区的知识创新、科研创新和成果转化创新效率水平均不高。中国30个省市区的知识创新效率＞科研创新效率＞成果转化创新效率，即中国目前的科技创新整体效率较低，特别是成果转化创新处于效率较低时期，这反映了中国科技创新效率的发展现状。不同地区间科技创新效率存在很大差异。通过科技创新的三阶段SBM模型分析可知，不管是知识创新、科研创新还是成果转化创新效率，效率值较高的地区主要是东部和中部地区，西部地区偏低。主要原因是东部和中部地区的经济效益和社会效益较高，直接提高了科技创新效率。采用知识创新、科研创新和成果转化创新效率均值作为划分标准，可以将中国30个省市区划分为四种类型，这几种类型均有较大的科技创新效率改善空间。

第四，采用计量经济模型对政府采购激励中国科技创新进行实证检验。从政府采购对知识创新、科研创新、成果转化创新的效应检验结果来看，政府采购对知识创新、科研创新均有促进作用，而对成果转化创新在短期内有抑制作用，其中科研创新效应＞知识创新效应＞成果转化创新效应。从政府采购对综合科技创新的效应检验结果来看，政府采购对综合科技创新有显著的促进作用。从政府采购对知识创新、科研创新、成果转化创新的贡献率来看，科研创新贡献率＞成果转化创新贡献率＞知识创新贡献率。通过政府采购对科技创新的实证检验，充分证明了研究假设中的政府采购对科技创新有促进作用是成立的，与此同时，通过实证检验得出政府采购对科技创新的激励作用呈现下降趋势，表明目前中国促进科技创新的政府采购政策还存在一些不足与缺陷，这就需要我们对促进科技创新的政府采购政策进行不断优化。

第五，采用面板数据模型和结构方程模型对税收优惠激励中国科技创新进行实证检验。从税收优惠对知识创新、科研创新、成果转化创新的效应检验结果来看，税收优惠对知识创新、科研创新、成果转化创新均有促进作用，其中成果转化创新效应＞科研创新效应＞知识创新效应。采用结构方程模型测度税收优惠对综合科技创新的效应，结果表明，税收优惠对综合科技创新有显著的促进作用。采用Shapley值分解方法测度税收优惠对知识创新、科研创新、成果转化创新的贡献率，结果表明，成果转化创新贡献率＞科研创新贡献率＞知识创新贡献率。通过税收优惠对科技创新的效应检验，充分显现了中国税收优惠对科技创新的激励作用，同时模型的检验过程和检验结果也暴露了税收优惠在支持科技创新中存在的一些不足与缺陷，这也是在促进科技创新财政支持模式的优化设计中需要不断调整的内容。

第六，对中国财政支持科技创新的问题进行深入分析，并探究其制度性的主要原因，为财政支持方式的调整与完善提供思路与依据。其中，中国财政科技支出存在总量不足、结构不合理、财政科技支出效率较低等问题，这里的原因主要在于财政科技支出缺乏法律支撑，地方政府缺乏促进本地区科技创新的科技支出政策，政府科技经费受多部门管理、规范性低和财政科技投入在科技创新的不同阶段有差异等。中国政府采购存在规模相对较小、政府采购结构不合理、采购监督管理部门缺少日常监督检查等问题，这里的原因主要在于政府采购制度体系不完善、地方政府采购政策对科技创新引导功能不一致和政府采购监督检查机制不合理等。中国现行税收优惠政策存在弱化对高新技术企业的激励效应、税收优惠方式不利于企业开展技术创新和不同行业的税收优惠政策存在显著差异等问题，这里的原因主要在于税收优惠政策体系不完善、税收优惠政策准入门槛过高和税收优惠制度设计存在缺陷等。

第七，创新型国家的实践经验表明，财政支持对科技创新产生了显著的激励作用。从促进科技创新的财政支持来看，创新型国家制定的完备法律是财政科技支出体系的制度保障，基础研究、应用研究和试验发展支出在研发投入中的比重较为稳定，并且基础研究支出在政府科技投入结构中占有重要地位；创新型国家制定完备的法律体系和专属执行机构是政府采购政策实施的两大支柱，并且多层次政府采购监督体系提升采购执行效率；创新型国家税收政策的法制化建设使激励科技创新的税收优惠政策得以规范化实施，并且以间接税收优惠方式为主的政策体系大大提高了税收优惠政策支持科技创新的效率。通过创新型国家财政支持的成功经验，我们可以有针对性的健全促进科技创新的财政支持体系。

第八，提出提升中国科技创新水平的财政支持对策建议。通过优化财政科技支出模式、完善政府采购制度、健全税收优惠政策体系等政策建议来提升中国科技创新水平。

总的说来，与以往学者主要侧重对某种促进科技创新的财政支持方式进行研究不同，本书综合研究了三种促进科技创新的财政支持方式，并在以下几个方面取得了突破：一是通过对中国财政支持科技创新的政策演变及其现状的系统性分析，得出中国财政支持科技创新的特点，从而为找出目前财政支持科技创新的问题提供帮助；二是本书借鉴创新价值链的理论，将科技创新分成知识创新、科研创新和成果转化创新三个阶段，并构建了科技创新综合水平评价指标体系，为科学评价中国科技创新水平提供理论依据；三是采用三阶段SBM模型分析财政科技支出对科技创新的绩效水平，按照科技创新绩效水平将我国30个省市区划分为四种类型，并探索对不同类型的地区实行差异化的研发投入结构，进而提升中国的科技创新整体水平；四是运用结构方程模型分别分析了政府采购和税收优惠对科技创新综合水平的激励效应，从而可以清晰地反映政府采购和税收优惠在促进经济发展过程中，科技创新作为中介变量发挥的具体作用；五是采用Shapley值分解方法测度了政府采购和税收优惠对科技创新的贡献率，为财政支持体系的优化和调整提供实践依据。

目 录

导　论 …………………………………………………（ 1 ）

第一章　财政支持科技创新的理论分析 ……………（ 20 ）
　　第一节　基本概念界定 ………………………（ 20 ）
　　第二节　财政支持科技创新的理论依据 ………（ 23 ）
　　第三节　财政支持科技创新的作用机理 ………（ 27 ）

第二章　中国财政支持科技创新的政策演变及其现状
　　　　………………………………………………（ 36 ）
　　第一节　财政支持科技创新的历程 ……………（ 36 ）
　　第二节　现行的财政支持科技创新政策 ………（ 58 ）
　　第三节　科技创新水平现状 ……………………（ 73 ）

第三章　中国财政科技支出对科技创新的绩效评估
　　　　………………………………………………（ 87 ）
　　第一节　财政科技支出对科技创新的绩效评估
　　　　　　指标体系 ……………………………（ 87 ）
　　第二节　财政科技支出对科技创新的绩效评估
　　　　　　方法 …………………………………（ 90 ）
　　第三节　财政科技支出对科技创新的绩效评估
　　　　　　实证分析 ……………………………（ 94 ）

第四章　中国政府采购对科技创新的影响 …………（123）
　　第一节　理论模型设计与研究假设 ……………（123）

第二节　政府采购对科技创新的实证分析…………………（126）

第五章　中国税收优惠对科技创新的影响…………………（138）
　　第一节　实证理论模型与假设提出………………………（138）
　　第二节　税收优惠的测度…………………………………（141）
　　第三节　税收优惠对科技创新的实证分析………………（145）

第六章　中国财政支持科技创新的问题及成因………………（156）
　　第一节　财政支持科技创新的问题………………………（156）
　　第二节　影响财政支持科技创新效果的原因……………（175）

第七章　财政支持科技创新的国际比较………………………（181）
　　第一节　国外财政支持科技创新的实践…………………（181）
　　第二节　财政支持的国际经验……………………………（194）
　　第三节　经验的启示………………………………………（198）

第八章　提升科技创新水平的财政支持建议…………………（201）
　　第一节　优化财政科技支出模式…………………………（201）
　　第二节　完善政府采购制度………………………………（208）
　　第三节　健全税收优惠政策体系…………………………（212）

结　　语………………………………………………………（215）

参考文献………………………………………………………（218）

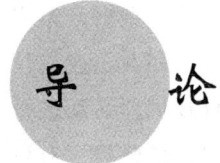

一、问题的提出

党的十七届五中全会精神和国家"十二五规划纲要"的战略部署中明确提出：未来中国政府要全面实施科教兴国和人才强国的战略，深入落实2006～2020年国家科学技术未来发展目标，充分发挥科技创新对经济发展方式转型的作用，制定国家"十二五"科学技术规划。"十二五"科学技术规划的目标是：科技创新能力显著提升，科技创新竞争力显著增强，高新科技领域的核心技术取得较大进展，国家科技创新体系逐渐完善，国际综合科技创新能力排名有显著上升，创新型国家建设上新的台阶①。但目前中国各项科技创新指标离建立创新型国家还相差甚远。2014年瑞士洛桑国际管理学院发布了《2014年国际竞争力年度报告》（World Competitiveness Yearbook，WCY），报告中显示：大多数庞大的新兴市场排名下滑，应归因于经济增长和外商投资放缓以及基础设施依然不足。中国大陆排名第23名，与2011年第19名相比下降了4名，部分原因是对其商业环境的担忧，主要原因是中国对外技术依存度高和自主技术创新能力不足②。因此，与创新型国家相比，中国的科技创新还有很长的路要走。

从创新型国家财政支持的实践可以看出，在提高科技创新水平的过程中，财政支持对科技创新有着重要的激励作用，并且从不同的财政支持方式对科技

---

① 科技部：《科技部关于印发〈国家"十二五"科学和技术发展规划〉的通知》，http://www.most.gov.cn/tztg/201107/t20110712_88217.htm。

② 王晔昕："十年来，香港竞争力首次跌出全球三甲"，《河北青年报》，2014年5月26日（B14版）。

创新的影响来看，财政科技支出、政府采购和税收优惠均对科技创新水平的提高发挥着不同程度的激励作用。而目前中国的科技创新水平与创新型国家还有很大差距，主要原因是中国科技创新的财政支持法律体系不完善，直接影响了财政支持科技创新的激励效果。有鉴于此，为了缩小与创新型国家的科技创新水平和能力差距，中国政府相继制定了支持科技创新的财政政策、金融政策以及产业结构调整政策，并制定了部分相关政策的具体实施细则。如对企业科技创新活动中研发投入的企业所得税减免进行了规定、对企业科技创新活动进行金融贷款、优化高新科技产业结构等等。而在实际执行过程中，这些政策对科技创新的激励效果没有充分发挥，这也进一步表明，促进科技创新的财政支持体系还有待完善，因此我们需要重新审视现有的财政支持体系，充分借鉴创新型国家财政支持的成功经验，并根据目前中国的经济社会状况，制定出提升中国科技创新水平的财政支持体系。根据上文对现行促进中国科技创新的财政支持的介绍，本书拟建立将财政科技支出、政府采购、税收优惠三者相结合的"三位一体"的综合性财政支持，以此来完善中国目前促进科技创新的财政支持体系。

二、研究背景和意义

（一）研究背景

第一，科技创新是促进中国经济社会可持续发展的重要手段。

伴随着近年来世界经济的飞速发展，世界各国政府纷纷意识到科技创新对本国经济社会发展的重要性。与此同时，各国学者也分别从理论方面验证了科技创新对本国经济社会发展有显著的促进作用，并且，最近几年来，科技创新对本国经济社会发展的促进作用呈现逐渐增强的趋势。因此，近年来创新型国家纷纷制定了一系列促进科技创新的科技政策、财政政策以及金融政策，通过这些政策的实施，来激励本国开展科技创新活动。为了增强中国的国际竞争力，中国政府于2006年制定了科学技术未来发展目标，发展目标中明确指出：到2020年，中国科技创新能力得到显著增强，科技创新促进经济社会发展和保障国家安全的能力进一步得到增强；高新科技的研究开发能力显著增强，科学技术成果在国际上产生很大反响①。国务院在 2015 年发布了《关于积极发挥新消费引领作用加快培育形成新供给新动力的指导意见》,"指导意见"在第六部分"创新并扩大有效供给"中指出:紧紧围绕消费升级需求,着力提高供给体系质量和效率,鼓励市场主体提高产品质量、扩大新产品和服务供给,营造"大众创业、万众创新"的良好环境,适当扩大先进技术装备和日用消费品进口,多渠道增加有效供给。即通过科技创新增加供给的方式来满足科技创造消费的持续增长,进而促进中国经济社会可持续发展。

第二,R&D 经费投入资源重复建设、浪费现象是导致科技创新投入效率低下的重要原因。

中国财政科技支出由中央政府科技投入与地方政府科技投入组成,地方财政科技支出是 R&D 经费投入的重要来源,地方财政科技支出由 1998 年的 148.9 亿元增加到 2014 年的 3555.4 亿元,占全国财政科技支出的比重由 34.0% 增加到 55.1%,并且自 2007 年起,地方财政科技支出的占比超过了中央财政科技支出。即地方财政科技支出呈现不断扩大的趋势,但是,地方政府部门受传统计划经济财政体制的影响,仍然存在地方财政科技支出针对性不强、资金管理不规范、项目重复投入以及投入资金浪费严重等一系列问题,特别是 R&D 经费投入资源重复建设、浪费现象是导致科技创新投入效率低下的重要原因。因此,政府部门加强对科技经费使用过程中的监督和管理,对于解决中国目前科技创新投入效率低下问题显得十分紧迫和必要。

第三,财政支持是促进中国科技创新的重要举措。

从促进科技创新的财政支持措施来看,目前国外创新型国家已经取得了很大的成绩,主要的做法是采用增加政府科技支出、政府采购和税收优惠等多种财政支持方式相结合来达到促进科技创新的激励效果。如政府通过提高 R&D 经费中政府资金的比重来保障科技创新活动的顺利实施,利用对本国高新科技产品实施优先采购制度来激励企业进行技术创新,政府通过财政补贴引导企业加大研发投入等。与此同时,政府通过税收优惠政策激励企业加大科技投入,如政府将企业应缴纳的税款返还给企业用于研发活动。

在这种背景下,就需要我们在理论研究与实证分析的基础上,对中国促进科技创新的财政支持进行深入研究,进而为完善促进中国科技创新的财政支持

---

① 国务院:《国务院关于印发实施〈国家中长期科学和技术发展规划纲要(2006—2020 年)〉若干配套政策的通知》,http://www.gov.cn/zwgk/2006-02/26/content_211553.htm。

体系提供理论依据。

（二）研究意义

本书拟以中国科技创新相关数据为基础，研究财政支持科技创新的理论依据、中国财政支持科技创新的政策演变及现状、中国财政科技支出对科技创新的绩效评估、中国政府采购对科技创新的影响、中国税收优惠对科技创新的影响、中国财政支持科技创新的问题及原因、财政支持科技创新的国际比较以及提升科技创新水平的财政支持建议等相关问题，具有较好的理论和现实意义。

1. 理论意义

本书在财政体制改革的背景下，研究财政支持科技创新的理论依据、中国财政科技支出对科技创新的绩效评估、中国政府采购对科技创新的影响以及中国税收优惠对科技创新的影响，至少具有如下三方面的理论意义。

第一，丰富促进科技创新的财政支持体系的理论研究。一个国家的经济发展与科技创新水平息息相关，而科技创新水平的提高离不开财政政策的支持。国外在20世纪90年代就对促进科技创新的财政支持体系进行了系统性理论研究，而中国的促进科技创新的财政支持理论研究相对较晚，尚处于起步阶段，因此，本研究从财政支持的综合效应出发，运用柯布—道格拉斯生产函数和知识生产函数的理论模型深入分析中国财政科技支出、政府采购和税收优惠对科技创新的激励作用，旨在丰富中国科技创新的财政支持的理论研究。

第二，有利于科技创新绩效评价体系的发展和完善。将科技创新划分为三个阶段，即知识创新、科研创新和成果转化创新，通过对这三个阶段的科技创新进行绩效评估，以期对现有中国科技创新绩效提供优化与改进措施，有利于推动中国科技创新绩效评价体系不断完善，更好地发挥和提升中国科技创新绩效的财政政策效果。

第三，完善财政支持对科技创新的激励效果研究。在科技创新的财政支持体系中，无论是财政科技支出、政府采购还是税收优惠都是政府对科技创新活动的利益让渡，政府的目标是如何制定适合本国国情且能有效发挥激励效果的财政支持体系，而企业的目标是政府制定支持科技创新的各项财政政策是否能够给企业带来实际利益。本研究将财政支持对科技创新激励效应的理论与实证研究相结合，完善了对此方面财政支持激励效果的研究。

2. 现实意义

在当前经济转型及科技强国的大背景下，研究促进科技创新的财政支持问题，至少具有如下两方面的现实意义。

第一，有利于增强财政支持对科技创新活动的引导、促进和激励效果。目前，中国促进科技创新的财政支持体系还不完善，包括财政科技支出、政府采购和税收优惠政策在促进科技创新方面都存在引导、促进和激励效果较低的问题，本书研究促进科技创新的财政支持旨在通过落实促进科技创新的财政支持体系设计方向，从而达到增强财政支持引导、促进和激励科技创新活动的效果。

第二，有助于提高科技创新投入的使用效率。目前，中国科技创新投入存在规模不足、结构不合理、资金使用不明确等问题，这些问题直接影响了中国科技创新投入效率以及科技创新水平的提升。本书通过构建符合中国国情和实际科技发展情况的科技创新绩效评价体系，可以从科技创新投入的源头出发，指导政府部门和科研部门明确科研经费投入方向、合理分配科研经费、有效监督和管理科研经费，从而进一步提高中国科技创新投入的使用效率。

三、文献综述

本书拟从科技创新水平的度量、科技创新绩效评价方法、财政科技支出对科技创新的绩效评估、财政支持对科技创新的影响以及研究状况评述五个方面对国内外的文献进行综述和评价。

（一）科技创新水平的度量

国家统计局将科技创新分为基础研究、应用研究和试验发展3个阶段。按照国家统计局的划分标准，科技创新就其内容而言包括知识创新、科研创新和成果转化创新。在目前的各类统计计算方法中，还没有专门针对科技创新的条目。现有的对科技创新水平的度量主要有以下三个方法。

一是将专利作为科技创新水平的度量指标。Griliches（1990）指出专利指标的不足，只有50%的专利能够真正成为应用生产过程中的创新，并且不是所有的企业愿意申请专利，但将专利作为科技创新水平，仍然被大多数学者所认可。李志刚等（2006）采用中国各省专利数据来反映科技创新水平，并分析了中国科技创新的空间集聚现象。研究结果显示：中国科技创新呈现显著的集聚效应，区域间科技创新差异呈现逐渐扩大的趋势。陈向东（2007）以中国省区专利申请量及其增长率作为区域创新产出水平的度量指标，按照东、中、西三大地区（俱乐部）的划分，通过收敛检验及基尼系数分解法实证分析中国区域创新的空间分布特征。研究结果表明：近年来三大地区科技创新产出水平没有呈现显著的收敛现象,科技创新产出水平区域差异呈现出扩大的趋势;无论创新活动还是经济发展水平,全国总体非均衡发展均主要源于三大地区内的非均衡发展。潘雄锋,史晓辉(2012)采用空间计量分析方法,分析了31个省的科技创新相关数据,得出中国区域科技创新呈现空间趋同的特征。江炎骏,赵永亮(2014)选取了各省专利授权数面板数据,并用专利授权数来测度科技创新水平,实证分析科技创新在环境规制与经济增长关系中的中介效应。结果表明,科技创新在环境规制与经济增长关系中能够发挥显著的中介效应,环境规制是通过促进科技创新而间接影响经济增长的。

二是基于创新价值链视角将科技创新活动分成几个阶段的来度量。余泳泽(2009)根据技术创新的流程,将技术创新分为两个阶段,即技术开发阶段和技术成果转化阶段,其次采用数据包络分析法得出技术开发阶段和技术成果转化阶段的效率,最后对影响技术创新效率的因素进行了分析,进而为提高技术创新效率提供理论依据。庞瑞芝,李鹏(2011)针对中国工业创新效率低的问题,通过解析创新过程中要素传递流程及其特征,构建创新过程效率评估模型,并采用评估模型测度了创新资源转换阶段和创新知识转化阶段的效率。在此基础上,利用网络 DEA 模型考察了中国工业创新的四种模式,深入探究创新效率低的瓶颈环节和主要制约因素。余泳泽,刘大勇(2014)基于创新价值链视角,将创新过程按阶段分为知识创新、研发创新和产品创新,利用三阶段 DEA 模型考察了各阶段创新效率。周迪,程慧平(2015)根据科技创新的特点,将科技创新分为三个阶段(知识创新阶段、科研创新阶段和产品转化创新阶段),运用空间计量模型检验了三个阶段科技创新活动的收敛性。

三是采用科技创新综合指数来衡量科技创新水平。张欣,宋化民(2001)提出了用科技投入、R&D 投入、教育投入、人均生产能力、劳动生产率、科学技术向经济转化能力、专利数等科技成果产出等指标来进行评价区域技术创新能力。卢时雨等(2008)通过研究界定了区域技术创新能力的基本含义并通过因子分析的方法对中国区域技术创新能力状况进行了分析和评价,以期为中国制定区域经济和技术发展政策提供依据。万勇(2009)选取中国 R&D 投入经费、科技活动经费筹集总额、国外技术引进合同金额等相关指标,采取因子分析法,得出中国 30 个省市区科技创新能力综合指数。张序萍等(2010)在科技创新的内涵及构成要素的基础上,选取反映科技创新的评价指标,通过相关分析法,筛选出最能反映科技创新的几个相关指标,构建科技创新能力评价指标体系,并采用熵权法确定各评价指标的权重,最后得出科技创新能力综合指数。

李倩等（2010）采用灰色关联分析法，从科技创新投入和产出两个方面选取相关评价指标，构建科技创新能力的综合评价指标体系，并分别对中国八大区域的科技创新能力进行评价，进而得出各省市区与其他地区的科技创新能力差异。

（二）科技创新绩效评价方法研究

1. 比较分析法

比较分析法通过比较科技创新投入的变化进行效率评价，是一种传统的效率评价方法。

魏和清（2002）采用比较分析方法，对中国的科技创新投入与西方发达国家进行比较，通过比较发现了导致中国科技发展效率低下的主要原因。曲昭仲，孙泽生（2005），曲昭仲，王文超（2007）采用比较分析方法，对中国的科技投入方式和西方发达国家的科技投入方式进行了比较分析，分析结果表明，中国的科技投入方式与西方发达国家有显著差异，正是科技投入方式的不同导致了科技投入的绩效差异。张换兆等（2011）以京津冀区域科技创新为研究对象，采用比较分析法，对反映京津冀区域科技创新的科技创新资源、科技创新投入能力、科技创新产出能力等八个方面进行了比较分析。

2. 生产函数法

生产函数法通过构建柯布—道格拉斯生产函数，利用回归分析来研究科技创新投入效率，是一种简单常用的研究方法。

杨朝峰，贾小峰（2007）构建了基于政府财政科技支出的内生经济增长模型，通过该模型来检验财政科技支出对科技创新的作用。检验结果表明，基础研究的科研投入与应用研究的科研投入对科技创新的作用有显著差异，其中，基础研究的科研投入对科技创新有促进作用，而应用研究的科研投入对科技创新有抑制作用。张璞（2010）提出了改进的柯布—道格拉斯生产函数，通过该模型可以对某地区一段时间内的产业部门的科技创新进行绩效评估。

3. 随机边界分析方法（SFA）

随机边界分析方法（SFA）通过分布假设将综合误差项分解为随机误差和无效率项，从而将影响产出变化的随机影响和技术无效分离出来，得出的结果为有效估计。

张宗益等（2006）使用中国31个省市区技术创新数据，估计了Cobb-Douglas生产函数，采用SFA方法测度了每个省市区的技术创新效率。从测度结果可以看出：中国技术创新总体效率呈现逐渐上升趋势，但技术创新总体效率值不高，并且区域间技术创新效率有显著差异。林海波（2011）采用参数方法中的 SFA 方法，分析 29 个省市区政府科技投入效率，结果表明，政府财政投入增长率、人力资源增长率与政府科技投入效率均呈现正向作用，即政府财政投入和人力资源可以提高政府科技投入效率。李醒民、魏玖长（2015）以安徽省的创新型企业为研究对象，采用 SFA 方法对这些企业的科技创新绩效进行了评估。

4. 数据包络分析方法（DEA）

数据包络分析（DEA）未分析随机误差对技术效率的影响，主要通过投入产出来估计技术有效性，属于非参数分析方法。

许治，师萍（2005）采用 DEA 模型测度了中国财政科技投入产出之间的有效性，从测度结果可以看出，中国财政科技投入对经济增长有显著促进作用，但是贡献率整体不高。罗卫平，陈志坚（2007）选取了几个反映广东省科技创新的指标，利用 DEA 方法分别测度了广东省各地市财政科技资金的投入产出效率，得出广东省各地市间财政科技支出绩效存在显著差异。郭兵等（2012）运用 DEA 方法评估了历年来上海市财政科技支出进行的绩效水平，结合 CCR 模型与 BCC 模型，得到每个年份的综合效率、纯技术效率及规模效率。研究表明：近年来上海市财政科技投入系统的总体效率不高，财政科技产出的增长速度低于投入的增长速度，专利等创新性科技研究成果的产出还有待提高。袁金星（2013）构建了河南省财政科技投入绩效评价模型，采用 DEA 方法从时间层面，选择相应的指标对河南省近十年财政科技支出绩效进行评价，分析结果认为：河南省财政科技支出绩效相对有效，而且在大多数年份内表现为技术效率和规模效率均有效。柴玮（2015）采用传统的 DEA 数据包络分析方法，对中国 2012 年六家资源型企业科技创新进行绩效评价，进而为企业优化科技创新资源配置和提升研发绩效提供了建议。

5. 综合评价方法

综合评价方法是指通过选取多个评价指标来评价多个评价对象的一种方法，主要包括主成分分析法、层次分析法、模糊数学分析方法等。

谢虹（2007）选取反映科技创新投入产出绩效的指标，构建了科技创新资金投入有效性的评价指标体系，并采用层次分析法得出科技创新资金投入绩效值。邹林全（2013）采用 2000~2009 年的省级面板数据，并选取了 10 个财政科技支出绩效评价指标，对每年度的各省市区进行主成分分析，进而得出各省市区的绩效得分。分析表明，选取的 10 个财政科技支出绩效评价指标之间具有显著的相关性，并且各省市区的绩效水平呈现逐年上升趋势。谢福泉等（2006）采用模糊数学分析方法对财政科技支出产出绩效评估进行了探索，通过建立绩效评估体系，得出了科技项目的投入产出比。李升泽等（2013）以变异系数法和 CRITIC 法为基础，设计了基于客观赋权法的财政科技支出绩效评价软件，并以东莞市为例，将连续三年的指标执行数据输入该软件中，计算获得指标的权重和样本评价值，将评价值与实际值进行比较，得出该软件的评价结果是有效的。

（三）财政科技支出对科技创新的绩效评估

国内外学者对财政科技支出支持科技创新的绩效评估进行了大量研究，这些学者研究的重点主要是以投入产出作为切入点，来评估科技创新的绩效水平。具体从科技创新支出结构绩效评价、科技创新支出总体绩效评价和科技创新支出有效性评价三方面对财政支持科技创新的绩效进行评估。

1. 科技创新支出结构绩效评价

现有学者对科技创新支出结构绩效评价的研究主要为：科技创新支出内部结构对经济增长的影响分析和科技创新支出项目分类绩效评价两个方面。

一是科技创新支出内部结构对经济增长的影响分析。许治，周寄中（2007）构建了财政科技支出的内生增长模型，通过该模型估计了不同的科技支出方式对经济增长的影响，估计结果显示，整体科技投入对经济增长有显著的促进作用，但政府研发机构的应用研究投入对经济增长有显著抑制作用，即政府研发机构的应用研究投入对经济增长的促进作用没有得到有效发挥。穆罗（2011）通过计量分析方法估计了政府部门的基础研究投入对经济增长的效应，得出基础研究投入对经济增长的激励效应，并且激励效应与市场竞争存在相关性，即市场竞争力越低时，基础研究投入对经济增长的激励效应越显著，反之则相反。

二是科技创新支出项目分类绩效评价。陈爱祖，唐雯（2009）按照科技创新项目的特点将整个项目分为四类，并按照这些项目进行分类绩效评价。周文泳，尤建新（2009）将科技创新项目分为基础研究型、应用研究型、成果转化型等五类，并根据绩效评价的过程将整个绩效评价分为事前评价、事中评价、事后评价等几类，在具体绩效评价过程中采用专家意见法确定评价指标的权重，最后得出各种类型项目的绩效得分。田时中等（2015）从单位项目和企业项目两个角度构建科技创新绩效评价指标体系，并对其标准值的确定进行探讨，为决策部门提供参考。

2. 科技创新投入规模绩效评价方面的研究

科技创新投入规模绩效评价主要是对科技创新支出的产出效果进行评价，这方面的研究主要包括指标体系构建和整体框架设计两方面。

从科技创新投入效率评价指标体系构建来看，李石柱等（2003）从科技创新投入主体、产业结构、经济社会环境等方面选取影响中国科技创新投入效率的因素，采用回归分析方法对这些影响因素进行了实证分析，实证结果表明，不同科技创新投入、产业结构均会影响科技创新效率，经济社会环境对科技创新效率的影响不显著。余振乾，余小方（2005）借鉴系统理论内涵中的不同结构形式可以构成具有某种特定功能的有机整体的思想，将科技创新划分成三个结构，即科技创新研究平台、科技创新基础研究和科技创新产业化，并分别构建这三个结构的绩效评价指标体系。张青，王桂强（2007）依据灰色关联分析方法的基本原理，构建了中国财政科技支出绩效评价模型，并归纳了绩效评价方法，进而为政府开展绩效评估提供实践操作依据。穆智蕊（2012）采用超效率 DEA 模型分析方法，通过构建 R&D 投入规模绩效评价指标体系，从横向和纵向两个角度分别对北京地区 R&D 投入规模进行了绩效评价。

从科技创新投入绩效评价整体框架设计来看，科尔森斯和库克（Kerssens & Cook, 1997）在对科技创新绩效评价主体的研究过程中发现，政府绩效评价部门在对财政科技支出进行绩效评价时，应该将静态和动态绩效评价相结合，以适应评价主体的变化。刘凤朝，孙玉涛（2008）运用财政政策促进经济增长，R&D 投入作为中介变量的思想，构建 R&D 投入绩效评价指标体系，并对财政政策促进经济增长的整个过程建立绩效评价模型，进而对政府 R&D 投入进行绩效评价，绩效评价结果表明，政府 R&D 投入可以显著引导企业增加 R&D 投入，企业 R&D 投入可以显著促进科技创新，而科技创新不能显著促进经济增长。尹伟华（2012）依据研发活动的三大执行主体，将区域研发活动分为三个执行过程：高校、企业和科研机构，通过构建网络 DEA 模型对中国区域研发投入进行整体绩效评价。

3. 科技创新投入有效性评价方面的研究

科技创新投入有效性评价主要是对科技创新投入产出比进行测算。

布朗和斯文森（Brown & Svension, 1988）在构建科技创新投入绩效评价指标体系时指出，通过科技创新投入的有效性，也可以间接反映科技创新投入绩效水平。邓向荣等（2005）采用数据包络分析方法测度科技创新项目的绩效水平，分析科技创新项目投入是否有效，并提出了提高科技创新项目投入有效性的政策建议。张青、陈丽霖（2008）构建了一种新的科技创新投入绩效评价体系，该评价体系弥补了 DEA 方法对科技创新绩效评价时只能得出评价主体的整体效率而不能得出各评价单元的效率的缺陷，通过该评价体系可以得出各评价单元的效率，并采用该评价体系对上海市科技创新投入绩效进行了评价。仵凤清、唐朝生（2009）从科技创新投入有效性的角度出发，采用数据包络法和探索性因子分析法对中国科技创新投入进行绩效评价，评价结果表明，采用数据包络法和探索性因子分析法相结合可以有效降低主观因素对绩效评价结果的影响。周忠民（2014）选取了科技创新成果和经济增长两个指标来分别反映科技创新投入的直接产出和间接产出，并采用这两个指标来评价中国科技创新投入的有效性。

（四）财政支持对科技创新的影响

目前国内外学者关于财政支持对科技创新的影响研究主要集中在理论研究和实证检验两个方面。

一是财政支持对科技创新的影响理论研究。Tamin Bayouni 和 David T. coe (1998) 采用不同国家财政支持科技创新的相关数据，实证分析了财政支持激励科技创新的效果，研究结果表明，财政支持在激励企业开展科技创新和促进经济增长等方面发挥着重要的作用。David et al.（2000）的研究结果表明：民间资金对研发活动的支持可以弥补政府财政政策对研发活动的激励的不足，主要原因是研发活动前期的资金投入研究往往能够被民间所采用。龚征旗、龙苗（2008）在财政支持对科技创新的作用机理以及现行促进科技创新的财政支持现状基础上，分析中国财政支持科技创新存在的主要问题及原因，并提出提升科技创新水平的对策和制度设计。刘军民（2009）在分析中国企业科技创新的绩效水平后指出，中国企业科技创新绩效水平呈现逐渐上升趋势，但与创新型国家相比还存在很大差距，并且由于区域经济差异的影响导致区域间科技创新资源差异较大，这进一步表明中国财政政策对企业进行科技创新活动的导向功能没有充分发挥，因此，中国政府应该完善促进科技创新的财政政策体制。韩莉（2010）对财政政策在支持科技创新过程中成本补偿机制、风险分担机制以及引导调控机制发挥的作用进行了分析，并通过借鉴创新型国家的成功经验，得出中国促进科技创新的财政政策体系在规模、结构和体系等方面还有待进一步完善。董为民（2010）在对政府采购支持科技创新的现状分析的基础上，指出政府采购政策对科技创新有促进作用。刘金玲，李波（2013）在借鉴发达国家运用税收政策激励科技创新的做法的基础上，指出中国应该加大对技术创新的激励力度，以促进创新驱动战略的实施。

二是财政支持对科技创新的影响实证检验。戴晨，刘怡（2008）为了检验财政支持对企业开展科技创新的激励效果，选取财政支持工具中的财政补贴政策和税收优惠政策，采用实证分析方法验证了这两种财政支持工具对企业进行研发活动的激励效果，实证结果表明，税收优惠和财政补贴均对企业的研发活动有激励效果，但各有优点，因此政府在实施财政支持时应该多种工具相互补充。赵立雨，师萍（2009）采用计量分析方法对政府科技投入绩效水平与政府科技投入强度的相关性进行了实证分析，分析结果表明，中国政府科技投入绩效水平与强度直接存在长期协整关系，即通过加大政府科技投入，可以提高科技投入强度，进而提高科技投入绩效水平，因此政府应该建立科技投入长期增长机制，完善财政支持体系。孔淑红（2010）以 2000~2007 年度中国 30 个省（市、自治区）的面板数据为基础，运用逐步回归法检验了中国的税收优惠政策对科技创新的影响。结果表明，总体上税收优惠对科技创新没有起到明显的促进作用，税收优惠对不同的科技创新指标的影响程度显著不同。张信东等（2014）通过聚焦多种创新产出形式，利用被认定为国家级企业技术中心的上市公司数据为样本，实证分析了税收优惠政策对企业 R&D 的影响。实证结果显示，企业在享受了税收优惠政策后，将产生更多的专利、新产品和科技奖励，支持了 R&D 税收优惠政策的激励效果；同时，企业享受 R&D 税收优惠政策的情况并不理想，且存在地区和行业差异。因此，企业应当积极申请 R&D 税收优惠政策，政府应当加大落实相关优惠政策力度，以推进企业自主创新的步伐。贾明琪等（2014）运用协整检验等计量分析方法，对中国的技术创新与政府采购规模的关系进行了实证检验。实证结果表明：政府采购规模对技术创新能力具有长期正外部效应。李颜（2015）通过实证分析了广西财政科技支出与科技创新能力之间的相关性，实证结果表明，财政科技支出与科技创新能力之间存在显著的正相关，即财政科技支出对科技创新能力有促进作用。

（五）研究状况评述

在综合分析国内外文献的基础上，本书分别从科技创新水平的度量、科技创新绩效评价方法、财政科技支出对科技创新的绩效评估、财政支持对科技创新的影响以及评述性总结五个方面展开述评。

1. 科技创新水平的度量研究述评

现有对科技创新水平的度量研究大多考虑科技创新活动的其中一个方面，如单独采用专利申请量或专利授权量来衡量科研创新水平、采用科技论文数衡量知识创新水平、高科技产业增加值或者企业新产品销售收入来衡量成果转化创新水平，或者仅仅采用知识创新水平、科研创新水平成果转化创新水平的加权值来衡量科技创新水平等，而不能从系统的角度，既从整体上采用科技创新综合指数来衡量科技创新水平，又从科研创新活动各阶段来衡量科技创新水平，对科技创新水平仍缺乏系统的思考和认识。

2. 科技创新绩效评价方法研究述评

通过前文对科技创新绩效评价方法的阐述，我们可以得出各种评价方法的优点和不足之处。

比较分析法的优点是：数据要求比较低，实施起来比较简单，通过比较分析，可以找出科技创新绩效没有达到最优的原因；不足之处是：在制定政策建议时，无法提出优化科技创新绩效的有效办法。

生产函数法的优点是：可以对由单个科技创新项目组成的整体项目进行绩效评价；不足之处是：无法对单个科技创新项目进行绩效评估。

SFA方法的优点是：可以将影响产出变化的随机影响和技术无效分离出来了，提高了绩效评估的结果；不足之处是：数据要求比较高，要预先构建生产函数，并且在进行多投入多产出的科技创新绩效评价时比较困难。

DEA方法的优点是：在进行多投入多产出科技创新绩效评价时，不用预先构建生产函数，可以得出提高绩效水平的改进方案；不足之处是：不能将影响产出变化的随机影响和技术无效分离出来，并且当数据出现缺失时，得出的评价结果会出现较大误差。

综合评价法的优点是：可以对不同评价主体的科技创新绩效评价结果进行比较，找出不同评价主体间的绩效差异；不足之处是：在分析投入产出有效性方面比较困难。

综上所述，比较上述五种方法，数据包络分析方法与其他四种方法相比，不仅具有不需要事先计算评价指标权重，还能处理多投入多产出的绩效评价问题。但是传统数据包络分析法在对科技创新进行绩效评估时没有搞清财政科技支出、科研产出与成果转化三者之间关系，从而使所求得的使用绩效存在偏差。本书将采用序列型三阶段SBM模型分析方法，序列型三阶段SBM模型的最关键程序是：将科技创新活动划分成知识创新阶段、科研创新阶段和成果转化创新阶段，由于 SBM 模型将评价指标的松弛变量由原来的约束条件中改为目标函数中，因此与传统 DEA 模型相比，SBM 模型可以较好地解决评价指标松弛性问题，得出的评估结果也更为准确。

3. 财政科技支出对科技创新的绩效评估研究述评

根据现有国内外学者对科技创新支出结构的绩效评估研究可以看出，在实际进行的科技创新支出项目绩效评价中，由于现有的对财政支持科技创新的绩效评估在绩效评估目标、评估标准、评估指标体系、评估方法等方面存在很大差异，将导致不同的政府部门在评价同一项目时得出的绩效评价结果有很大差异，甚至结果与现实相违背。出现这种结果的主要原因是，目前中国在绩效评价方面没有统一评估标准、统一的绩效指标体系、统一评估方法，直接导致绩效评价结果不同。因此，我们必须根据不同部门以及不同项目的特点，建立一套科学、合理、规范的财政支持科技创新的绩效评价指标体系。

目前国内外学者在对科技创新投入规模绩效评价研究过程中，主要关注角度为三个方面：一是单个地区科技创新投入的整体效率；二是单个地区科技创新项目的结构效率；三是单个地区科技创新资金的使用效率。而没有从区域科技创新绩效评估角度出发，建立统一的区域科技创新投入绩效评价体系，得出的绩效评估结果不能很好地为提升地方科技创新水平提供有效的政策建议。

目前国内外学者对科技创新投入有效性评价研究中，关注的重点是对科技创新总体投入的有效性，采用的方法主要是一阶段 DEA 方法，所得到的结果中没有关于科技创新过程的任何信息，从而不能很好地解决科技创新过程中绩效水平低下的问题。本书在对科技创新投入有效性评价中将分别按照知识创新阶段、科研创新阶段和成果转化创新阶段进行分析，从而使科技创新投入有效性评价更加完善。

4. 财政支持对科技创新的影响研究述评

总体来看，国内外学者关于财政支持对科技创新的影响研究比较深入。在对中国财政支持对科技创新的影响理论研究方面，大部分理论模型模仿西方发达国家的模型，在理论模型设置过程中没有很好地从中国实际科技创新水平和财政支持体系出发，构建符合中国实情的财政支持科技创新的影响理论模型，因此得出的结论可能与现实相违背。在对财政支持对科技创新的影响实证检验方面，大部分学者在衡量科技创新指标时往往采用单一指标来反映科技创新，没有综合考虑科技创新的运行过程，得出的影响结果不能真实地反映财政支持对科技创新的实际影响。因此，完善财政支持对科技创新的影响理论模型以及综合衡量科技创新水平，将成为财政支持对科技创新的影响的一个重要研究方向。

5. 评述性总结

已经有许多文献围绕促进科技创新的财政支持展开理论与实证研究，如上文综述中的科技创新水平的度量、财政支出对科技创新的绩效评估和财政支持对科技创新的影响等。不过，我们仍然可以从如下三个方面进行拓展，对促进科技创新财政支持进行更为深入地研究：第一，目前关于科技创新水平的现状分析，大部分学者主要采用单个指标来反映科技创新水平，而采用综合创新指数来反映科技创新水平值得我们深入研究。第二，财政支出对科技创新的绩效评估中，往往忽视了中间环节对科技创新的影响，计算得到的绩效可能存在偏差。因此，在科技创新评价中将科技创新分为知识创新、科研创新和成果转化创新三个阶段，值得我们深入研究。第三，从财政支持对科技创新的影响来看，大部分学者主要分析财政支持对一个阶段科技创新的影响，而对知识创新、科研创新和成果转化创新综合考虑的综合科技创新的影响研究较少，因此，基于财政支持对综合科技创新的影响分析，值得我们深入探讨。

四、研究思路、研究方法和结构安排

（一）研究思路

本书以科技创新的内涵、科技创新导向型的财政支持内涵和财政支持科技创新的必要性为理论支撑，用文献分析法梳理了中国财政支持科技创新政策的发展状况，从科技创新投入产出角度，运用非参数法的三阶段 SBM 模型分析中国财政科技支出对科技创新的效果，进一步采用面板数据模型和结构方程模型分别分析了中国政府采购和税收优惠对科技创新的影响，在此基础上，找出中国财政支持科技创新的问题及成因，并选取三个国家（美国、日本和韩国）财政支持科技创新进行国际比较，从而对提升中国科技创新水平提供建议。研究思路为：理论研究—制度研究—实证研究—对策研究，详见图 0-1 所示。

（二）研究方法

本书采用文献分析、实证分析和规范分析相结合的研究方法，从理论问题的抽象分析出发，到现实问题的具体分析，在检索国内外学者相关研究成果的

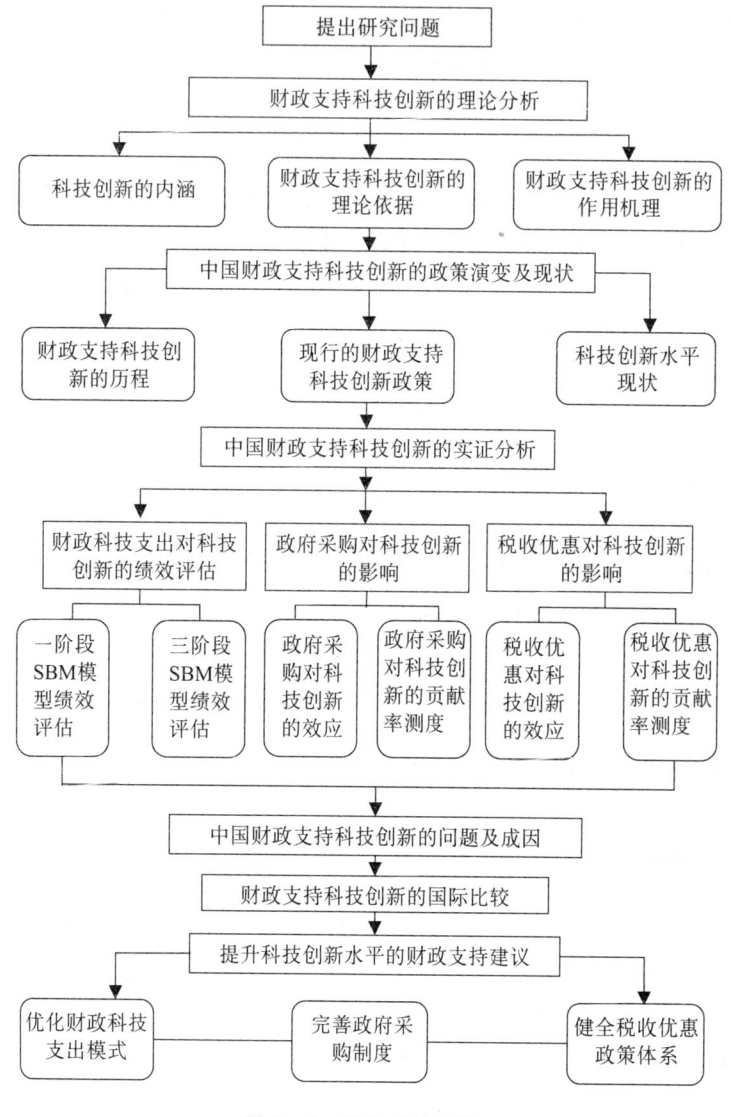

图 0-1 研究思路图解

基础上展开论述,对促进科技创新的财政支持进行了深入研究。具体研究方法如下:

1. 文献分析法

本书采用文献计量软件 Citespace 对国内外科技创新的财政支持研究相关文献进行检索和分析,通过了解国内外学者的研究现状,找出目前研究的热点和薄弱点,为本书的下一步分析奠定了理论基础;与此同时,通过对国内外相关文献的学习，可以掌握目前有关科技创新的财政支持研究的主要方法，为本书研究方法的创新提供参考。

2. 规范分析法

本书综合运用科技创新的内涵、科技创新导向型的财政支持的内涵和财政支持科技创新的理论依据等对促进科技创新的财政支持进行规范分析。同时，还运用规范分析方法对提升科技创新水平的财政支持建议进行分析。

3. 实证分析法

本书以中国30个省市区科技创新数据为基础，从科技创新投入产出角度，采用非参数法的三阶段SBM模型分析中国财政科技支出对科技创新的效果，得出基于创新价值链下知识创新、科研创新和成果转化创新效率，再通过面板数据模型和结构方程模型分别分析政府采购和税收优惠对科技创新的影响，从而得出有检验性和可供参考的政策建议。

（三）结构安排

本书基于"理论分析—现状分析—理论假说—实证分析—结论与建议"的逻辑思路进行写作，共分为导论以及正文八章。

导论包括问题的提出、选题背景和意义、文献综述等，通过明确本书研究的目的和对象，提出研究重难点以及创新点。

第一章是财政支持科技创新的理论分析。本章在文献研究的基础上，对科技创新的内涵以及科技创新导向型财政支持的内涵进行详细阐述，进而从科技创新的公共性、科技创新的外部性和科技创新的不确定性与风险等理论角度分析财政支持科技创新的理论依据，最后分析财政支持对科技创新的作用机理。

第二章是中国财政支持科技创新的政策演变及现状。本章在归纳了中国财政支持科技创新的政策演变的基础上对财政支持和科技创新水平进行现状分析。分析表明，中国已经通过多种财政支持来激励科技创新，但现有财政支持对科技创新的激励作用还远远不足，从而使得我们必须要重新审视现有的财政支持对科技创新的激励问题。

第三章是中国财政科技支出对科技创新的绩效评估。本章采用非参数法的三阶段SBM模型对2009~2011年30个省市区科技创新划分为的知识创新阶段、科研创新阶段和成果转化阶段来分别评估绩效，并通过比较知识创新、科研创新和成果转化阶段绩效结果，归纳总结中国科技创新绩效存在的问题，找出区域间科技创新绩效差异，进而提出了对策建议。

第四章是中国政府采购对科技创新的影响。本章首先构建基于科技创新产出柯布—道格拉斯（cobb-Douglas）生产函数，并提出政府采购对科技创新的研究假设；其次采用面板数据模型和结构方程模型实证检验政府采购对三阶段科技创新以及综合科技创新的效应；最后采用Shapley值分解方法测度政府采购对科技创新的贡献率。

第五章是中国税收优惠对科技创新的影响。本章首先构建基于科技创新的知识生产函数，并提出税收优惠对科技创新的效应假说；其次采用瓦达设计的B指数来测度中国的税收优惠水平；然后采用参数法的面板数据模型和结构方程模型分析税收优惠对三阶段科技创新以及综合科技创新的影响，得出税收优惠对三阶段科技创新和综合科技创新的激励效应；最后采用Shapley值分解方法测度税收优惠对科技创新的贡献率。

第六章是中国财政支持科技创新的问题及成因。本章分别对支持科技创新的财政科技支出、政府采购和税收优惠政策中存在的问题进行深入分析，并探究其制度性的主要原因，为促进科技创新的财政支持的调整与完善提供思路和依据。

第七章是财政支持科技创新的国际比较。本章选取三个国家（美国、日本和韩国）促进科技创新的财政支持进行国际比较，并探究这些国家财政支持科技创新以来取得的成绩和共同优点，为中国完善促进科技创新的财政支持提供借鉴。

第八章是提升科技创新水平的财政支持建议。本章通过优化财政科技支出模式、完善政府采购制度、健全税收优惠政策体系等政策建议来提升中国科技创新水平。

五、创新点与不足之处

（一）创新点

本书力求在以下几个方面突破和改进：

1. 研究视角的创新：第一，从综合性财政支持角度出发研究财政支持对科技创新的影响，而现有文献对于财政支持对科技创新的影响都是对某种财政支持进行独立研究，没有考虑几种财政支持对科技创新的综合影响。第二，目前对中国科技创新水平的测度主要是采用科研产出的专利指标来衡量，而从知识创新产出、科研创新产出和成果转化创新产出三者综合角度来测度科技创新综合水平，将为研究中国科技创新水平提供新的尝试。

2. 研究方法的创新：第一，在采用非参数法评估财政科技支出对科技创新的绩效时，现有文献多采用普通 DEA 模型测度科技创新绩效，但均没有很好的区分知识创新、科研创新和成果转化创新的关系，不利于反映科技创新绩效实际情况。由于知识创新产出直接影响科研创新，科研创新产出又进一步影响成果转化创新，最后产生经济效益。因此，本书在基于创新价值链下构建三阶段 SBM 模型，将科技创新划分成知识创新阶段、科研创新阶段和成果转化创新三个阶段，较为准确的评估了科技创新绩效。第二，在研究政府采购和税收优惠对科技创新的影响时，在以往的研究中，大部分采用定性分析。本书将采用面板数据模型分别研究政府采购和税收优惠对三阶段科技创新的影响，得出政府采购和税收优惠对三阶段科技创新的激励效应；并且采用结构方程模型（SEM）测度政府采购和税收优惠对综合科技创新的影响。第三，以往的研究中，大多只是分析政府采购对科技创新的相关性以及税收优惠对科技创新的相关性，还没有进行过政府采购和税收优惠对科技创新的贡献率分析。因此，为了进一步分析政府采购和税收优惠对科技创新的贡献率，本书采用 Shapley 值分解方法分别测度政府采购和税收优惠对科技创新的贡献率，很好的弥补了以往研究的不足。

（二）不足之处

由于客观和主观因素的制约，本书存在以下不足之处：

1. 因受财政支持和科技创新相关数据可获性方面的限制，在一定程度上影响了研究结论的全面性。如采用三阶段 SBM 模型评估财政科技支出对科技创新的绩效时，由于数据不完整，本书采用其他变量作为替代指标，导致构建的财政支持对科技创新的绩效评价指标还不够完善，在以后的研究中，将继续完善科技创新的绩效评价指标，从而更真实的反映中国财政科技支出对科技创新的绩效水平。

2. 从论文内容完整、严谨和拓展的角度来看，本书涉及的财政支持对科技创新的影响分析和提高中国科技创新的财政支持建议仍存在一定的不足之处，如没有考虑风险投资对科技创新的影响，有待于今后作进一步的深入研究和思考，不断地对研究内容进行修改和补充。

第一章 财政支持科技创新的理论分析

科技创新是各个国家经济持续发展的原始动力,对于整个国家的长期稳定和发展特别重要。由于科技创新活动具有公共性、外部性和不确定性与风险,因此有必要通过国家的政策手段来弥补科技创新活动的市场失灵问题。实践经验表明,财政支持是提高一国的科技水平以及科技创新能力的重要手段。作为一个完整的财政支持运行体系,从基础研究、应用研究到试验发展,财政支持对科技创新的推进是一个由研究向产业化过度的动态过程。本章将从科技创新的内涵以及科技创新导向型的财政支持内涵入手,通过经济学理论分析财政支持科技创新的理论依据,进而分析财政支持对科技创新的作用机理。

第一节 基本概念界定

一、科技创新

21世纪90年代以来"科技创新"陆续成为各大媒体竞相报道的热门话题,但国内文献中大部分没有具体阐述有关科技创新的确切内涵,这样在实践过程中容易引起具体执行部门曲解科技创新的内涵,导致中国的科技创新资源分配不公平,科技创新资源没有用在真正需要支持的地方。因此,我们需要了解中国的科技创新水平,来完善中国的科技创新的内涵。

从现有关于科技创新的国内文献来看,不同学者对科技创新的理解存在较大差异,内涵界定不完全统一,但也有共同点。科技创新的共同点主要有两点：一是科技创新主体享有科技创新知识的所有权；二是科技创新主体能主导科技创新活动的整个过程。科技创新的主要分歧有三点：一是如何识别科技创新主体。一部分学者认为企业是科技创新的主体，另一部分学者认为是企业家。二是对科技创新的外延认知差异。一部分学者认为科技创新就是技术创新，另一部分学者认为科技创新由技术创新和制度创新两部分构成。三是如何识别科技创新整个过程。一部分学者认为科技创新就是由一个阶段完成的，另一部分学者认为根据科技创新的特点可以将科技创新分为几个阶段，即科技创新是由几个阶段共同完成的。

根据上文分析，笔者认为，随着经济社会的不断发展，科技创新也是一个不断发展完善的概念，其内涵与一个国家的基本国情、科技水平现状以及各级政府、企业各自的职能均有联系。第一，中国是一个发展中国家，地区经济发展不平衡，政府在进行科技创新过程中要从本地区的实际经济发展水平和科技创新水平出发，选择满足本地区科技创新资源配置最优化的科技政策。进一步从中国现行的经济体制来看，目前科技创新主体在进行科技创新过程中，仍然受到以前计划经济体制的影响，不主动寻找科技创新产品市场，导致科技创新水平增长与经济增长相脱节，进而直接影响中国的科技创新水平，因此中国政府应该加大科技创新产品市场的体制改革，加大企业科技创新的市场意识。第二，从国家角度来看，一个国家鼓励科技创新的目的主要是提升本国的世界竞争力，具体做法是将本国科技创新资源以及国外科技创新资源配置最优化。而企业作为国家经济发展的重要力量，企业进行科技创新产品生产过程中既给企业带来利润，又间接提升本国的世界竞争力。因此企业进行科技创新时，政府就应当进行资金和政策等方面的支持。

综上所述，科技创新可作如下定义：科技创新是一个创新主体（国家或企业）为了保护本国居民的权利或利益，通过对科技相关知识的不断更新、科技创新知识所有权的获得、高新科学技术的不断突破以及科技制度的不断改革，从而使创新主体的国际竞争力得到提升的一种科技行为。而科技创新能够实现必须满足以下几个条件：一是科技创新主体要有明确的目标。由于科技创新主体可以分为国家和企业，因此不同的科技创新主体的目标也有差异，以国家作为科技创新主体来看，国家进行科技创新的主要目标是通过技术创新和科技制度创新来提升国际竞争力；以企业作为科技创新主体来看，企业进行科技创新的主要目标是通过技术创新来提升企业竞争力，从而为企业获取利润。二是科技创新必须要有一个好的科技创新环境。一个好的科技创新环境将激励科技创新主体开展科技创新活动，即好的科技创新环境将产生正外部性。而一个不利的科技创新环境将抑制科技创新主体的科技创新动力，即不利的科技创新环境将产生负外部性。好的科技创新环境如国家的财政政策、税收优惠政策、科技创新知识产权保护政策、科技资金管理制度等等。三是科技创新必须要有充足的资源。科技创新资源主要包括人力、物力和财力等。其中人力资源是关键，科技人才对科技创新的成功发挥着决定性作用。

二、科技创新导向型的财政支持内涵

前面分析可知，科技创新是一个科技创新主体为实现其目标而发生的一种科技行为。科技创新的概念和理论最早由奥地利经济学家约瑟夫·熊彼特在1912年提出，约瑟夫·熊彼特在其出版的《经济发展理论》中的第二章开创性地提出了"创新"的含义和作用，该书的第三章、第四章和第五章则详细阐述了"经济发展理论"，其中"创新理论"为约瑟夫·熊彼特"经济发展理论"的灵魂。约瑟夫·熊彼特于1939年和1942年又对"创新理论"进行了完善和补充，最终形成了熊彼特的科技创新理论体系。熊彼特的科技创新理论体系的主要观点为：第一，"科技创新"就是构建新的生产函数。当新生产要素在新的生产条件下组成了一个新的生产函数时，表明企业家实现了创新。第二，在资本主义市场经济环境下，企业家最主要的职能就是创新。即企业通过创新最终实现经济发展。第三，创新的发展与经济波动是紧密相关的，创新的不平衡发展直接导致经济发展的周期性变化，即创新对经济发展有推动作用。

自从科技创新理论建立后，"科技创新导向"也陆续出现在关于科技创新的相关文献中，但是对它的概念界定，学术界还没有形成统一。最早提出科技创新导向概念的学者是 Manu（1992），他认为科技创新导向的内涵应该至少包括三个结构（科技创新市场、科技创新投入和科技创新产出），即为引导企业开展科技创新活动的一种战略[1]。迈克尔·波特在其1990年出版的《国家竞争优势》一书中提出一国经济发展有四个阶段：生产要素导向阶段、投资导向阶段、科技创新导向阶段和富裕导向阶段[2]。孙斐，韩伟（2011）认为科技创新导向是政府通过制定科技相关法律制度，将市场经济体制下的市场激励

---

[1] 代明，牛昕，戴毅："创新导向型财政政策研究综述"，《财会月刊》，2010年第3期。
[2] 张利珍，秦志龙："十八大以来'创新驱动发展战略'研究：一个文献综述"，《四川理工学院学报（社会科学版）》，2015年第4期。

与计划经济体制下的政府激励相结合，促进科技知识生产的国家战略。张宏彦（2012）认为科技创新导向是原创性科学研究和科技创新活动的一种战略。总的说来，国内外学者关于科技创新导向概念的界定有一个共同点就是：科技创新导向是从国家层面上引导科技创新的一种战略。

由于目前中国的企业自主科技创新能力与创新型国家市场经济体制下的企业相比还有很大差距，因此支持科技创新的政策手段要通过国家来实施。而在建设创新型国家的过程中，一个国家的财政支持对科技创新有着直接而关键的作用。因此，本书将科技创新导向型的财政支持内涵定义为：政府将财政支持科技创新的理念自始至终贯穿于财政政策制定、财政政策实施和财政政策实施效果绩效评价整个过程之中的一种战略和行为，具有影响或者改变全社会科技创新方向、进程和规模的一系列财政收支行为。即科技创新导向型财政理论是将科技创新的理论纳入财政学范围内并对科技创新导向型财政支持提供依据的理论。

第二节 财政支持科技创新的理论依据

一、科技创新的公共性

公共商品是指具有效用的不可分割性、消费或使用上的非竞争性和受益上的非排他性的产品，主要包括公共设施、国防、公安司法、义务教育、环境保护、外交、公共福利事业等领域[①]。与私人商品相比，公共商品具有非排他性和非竞争性两个基本特征。非排他性是指一个人对一种公共商品的消费无法排斥其他人对同一种公共商品的消费。即当人们不付任何费用也能享受到公共商品带来的所有好处。公共商品的非排他性特征不可避免会导致"搭便车"行为的发生，甚至会导致更严重的现象：每个人都希望其他人来提供公共商品，而自己坐享公共商品带来的所有好处，最终的结果就是大家都不愿意提供公共商品。非竞争性是指当增加一个公共商品的消费时，不会减少其他消费者对该商品的消费水平。即增加一个公共商品消费者的边际成本为零。

科技创新活动根据不同的科技创新阶段有不同的产出，如知识创新阶段主

---

① 刘京焕、陈志勇、李景友：《财政学原理》，高等教育出版社，2011年。

要产出为论文、专著等;科研创新阶段主要产出为专利、配方、程序等;成果转化阶段主要产出为高技术产业总产值、技术市场交易额等。即从科技创新活动的不同阶段来看,科技创新活动的产出主要是以知识形式表现出来的。而在世界科技竞争愈演愈烈的形势下,各国政府均不太愿意把本国的自主科技创新技术分享给全世界。例如美国在1980年由国会通过的《拜杜法案》中明确规定,研发活动成果的生产或制造基地优先在美国境内,并且公司必须在美国境内生产持有专利排他使用权的产品。其他发达国家也有类似的法律法规。因此,科技创新活动产出的公共性是相对的,即科技创新活动产出的公共性是相对本国而言的。

知识产品的非竞争性是指当增加一个知识产品的消费时,其他消费者不会因为原来消费者增加知识产品的消费而降低现有的消费水平。产生这种结果的主要原因是知识产品属于信息产品中的一类,可以反复使用。即在现有的知识产品供给水平上,新增消费者对知识产品进行消费,不会额外增加产品成本。而且对知识产品的消费不但不会减少其他消费者的消费,而且消费的人越多,范围越大,其社会效益就越大,同时由于知识的广泛传播作用而增加知识产出。知识产品的非排他性必须建立在不存在知识产权保护制度情况下,则知识产品的非排他性是指一个人对知识产品的消费无法排斥其他人对知识产品的消费。当国家没有建立知识产品的产权保护机制时,其他消费者只需花费较少的成本就可以消费知识产品,直接导致知识产品进入市场并进行交易比较困难。即使国家制定知识产权保护制度使得私人部门对知识产品享有产权,进而使知识产品具有排他性,在一定程度上解决了知识产品的"搭便车"问题,但实际情况中不是所有的知识产品产权都能够明确地界定,尽管部分知识产品产权得到明确界定,但维持产权和监督成本过高(如专利授权过期、模仿产品创新)。因此,具体实施过程中还要根据知识产品的非排他性程度进行差别对待。

二、科技创新的外部性

外部性是英国著名经济学家庇古于1920年提出的一个重要的经济学概念。从经济学角度对外部性的定义为:在经济活动过程中,经济主体(厂商或个人)的经济活动对其他厂商或个人造成直接影响时,而其他经济主体没有获得相应补偿或者支付赔偿。即当一个经济主体的经济活动对其他经济主体产生好的影响时,我们称为"外部经济"或者"正外部性";而当一个经济主体的经济活动对其他经济主体产生不好的影响时，我们称为"外部不经济"或者"负外部性"。"外部经济"理论最早由马歇尔1890年提出的，庇古在马歇尔的"外部经济"理论基础上拓展了"外部不经济"理论，从而就有了现在完整的外部性理论。

科技创新活动与一般的企业生产过程不同，其产出并非普通意义上的具体产品，而主要是以知识形式表现出来，即科技创新活动的产出是科技知识产品。由于知识具有表述、复制、转移、延展和隐蔽性等特征，根据知识的这些特征，我们可以将其分为两大类别：显性知识和隐性知识。显性知识由于具有可清晰表述、可复制、可转移等特点，也称编码知识，是指人们可以通过语言、文字、软件等方式获取或学习的知识，并且显性知识可以通过复制、转移和传播等方式给其他人使用，而不会给显性知识的拥有人带来任何补偿。这说明显性知识符合公共商品的特征：非竞争性，即现有的显性知识供给水平上，新增消费者对显性知识进行消费，不会额外增加显性知识成本。随着经济的全球化和现代网络的不断发展，企业之间的交流日趋频繁，显性知识也比较容易在企业之间传递，从而给企业带来益处，即显性知识给企业带来显著的正外部性。隐性知识和显性知识相对，具有默会性、非理性、情境性、稳定性、偶然性与随意性等特点，是指隐性知识的拥有者给其他人传授比较困难的知识。隐性知识的拥有者将隐性知识储存在自己大脑中，采用传统的传授方式比较困难，而必须通过特殊方式进行，如很多的非物质文化传承，就是通过"师传徒授"的方式进行。从企业的角度来看，企业通过技术创新所获得的隐性知识主要存在于一些关键研发人员手中，伴随着这些研发人员的流动，这些隐性知识将给新企业带来益处。因此，隐性知识也能给企业带来显著的正外部性。

综上所述，企业进行科技创新活动的外部性，又称为"溢出效应"，是指由于企业的科技创新活动对外部经济体产生的经济影响。当企业将其科技创新产品推向市场时，由于市场中知识产权保护体制的不健全或不完善，外部企业甚至竞争对手很容易搭上企业的"便车"，在市场中与企业进行不正当竞争，甚至挤占企业开发的新市场，从而使得企业进行科技创新活动后难以获得预期的经济及社会效益[①]。

---

① 宋常，严宏深："科技创新企业的外部性与政府补贴研究"，《黑龙江社会科学》，2008年第1期。

三、科技创新的不确定性与风险

Frank H. Knight 在《风险、不确定性和利润》一书中，从理论条件与实际条件下竞争的差异性角度出发，通过引入理论条件与实际条件下竞争的不确定性概念（不确定性与风险），即通过不确定性与风险来揭示理论条件与实际条件下竞争之间的本质区别，进而揭示企业利润的来源[①]。学术界一直以来对不确定性和风险的关系争论比较大。一部分学者认为，不确定性与风险没有本质区别，这些学者在日常生活中常常将不确定性和风险互换替代；另外一部分学者认为，不能将不确定性与风险混为一谈，不确定性与风险之间还是有一定的差异，他们认为不确定性与风险的主要差异在于：不确定性不能预测未来事件可能的结果，风险可以预测未来事件可能的结果。即不确定性不能得到未来事件发生的可能性大小，而风险可以通过数学模型，利用历史数据预测未来事件发生的可能性大小。

科技创新是一种探索性、创造性的经济活动[②]。不同于一般的经济活动，相比于其他企业活动，科技创新的突出特征就是研发过程中的高不确定性和高风险性。一方面，企业商机越大的地方，所面临的不确定性也越大，企业所得到的回报也越大。企业正好可以利用这种不确定性来开展科技创新，获取丰厚的回报。另一方面，由于企业进行科技创新活动得到的结果与预期目标相差甚远，给企业开展科技创新活动带来一定风险，企业将减少风险比较高的科技创新活动，进而增加风险比较低的其他经济活动。比如从企业外部环境来看，科技创新产品与消费市场息息相关，而消费市场具有不确定性，科技创新的成果能否批量生产、是否符合消费者品味以及能够满足消费者的需求等，这些将使科技创新面临不确定性；而从企业内部环境而言，由于企业家自身能力和资金投入的有限性，企业不能准确判断正在进行的诸多研发项目中哪一个项目会取得技术突破以及研发活动经过多长时间才会有实质性成果，也使科技创新这种活动未来充满不确定性与风险，企业为了极大限度减少科技创新活动带来的不确定性与风险，直接减少研发经费的投入，甚至有些企业中断了即将取得技术突破项目的资金，为企业带来前期研发资金的浪费。

---

① Frank H. Knight：《风险，不确定性和利润》，王宇、王文玉译，中国人民大学出版社，2005年。
② 夏天、郭炜："技术创新的不确定性、风险及其管理模式选择"，《科技管理研究》，2005年第6期。

根据上文的分析，科技创新活动具有公共商品的特征，即科技创新活动具有三方面的特点：一是科技创新活动具有公共性，即具有非竞争性和非排他性；二是科技创新活动具有外部性；三是科技创新活动具有高不确定性和高风险性。企业进行科技创新产品的生产过程中，前期研发经费投入巨大，并且会出现外面企业"搭便车"问题、企业回报高不确定性和高风险性问题，这些问题极大地降低了企业进行科技创新活动的积极性。即企业进行科技创新会产生"市场失灵"现象。财政支持的主要职责之一就是提供公共品，弥补"市场失灵"问题，而企业生产产品过程中"市场失灵"问题，直接导致企业对具有公共商品属性的产品生产积极性不高，这个时候就需要国家财政支持杠杆的大力支持。与此同时，科技创新活动也是可以产生显著的社会效益，根据经济合作与发展组织（OECD）在1999年的研究结论，政府每提供1美元的原始资金支持企业进行科技创新，会直接带来1.7美元的社会收益[①]。可见财政支持杠杆发挥的"四两拨千斤"的作用非常大。因此，政府应该采取财政支持来激励企业开展科技创新，如政府向科技创新企业或政府研究机构直接提供资金支持、政府对企业的科技创新产品或技术进行采购以及向科技创新的企业提供税收优惠等，这些措施能够最大限度地避免"市场失灵"现象的出现。

第三节 财政支持科技创新的作用机理

财政支持是一个国家支持本国政府研发机构或企业实施科技创新的财政保障，也是一个国家提升国际竞争力，加快进入创新型国家行列的一种战略手段。财政支持对科技创新的作用机理主要体现在以下几个方面：一是财政科技支出对科技创新的直接支持，即政府直接对企业进行财政科技投入，为企业进行科技创新活动提供财力保障；二是政府采购对科技创新的推动作用。即政府通过采购本国企业科技创新产品，为企业提供科技创新产品市场，进而推动企业进行科技创新活动；三是税收优惠对科技创新的激励作用。即政府通过税收优惠降低企业研发支出成本，激励企业加大研发经费投入。

---

① 董为民："科技创新需要财政支持"，《光明日报》，2011年8月16日（16版）。

一、财政科技支出对科技创新的直接作用

无论是创新型国家还是其他国家,政府财政资金都是研发经费最重要的来源,如美国、英国、加拿大等创新型国家在2012年的政府资金占研发经费的比重分别为30.8%、28.9%和34.5%,中国也达到了21.6%。一个国家的财政科技支出在主要依靠国家资金投入的基础研究、国家重大科技基础设施建设、国家科技重大项目及地区科技发展项目等方面发挥着比较关键的作用。财政科技支出对企业的研发阶段提供的财力支持,属于财政支持体系中的前期支持,是科技创新资金保障的必备条件。政府对基础研究的科研经费投入通常在高等院校和政府科研机构中进行,所产生的经济效益和社会效益普遍较差,但又是进行应用研究和试验发展的前提,而高等院校和企事业单位的科研机构自筹经费又远远不足,这就需要政府财政资金对他们进行支持,特别是政府有义务和责任对还不能产生经济效益的基础研究进行财政资金支持。政府对应用研究的科研经费投入通常在企业中进行。由于企业是自主科技创新的主体,所以财政科技支出支持的企业对象主要是对国民经济发展有重大推动作用的大型高科技企业,科技投入的范围主要是科技创新过程复杂且可能产生重大技术突破的创新项目。这些项目由于前期研发投入大,研发过程中不确定性高、风险大,企业不确定这些自主科技创新成果是否能带来回报,往往不愿意加大资金投入,甚至减少投入。而这些科技创新项目通常能对国民经济发展起重大推动作用,这就需要政府提高财政支持,充分发挥政府支持科技创新的作用。如图1-1所示,横轴表示政府科技支出占企业研发投入的比重,纵轴表示政府科技支出对企业开展科技创新活动的激励效果,Q_0为企业研发投入中政府科技支出占比的临界值。政府科技支出对企业进行科技创新活动的激励效果与政府科技支出占比呈现"倒U型"曲线[①],激励效果会随着政府科技支出占比的变化而发生变化,具体表现为:在临界值Q_0之前,激励效果会随着政府科技支出所占比重的增加而增加;当达到临界值Q_0时,激励效果最大为U_0;在临界值Q_0后,激励效果会随着政府科技支出所占比重增加而降低。即在临界值Q_0

---

① Dominique 和 Bruno (2000) 对17个OECD国家 (1981~1996年) 政府科技支出对企业研发支出的影响进行了研究。研究结果表明:政府科技支出对企业进行科技创新活动的激励效果与政府科技支出占比呈"倒U型"曲线,即随着政府科技支出占比的增加,政府科技支出的激励效果会增强,政府科技支出占比13%左右时,政府科技支出的激励效果值最大,政府科技支出占比超过13%时,政府科技支出会挤出企业的研发支出。

前，政府科技支出增加将对企业产生杠杆效应[①]；在临界值 Q_0 后将对企业产生挤出效应[②]。因此，政府应该合理控制政府科技支出占企业研发投入的比重，使政府科技支出对企业进行科技创新活动的激励效果达到最大。

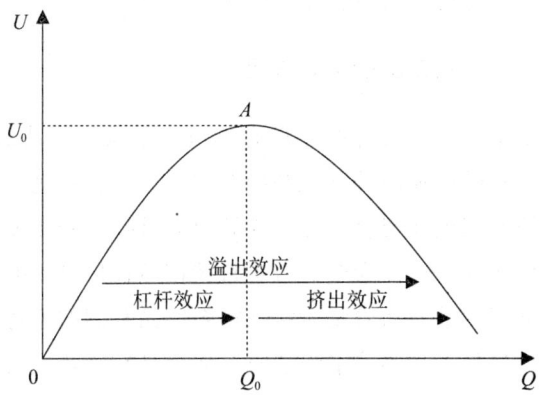

图 1-1 政府科技支出对企业进行科技创新活动的效果

另一方面，政府在科技创新活动的投入，使获得资助的企业降低了研发成本，提高了企业进行科技创新活动的积极性，同时提高了与其竞争的未获得政府资助的其他企业的相对研发成本，直接导致未获得政府资助企业投资收益减少，进而未获得政府资助企业将减少科技创新产品的生产，即政府科技支出存在负的外部性，也称为溢出效应。与此同时，企业生产的高新技术产品进入市场后，与其竞争的未获得政府资助的其他企业受到利益的驱使，采用"搭便车"行为，享受其他企业科技创新成果带来的益处。这使获得政府资助的企业获得的私人收益低于社会收益，无法独享科技创新带来的利益，弱化了企业进行科技创新活动的积极性。

根据上文分析可知，大力增加财政科技支出，为支持自主科技创新提供财力保障，也是符合创新型国家发展的一个大趋势。在支持创新型国家发展中，财政科技支出至关重要。财政科技支出的目的在于引导全社会更加重视自主科技创新，地方政府更加重视科技投入。与此同时，中央和地方政府一方面要持

---

① 杠杆效应是指政府为企业的科技创新活动提供资金支持，减少了企业从事科技创新活动私人收益和社会收益之间的差距，降低了企业进行科技创新活动的成本及风险，从而促进企业加大研发投入。

② 挤出效应是指随着政府对企业研发投入的增大，政府将面临浪费公共财政的风险，导致政府科技支出倾向于资助回报率高或者风险比较小的项目，这时候企业将减少研发投入，转而生产对政府回报率较高的产品，从而降低全社会科技投入的总量。

续增加财政科技投入,另一方面要对每年的财政科技支出进行结构优化,将财政科技资金用在基础研究和对国民经济发展有重大推动作用的应用研究领域。并且政府要扩大财政科技支出的范围,使符合条件的企业都能享受财政科技支出政策带来的益处,降低财政科技支出的负外部性。

二、政府采购对科技创新的推动作用

政府采购是指中央政府或者地方政府部门为了满足公共部门服务的需要,利用财政资金采购本国以及国外商品和服务的行为。企业进行科技创新的前提是需要有一定的技术基础和资金实力,而政府对科技创新企业的大力支持,可以加快自主科技创新的步伐,为企业自主科技创新提供良好的环境和平台。一方面,企业科技创新的最大动力是对科技创新产品利润的追逐,只有当企业提前预测市场对科技创新产品的需求强烈时,才会激励企业进行科技创新,而政府采购行为可以创造出市场对科技创新产品大量需求以及丰厚的回报,这对于企业提高自主科技创新积极性产生巨大的推动作用,当政府采购行为所涉及的财政资金越大,企业自主科技创新的动力也越强。如图1-2所示,假设其他条件不变,当科技创新产品市场的需求曲线为D_1,供给曲线为S_1时,可得市场均衡状态下的科技创新产品价格为P_1,企业对科技创新产品的供给数量为Q_1,则此时企业所获得的利润为矩形P_1OQ_1A的面积。当实施政府采购政策时,政府采购行为会加大对企业科技创新产品的市场需求,市场需求曲线由D_1平行移动到D_2,可得市场均衡状态下的科技创新产品价格为$P_2 > P_1$,这时政府采购行为将激励企业加大对科技创新产品的生产,市场供给曲线由S_1平行移动到S_2,可得市场均衡状态下的科技创新产品价格为P_3,企业对科技创新产品的供给数量为Q_3,则整个科技创新产品市场达到均衡时,企业获得的利润为矩形P_3OQ_3C的面积 > 矩形P_1OQ_1A的面积。即政府实施政府采购政策后,企业获得的利润提高,同时有效激励了其进行科技创新的积极性。

与此同时,政府在实施采购过程中对高新技术产品实施最低限价,可以有效保护本国高新技术产品市场。如图1-3所示,横轴代表高新技术产品供求量,纵轴代表高新技术产品价格;S曲线、D曲线分别代表高新技术产品的供给曲线和需求曲线,A点代表市场均衡点,P_0为均衡价格,Q_0为均衡量。P_1为政府在实施采购过程中对高新技术产品实施的最低限价,P_1大于P_0点,即为了有效保护本国高新技术产品市场,政府实施采购的价格高于市场的均衡价格。因此当政府对高新技术产品实施最低限价时,会促进企业多生产高新技术

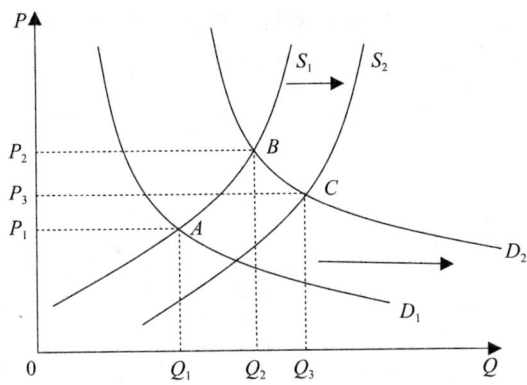

图1-2 政府采购对企业科技创新的影响

产品。即高新技术产品市场供给量为 Q_2，大于市场的均衡量 Q_0。由上面分析可以看出：一是政府在实施采购过程中对高新技术产品实施最低限价政策，扩大了高新技术产品市场的供给量和需求量，有利于企业进行高新技术产品和服务的推广和应用；二是在政府采购本国高新技术产品后，将成为高新技术产品主要使用者和推广者，进而扩大了高新技术产品的市场需求，保护了本国高新技术产业的发展。

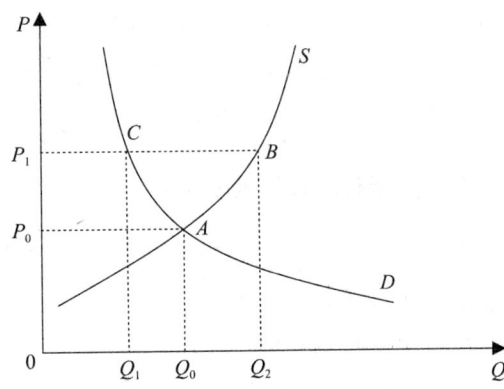

图1-3 政府采购实施最低限价对高新技术产品市场的影响

相反，政府在实施采购过程中对高新技术产品实施最高限价，会直接减弱企业开展科技创新活动的积极性，影响本国高新技术产业发展。如图1-4所示，横轴代表高新技术产品供求量，纵轴代表高新技术产品价格；S曲线、D曲线分别代表高新技术产品的供给曲线和需求曲线，两条曲线的交点A代表高新技术产品市场均衡点，P_0 为均衡价格，Q_0 为均衡量。P_1 为政府在实施采购过程中对高新技术产品实施的最高限价,P_1小于P_0点,即此时政府实施采购的价格低于市场的均衡价格。因此,当政府对高新技术产品实施最高限价时,会导致高新技术产品市场供不应求,即高新技术产品市场供给量为Q_1,小于市场的均衡量Q_0。

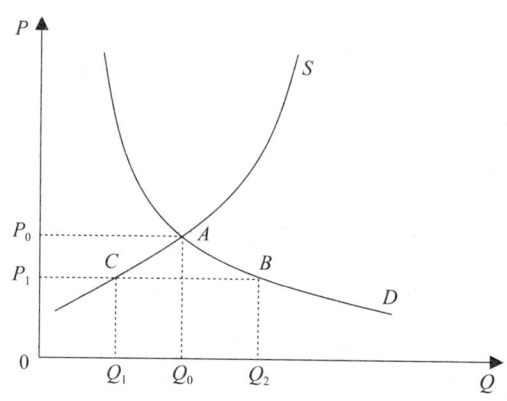

图 1-4 政府采购实施最高限价对高新技术产品市场的影响

政府采购对企业科技创新产业化阶段提供财力支持,属于财政支持体系中的后期支持,政府采购增加了全社会对科技创新产品的需要,使企业生产科技创新产品获得的利润大于生产成本,将会促使企业加大科技创新产品的生产,进一步随着企业生产科技创新产品的规模不断扩大,也可以加速科技创新产品的产业化进程,从而使政府采购对企业开展科技创新起到重要的推动作用。

三、税收优惠对科技创新有显著的激励作用

税收优惠是指一个国家利用本国税收法律中正常的税制结构,在不违反税收法律的前提下,有针对性地制定一些特殊条款,使纳税人或课税对象获得一定的优惠,进而达到激励效果的一种政府行为。相比财政科技支出作用于科技创新活动的前期和政府采购作用于科技创新活动的后期,税收优惠可以作用于经济社会活动的整个过程,因此,创新型国家更热衷于采用税收优惠来激励企业进行科技创新。

根据上文分析,科技创新具有正外部性,表明企业进行科技创新时,将为其他没有进行科技创新的企业带来好处,此时企业获得的私人收益将有所降低,降低部分为其他企业从中获得的好处,这时候企业将降低科技创新产品的生产规模,从而引起全社会科技创新产品的供给缺乏。而全社会科技创新产品

的供给缺乏，将直接影响国家的世界竞争力，因此，政府应该制定鼓励企业加大科技创新产品生产的税收优惠政策，提高企业的私人收益或者降低企业的生产成本，激励企业加大科技创新产品的供给，使全社会的科技创新产品水平恢复到税收优惠政策实施前的水平。如图1-5所示，假设其他条件不变，企业进行科技创新时私人边际收益曲线为MPR，社会边际收益曲线为MSR。由于企业进行科技创新活动存在正外部性，导致企业进行科技创新的私人收益减少，减少部分为外部边际收益MER，外部边际收益MER为社会收益MSR与私人收益MPR的差额。根据企业追求利润最大化满足的条件为：边际收益（MR）=边际成本（MC），则企业进行科技创新活动处于均衡状态下的私人收益为P_2，科技创新资金投入为CI_2，社会收益为P_1，全社会实际需要的科技创新资金投入为CI_1。即企业进行科技创新时，得到的私人收益＜社会收益，而企业科技创新资金投入＜全社会实际需要的科技创新资金投入，即企业进行科技创新的积极性受到抑制，全社会整体科技创新资金投入不足。因此，政府此时的最主要任务就是积极采取税收优惠政策，引导企业降低研发成本，提高企业私人收益。当政府实施税收优惠时，企业进行科技创新的成本得到降低，边际成本出现下降，由曲线MC_1下降到曲线MC_2。同理，根据边际收益（MR）=边际成本（MC）的原理，可得出政府实施税收优惠时，企业进行科技创新活动的私人收益为P_3，科技创新资金投入为CI_1。即企业进行科技创新活动的资金投入由CI_2提高到CI_1，表明政府采取税收优惠政策促使了企业加大对科技创新的资金投入。

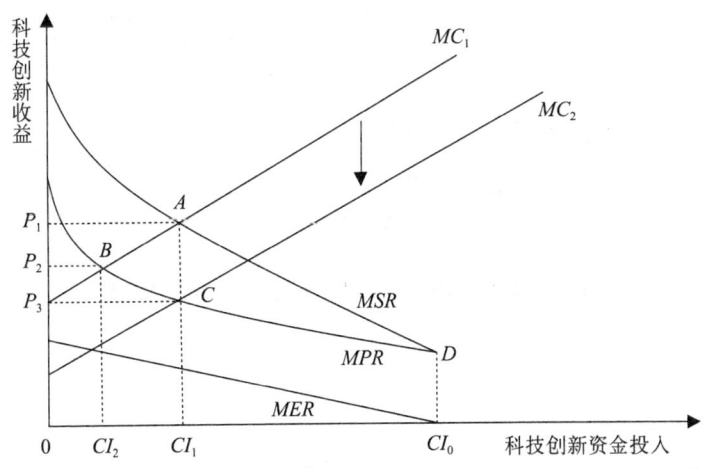

图1-5 税收优惠对企业科技创新投入的影响

高新技术行业中企业进行科技创新投入依赖于其风险承受能力，风险承受能力在企业科技创新投入决策中起着重要的作用。税收通过作用于企业的资产组合决策来影响企业的风险投资决策。大部分学者的研究结论表明，政府对企业实施税收优惠政策，在一定程度上影响到企业进行科技创新投入将面临的风险和获得的投资收益，而税收优惠政策中有降低企业投资风险的条款，使原来由企业单独承担的风险，转为由政府通过税收优惠方式承担了一部分，将激励企业持有更多的风险资产。如图1－6所示，U表示风险投资者的一系列无差异曲线，OM表示投资市场机会线，实施税收优惠前的投资市场机会线是OM，投资市场机会线OM与无差异曲线U_1相切的点为E，此时企业进行科技创新投资的收益为P_0，承担的风险为R_0。当政府实施税收优惠时，为了保持企业的效应不变，投资市场机会线会由OM平行移动到OM_2（投资市场机会线OM_2又称为补偿性投资市场机会线），投资市场机会线OM_2与无差异曲线U_3相切的点为E_2；与此同时，企业进行科技创新投资的收益增加，导致投资市场机会线绕着O点向上转动，由OM变为OM_1，投资市场机会线OM_1与无差异曲线U_3相切的点为E_1，政府实施税收优惠对企业的总效应为EE_1 = 收入效应（EE_2）① +

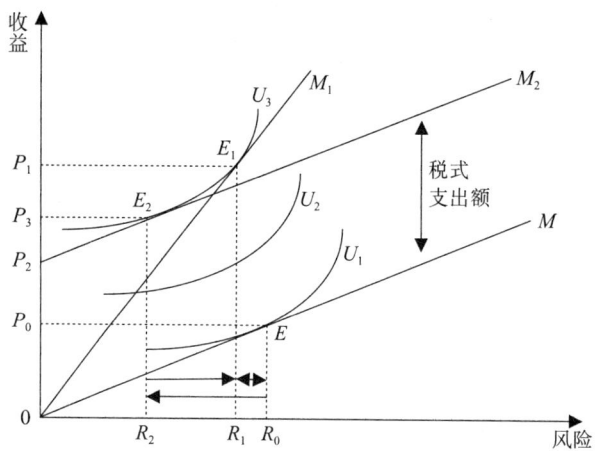

图1－6 税收优惠对企业进行研发投资的风险影响

---

① 税收优惠的收入效应表示政府对企业进行科技创新实施税收优惠时，引起企业实际收益增加，进而由实际收益增加，将使企业多生产高新技术产品，加大科技创新投资。

替代效应（E_2E_1）[①]，由于收入效应（EE_2）与替代效应（E_2E_1）方向相反，而 $EE_2 > E_2E_1$，即政府实施税收优惠引起的收入效应大于替代效应，则企业的总效应为正，企业将加大对科技创新的投资。由图 1-6 也可以看出，政府实施税收优惠后，企业进行科技创新投资的收益为 $P_1 > P_0$，承担的风险为 $R_1 < R_0$。即实施税收优惠后，企业开展科技创新投资获得的收益增加了，并且投资所承担的风险降低了。

[①] 税收优惠的替代效应表示政府对企业进行科技创新实施税收优惠时，引起企业名义收益增加，进而由名义收益增加，将使企业减少其他商品的生产，多生产高新技术产品。

第二章
中国财政支持科技创新的政策演变及其现状

促进科技创新的财政支持是指政府通过财政收入或财政支出等政策工具来优化科技创新行为的内外部环境，推动科技进步与发展，进而推动经济增长和加速经济结构转型。自1994年分税制财政体制改革以来，为了贯彻科技兴国战略、鼓励科技创新，中国政府采取了财政科技支出、政府采购和税收优惠等财政支持方式来促进科技机制改革，改善科技创新环境，推动优秀科技人员崭露头角，促使科技创新能力提升和科技成果应用，为促进中国经济的可持续发展，提升中国的国际竞争力，发挥了不可或缺的重要作用。本章将从财政科技支出、政府采购和税收优惠的变迁历程、特点和现状等方面出发，深入探讨推动中国科技创新的财政支持。

第一节 财政支持科技创新的历程

一、财政科技支出方式调整及其特点

（一）财政科技支出方式调整

新中国成立六十多年来，在科研资金投入方面共实行过两种制度。一是行政拨款制。建国伊始，国家一穷二白，科技基础十分贫瘠，为了加快国家科技发展，政府充分参考苏联经验，构建了以科学院为核心的科技体制，实行科技资金高度集中的行政拨款制。二是科学基金制。80年代，中国对原有的科研

资金投入机制进行了改革，综合采用财政投入、科技贷款、科研单位自营收入、风险资本等多渠道的资金投入方式，设置基金资助科学技术研究，加速科技创新发展①。

1. 行政拨款制

行政拨款制是指政府财政为地市级以上的独立研究机构和开发机构提供科研经费的一种科技投入方式。这种科技投入方式实际是科技支出上的"供给制"。研发机构通常情况下采用两种方式获取科研经费：一是各层级政府根据机构人员编制拨付人员费用；二是各层级政府拨付三项科技经费（新产品试制费、中间试验费及重大科研项目补助费）。政府根据研发机构上报的人员编制以及科研项目进行财政拨款的方式又被称为"吃皇粮"，这种科研经费投入体制具备很强的计划性。改革开放前实行的行政拨款制的优点在于：一是政府推动科技创新的目的能直接反映；二是能整合有限的科技资源推动中国科技发展。因而，这种科研资金投入机制对加速中国科技创新，缩小与发达国家差距起到了明显的作用。在行政拨款制实施后相当长的时期内，行政拨款制对中国科技的支持力度非常大，是中国科技投入的主要来源。但是随着中国经济社会对科技需求与科研投入不足之间的矛盾日益显现，行政拨款制的弊端也逐渐暴露了出来：一是经济社会发展对科技成果的大量需求与科技成果供应不足相矛盾。二是缺乏对研发机构科研创新的激励机制，助长了科技研发活动的平均主义。三是科技投入来源比较单一。四是注重应用研究，轻视基础研究②。

2. 科学基金制

1982年，为了建立与当时经济社会发展相匹配的科技体制，参照国外先进经验，中国政府设立了国家科学基金，成立了由各领域科学家组成的归属于中国科学院的基金委员会，独立开展资助科研工作。通过几年的实践，1985年，中国政府发布了《中共中央关于科学技术体制改革的决定》，将基础研究和部分应用研究纳入到科学基金制范围，资金主要由财政拨款，设立国家自然科学及其他科学基金会③。1986年，国务院批准正式成立了国家自然科学基金

---

① 朱九田，周莹莹，杨国军："我国科研资金投入体制的演化"，《科技进步与对策》，2005年第3期。

② 祝云："地方财政科技支出与经济增长的关系及其绩效评价研究"，西南交通大学博士论文，2007年。

③ 中国教育和科研计算机网：《中共中央关于科学技术体制改革的决定》，http://www.edu.cn/documents_ 8573/20090908/t20090908_ 405838.shtml。

委员会，直属国务院，独立开展工作。

科学基金是政府、非营利性组织、企业、个人为推动科学技术发展而设立的一项专门经费。科学基金制，是设置专门基金，由有关专家评审，资助申请人开展科学技术研究的一种制度，资金来源广泛，主要用于基础和应用研究，具备灵活性、学术性、竞争性、公正性等特点。科学基金制是在参照经典的基金管理模式经验的基础上，针对科技发展过程中出现新的科研创新活动的特点而特别提出的①。

自改革开放以来，科学基金制大量资助基础研究，逐步成为其主要的资金来源。经过30多年的发展，科学基金制形成了一套服务基础性研究并具有公开民主特点的运转体制。它优化了基础研究投入资源的配置；保障了中国基础研究的可持续发展；稳定了基础研究的科研人员；强化了中国与科研先进国家的交流和合作。

此外，科学基金制在运转过程中，同时存在着资金投入不足、投入效能不高、来源渠道较少、管理机制不健全等问题。因而，需持续优化科学基金制，拓宽来源渠道、加大资金投入、完善管理机制、健全预算管理等，才能更好地服务于科学研究，推动科技创新发展。

3. 科技贷款

中国第一大商业银行——工商银行于1984年便出台了《中国工商银行关于科研开发和新产品试制开发贷款的暂行规定》，规定主要内容为：为了提升经济建设科技含量，强化科学技术应用，促进科研体制改革，支持企业采用新技术，试制开发新产品，推进技术进步，促进国民经济发展，中国工商银行办理科研开发和新产品试制开发贷款②。该文件的出台不仅使工商银行获得了科技银行的称号，更标志着科技贷款正式进入中国经济建设舞台，科技贷款短时间内就从局部试点向全国铺开。1985年，中国人民银行和国务院相关部门联合发布了《关于积极开展科技信贷的联合通知》，通知要求：各商业银行、政策性银行以及其他金融机构，需在其信贷规模内专门划出一部分贷款，作为对科技研发的资金支持。各银行今后在选择贷款项目时，应侧重于技术开发项目贷款，从资金上支持企业的技术改进，提升企业产品附加值。从这时开始，科

---

① 王琦："我国财政科技投入的几种方式比较"，《经济研究导刊》，2013年第20期。
② 中华会计网校：《中国工商银行关于科研开发和新产品试制开发贷款的暂行规定》，http://www.chinaacc.com/new/63/69/110/1984/8/ad00111103848910.htm。

技贷款正式成为中国科技投入的又一重要来源。

科技贷款是指各银行在给企业发放贷款时,将发放的贷款与科技研发项目相结合,积极支持企业创新发展,获取更高收益。科技贷款的主要受益群体是具备较高偿还能力的科技企业和科研机构等①。从1980年科技贷款萌芽到现在,中国科技贷款已经走过了30多年的历程,在贷款规模和贷款风险控制方面取得了很大发展,在一定程度上缓解了科技企业和科研机构的研发投入不足问题。如图2-1所示,中国科技贷款金额由1995年的127.08亿元增加到2008年的405.20亿元,增加了218.9%,说明中国的科技贷款金额整体呈现出上升的趋势。

目前来看,中国科技贷款总量仍然偏低,在科技经费总额中占比也不高,这与发达国家科技贷款总量通常达到或超过财政拨款总量存在较大的差距。此外,还存在科技贷款未能全部用于科学研究,科技贷款的利用效率较低。在这种情况下,需要进一步加大科技贷款投放力度,规范科技贷款管理机制,提升科技贷款使用效能。

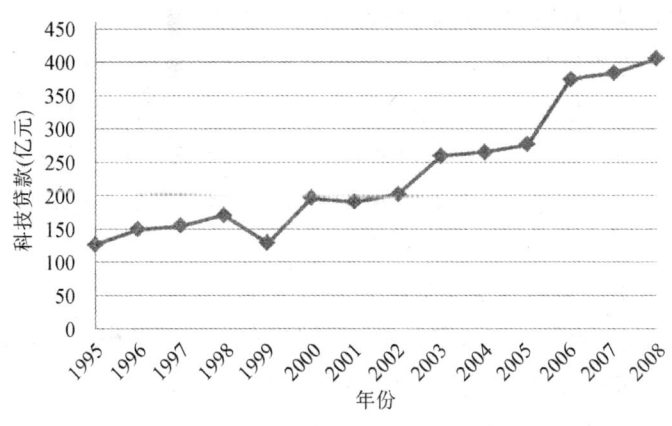

图2-1 中国科技贷款金额

数据来源:根据1996~2009年《中国金融年鉴》整理。

4. 科研单位的创收投入

在大力建设中国特色社会主义经济的浪潮下,鉴于一直以来科研机构故步自封,缺乏效率,1985年,中国出台了《中共中央关于科学技术体制改革的

---

① 卓晴君:《中国改革全书(科技体制改革卷)》,大连出版社,1992年。

决定》，要大力推动科研成果转化和应用，促进科研成果的市场化[①]。为了加快中国科研单位技术成果的商品化，决定在三五年时间内逐渐缩减财政拨付的事业费，达到大部分研究机构事业费自给自足的目标，即到1990年，开发应用研究单位的事业费将全部减完[②]。在这种背景下，科研机构为了弥补事业费缺口，积极投入到市场经济中，将科研成果转化为经济效益。从此开始，科研单位的创收收入正式成为了科技投入的重要来源。

伴随社会主义市场经济的深入推进，科研机构市场化行为不断增多，通过技术支持、专利转让、让渡专利使用权、产学研结合等多种渠道创造收入，也呈现逐渐增长趋势，科技体制改革不断深入，中国科研机构逐步改变了以往封闭自足的状况，市场开放程度不断提高。科技成果应用和转化的提高，增加了科技资金的投入，使科研机构的研发项目与经济社会发展紧密结合。与此同时，科研单位研发人员的收入得到提高，工作积极性也逐渐增强。科研单位的创收投入方式不仅丰富了科研经费投入的来源渠道，还提升了科研工作条件和科研人员生活质量，更重要的是推动了中国科研的迅猛发展。

尽管创收投入日益成为科研机构经费来源的重要渠道，但少数科研机构和科研人员对于市场化行为仍有一些抵触和不适应的情况，习惯于"吃皇粮"，加上市场化过程中存在着激励约束机制不到位、部分科研成果应用性不强、科研成果定价机制不完善、少数科研机构议价能力较弱、消费市场未有效开发、利益分配不均衡等问题，导致科研成果应用和转化程度仍然较低，需要进一步提升和改进。

5. 成本补偿方式和定额补助方式

1999年8月20日，中共中央和国务院出台了《中共中央、国务院关于加强技术创新，发展高科技，实现产业化的决定》，"决定"在"采取有效措施，营造有利于技术创新和发展高科技、实现产业化的政策环境"中指出：实施科研课题制，积极推动项目招投标和评估机制。2002年，国务院进一步发布了《国家科研计划实施课题制管理规定》，细化了科研课题制的具体实施方式，将课题资助方式分为成本补偿式和定额补助式，根据课题内容、重要程度

---

① 中国教育和科研计算机网：《中共中央关于科学技术体制改革的决定》，http://www.edu.cn/documents_8573/20090908/t20090908_405838.shtml。

② 蒋占华："科研单位经济创收中存在的问题"，《中国建材》，1989年第11期。

等合理确定课题资助方式①。

成本补偿式是对受资助课题投入的成本进行补偿的一种资助方式，额度不高于课题实际费用支出。申请人编制课题费用预算建议书，归口部门会同财政部门审批，申请人需严格执行审批结果。定额补助式是对受资助课题提供固定金额费用支持的一种资助方式，额度根据相关国家政策、财务制度、评审专家意见、课题重要程度等决定，额度固定不变。成本补偿式和定额补助式是现行课题制下科研人员获取经费的来源之一。现行课题制下重大科技项目经费主要采用成本补偿式，除重大项目以外的其他项目经费主要采用定额补助式。

成本补偿方式和定额补助方式对中国现行科技体制进一步改革，丰富了科研经费投入渠道。对科研课题提供科研经费以来，一方面，解决了对国家经济社会发展有重大影响的科技项目经费问题；另一方面，提高了中国科技的整体水平。但是实行成本补偿式和定额补助式的弊端也慢慢呈现出来，主要是这两种方式的科研经费监督存在一定程度上主体"缺位"的问题，导致项目管理人员和项目科研人员能以"项目风险大"为借口而逃避监督责任②。

6. 风险投资

1985 年，中共中央出台了《中共中央关于科学技术体制改革的决定》，应通过创业资本对风险高、变化快的高技术研发工作进行资金支持，为使用风险资本支持科技研发提供了有力的政策依据③。风险资本（Venture Capital），是指将资金投向国家支持力度不足、市场不确定性较大、高收益、高风险的科技研发领域的一种行为，目的在于推动科研成果应用和转化。即是把科学技术和商品化生产结合起来的一种新的科技投入方式。风险投资具有高风险、高收益、流动性小、周期长的特点。

1996 年出台的《中华人民共和国促进科技成果转化法》，进一步明确了国家鼓励设立科技成果风险基金，大力支持高投入、高风险、高收益的科技成果应用和转化，资金来源于财政、企业、事业单位、个人等④。这一法律的实施也在很大程度上促进了中国风险投资的发展。截止到 2013 年，中国累计投资

---

① 科技部：《国务院办公厅转发科技部等部门〈关于国家科研计划实施课题制管理规定〉的通知》，http://www.most.gov.cn/fggw/zfwj/zfwj2002/zf02yw/zf02kjzc/200312/t20031205_31280.htm。

② 聂常虹："对我国科技经费管理问题的思考"，《农业科研经济管理》，2014 年第 1 期。

③ 中国教育和科研计算机网：《中共中央关于科学技术体制改革的决定》，http://www.edu.cn/documents_8573/20090908/t20090908_405838.shtml。

④ 科技部：《中华人民共和国促进科技成果转化法》，http://www.most.gov.cn/kjzc/gjkjzc/kjcgyzscq/201308/P020130823584803123755.pdf。

高新技术企业 6779 家。风险投资金额由 2005 年的 106.20 亿元增加到 2013 年的 279.00 亿元，增加了 106.7%。从图 2-2 中可以看出，中国的风险投资金额整体呈现出先上升后下降的趋势，其中 2010 年风险投资金额达到最大（585.10 亿元）。

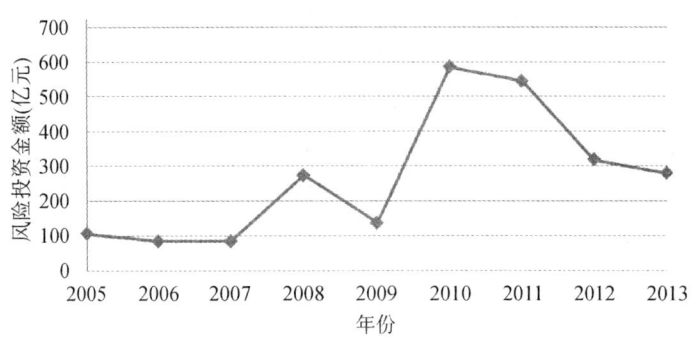

图 2-2　中国风险投资金额

数据来源：根据 2014 年《中国科技统计年鉴》整理。

风险投资在中国的蓬勃发展，不仅有力保障了市场前景广阔、资金投入不足的科技研发项目，推动了科研成果的进一步市场化，还在项目选择、筹资模式、资金管理、退出机制等方面积累了丰富的经验。但中国的风险投资始于 20 世纪 80 年代中期，风险投资的资金来源比较单一，主要来自政府财政和银行科技贷款，已转化的科技成果中，风险投资仅占 2.3%，而美国风险投资基金比例已高达 70%。风险投资主要偏重于应用研究方面，基础研究方面较少。目前，中国风险投资还存在资本市场不健全、相关法律法规不完善、社会认知程度较低、项目管理薄弱等问题，需进一步改革。

（二）财政科技支出特点

1. 支持科技创新的新型财政科技支出体制逐步建立

1986 年出台的《国务院关于科学技术拨款管理的暂行规定》宣告了中国科技拨款制度改革的起步，经过 30 年来财政科技支出政策的不断发展，国家财政对科技创新的支持从原来单一的行政拨款制向按照创新活动特点进行分类拨款过渡；财政支持科技创新的方式从原来单一的向科研机构资助转向科研机构和科研项目资助并重，并在科研项目资助中引入公平竞争机制。竞争性科技创新项目主要采取课题制的资助方式，国家财政科技资金来源也从原来单一的政府财政拨款向政府、企业和国外资金等多种投入相结合的机制过渡等。经过这些调整，适应社会主义市场经济体制和新时期支持科技创新要求的新型财政科技支出体制逐步形成，新型财政科技支出体制在构建创新型国家科技支出体制中发挥出重要作用①。

2. 中国财政科技支出目标由单一化粗放型向多目标集约型的转变

财政科技支出目标的转变对一个国家科技发展有着重要的影响，它是一个国家进入创新型国家行列过程中所必须经历的。而财政科技支出方式的历史变迁，会对财政科技支出目标产生深远的影响。产生影响的主要根源在于，财政科技支出是一个国家激励科技创新的财力保障，而作为科技创新投入的主要经费来源，为了提升国家的科技创新水平，财政科技支出方式、支出方向以及支出结构等均要作相应的调整，这些调整将直接影响财政科技支出的目标。

中国的科技投入由传统单一化粗放形式，发展为多目标集约型体系，即由过去强调投入规模转化为重视投入质量。中国科技投入多目标模式的主要标志为：科技投入资金来源呈现多元化、科技投入结构合理化以及科技投入体系逐渐完善。2002年实施的重大科技专项，宣告了中国的科技发展战略由跟踪模仿向自主创新转变的开始。中国政府于2006年制定了科学技术未来发展目标，发展目标中明确指出：到2020年，中国科技创新能力得到显著增强，科技创新促进经济社会发展和保障国家安全的能力进一步得到增强。即未来中国科技发展将努力实现"五个转变"，一是由跟踪模仿向自主创新转变，增强国际竞争主动权；二是由偏重单项技术研发向强化集成创新转变，选取技术关联性强、产业带动面广的重大战略产品；三是以政府研发机构为创新主体，构建国家创新体系；四是通过企业开展研发活动来激励科技创新，提高全民创新意识；五是由与各国一般性科技交流向主动利用全球科技资源转变。2011年，科技部发布了《关于印发国家"十二五"科学和技术发展规划的通知》，以科技创新为驱动，以人才为保障，积极转变经济发展方式。

二、促进科技创新政府采购政策变迁及其特点

（一）政府采购政策变迁

西方国家实施政府采购已经有200多年，现在已经比较完善。在中国则经

---

① 张缨："我国科技投入体制改革的主要成就和经验"，《中国科技投资》，2008年第7期。

历了研究摸索阶段、试点扩大阶段、过渡阶段、全面实施阶段和逐步完善阶段。

1. 研究摸索阶段（1995年~1998年7月）

1994年分税制改革后，政府开始启动财政支出体制改革。1995年财政部将推进政府采购制度作为一项重大课题进行研究。通过对政府采购制度课题的研究，财政部将政府采购制度研究作为进行中国财政支出改革的一个突破口。1998年4月，中国首次组织了政府采购制度国际研讨会，通过发达国家对他们国家政府采购成功经验的分享，为下一步中国制定政府采购制度提供了一定的启示。

在政府采购制度理论研究的同时，上海市成为中国最早试点政府采购工作的地区。1994年，上海市采用公开招标的方式引进了一批计算机设备。1995年，上海市提出了试行政府采购制度的想法，1995年3月，上海市财政局依据国际通行的政府采购制度，为上海市胸科医院开展双探头装置采购项目，采购实际金额比预算金额低5万美元，采购节约率10.4%。基于上海市政府采购项目资金节约效果明显，深圳、河北等省市也陆续启动了政府采购试点工作。与此同时，卫生部率先开展了政府采购试点工作。

2. 试点扩大阶段（1998年7月~2000年6月）

试点扩大阶段主要进行了以下事项：一是大力宣传。1998年7月，《中国财经报》推出了"政府采购专版"，1998年8月，财政部明确《中国财经报》为政府采购信息发布平台，系统介绍政府采购目的、措施、效果等。二是构建制度。1998年10月，深圳市人大常委会通过了《深圳经济特区政府采购条例》，这是中国第一个政府采购方面的地方性法规。1999年4月，财政部出台了《政府采购管理暂行办法》，第一次明确了政府采购的框架体系。截至2000年6月，中国大部分地区都出台了地区性的政府采购管理办法。三是设立组织架构。1998年4月，江苏省泰州市成立了第一个政府采购机构，1998年7月，深圳市成立了物料供应中心，1998年9月，安徽省成立了政府采购中心。到2000年，各地区一致明确由财政部门承担政府采购的管理职能，并相应设立或明确了相关职能机构。与此同时，中国大部分地区陆续建立政府采购机构，大多数政府采购机构设在财政部门。四是继续推进试点工作。1999年6月，国务院办公厅出台《关于在国务院各部门机关试行政府采购意见的通知》，明确要求国务院各部门需试点政府采购①。

通过试点扩大阶段各项工作的推进，政府采购效果得到了多方的一致认可，引发了各界的高度关注。

3. 过渡阶段（2000年6月~2002年12月）

2000年6月开始，政府采购工作试点在扩大政府采购范围和规模的同时，还做了以下六个方面的工作：一是加强政府采购规范化建设。建立政府采购执行模式，完善政府采购资金管理机制，从制度上和管理上规范采购行为。二是加大推行政府采购制度的力度。自2001年起，所有预算计划内的采购项目均执行政府采购制度。三是强化政府采购过程的公开透明度。财政部于2000年12月、2001年6月分别创办了"中国政府采购网"和《中国政府采购》杂志，并发布了《关于中国政府采购网有关管理问题的通知》，"通知"中明确了政府采购信息发布内容及程序，并规范了政府采购信息发布行为。四是探索适合中国国情的政府采购招投标方法，确定实施政府采购协议供货制度。五是起草和审议了中国第一部政府采购法律——《中华人民共和国政府采购法》。六是规定中央机关全面实施政府采购。通过以上的工作的具体实施，各级财政部门已经为政府采购法的出台进行了全方位的宣传和贯彻实施工作，进而为政府采购工作的全面实施做好了充分准备。

4. 全面实施阶段（2003年1月~2005年底）

2002年6月29日，第九届全国人民代表大会常务委员会审议通过了《中华人民共和国政府采购法》，自2003年1月1日起开始施行，标志着中国政府采购制度改革试点工作至此结束，全面推行阶段拉开序幕，全国政府采购工作开始步入新的发展时期。

5. 逐步完善阶段（2006年至今）

2007年12月，中国政府正式向WTO秘书处提交了加入政府采购协议（GPA）的申请，标志着中国正式启动了加入GPA谈判。2008年2月，中国政府派出代表团赴日内瓦与GPA成员开展了首轮谈判。2007年12月正式启动加入政府采购协议标志着中国的政府采购制度不断向规范化、法制化和国际化的目标前进。

中国政府采购自1995年初研究探索阶段至今，其规模发展迅速（如图

---

① 山东政府集中采购网：《政府采购制度的发展及我国政府采购制度改革》，http://www.sdzfcg.gov.cn/site/Page/Information/InfoPage.aspx?id=9305029D645B86F7&code=12。

2-3所示）。从1998年的31亿元增加到2014年的17305.3亿元，增加了557.2%，中国政府采购规模整体呈现出逐渐上升的趋势。

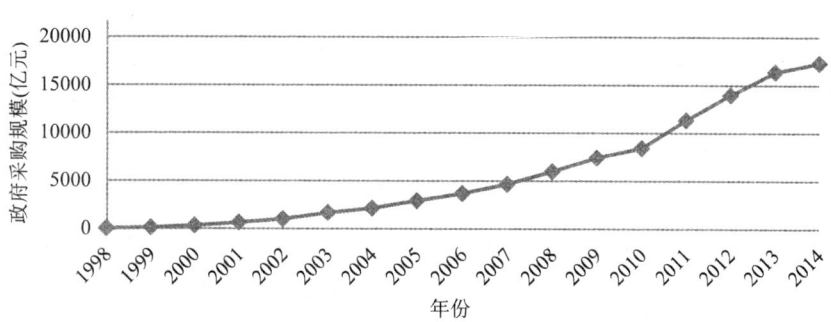

图2-3 中国政府采购规模

数据来源：根据《中国政府采购年鉴2013》和财政部网站数据整理。

通过上述分析可知，中国的政府采购在短短二十几年的发展过程中取得了不少成绩，政府采购的实施最大限度地节约了财政资金，在一定程度上激励了企业进行科技创新产品生产的积极性。随着近年来政府采购的不断实施，政府采购资金规模和政府采购资金规模占GDP的比重均呈现不断上升的趋势。与此同时，中国的政府采购法律体系也在逐步完善，激励科技创新的政府采购法律制度也在不断制定。从政府采购试点到逐步完善阶段，中国政府采购信息透明度得到不断提升，政府采购方式由单一化转向多元化，政府采购范围由传统的货物类扩展到服务类，地方政府采购逐渐显露头角，地方政府采购对科技创新的激励作用得到逐渐发挥。

（二）政府采购政策特点

1. 随着国民经济结构的调整，政府采购结构正在发生变化

2014年，货物、工程和服务三类政府采购规模分别为5230.04亿元、10141.11亿元和1934.25亿元，较上年同期增长6.3%、2.2%和26.1%，所占比重分别为30.2%、58.6%和11.2%。工程类比重同比下降2.0%，货物和服务类比重分别同比增加0.2%、1.8%。从历年数据看，自1998年政府采购实施至2014年的17年间，货物类采购占比逐年下降，年均下降4.4%，而工程类采购占比则增幅较大，年均增长4.2%，服务类采购占比稳步提升，年均增长0.8%（见表2-1）。

第二章 中国财政支持科技创新的政策演变及其现状

表 2-1 1998~2014 年货物类、工程类、服务类政府采购比重变化

年份	货物类比重	变化率	工程类比重	变化率	服务类比重	变化率
1998 年	100.0%	—	0.0%	—	0.0%	—
1999 年	100.0%	0.0%	0.0%	—	0.0%	—
2000 年	100.0%	0.0%	0.0%	—	0.0%	—
2001 年	63.2%	-36.8%	28.8%	28.8%	8.0%	8.0%
2002 年	62.0%	-1.2%	30.3%	1.5%	7.7%	-0.3%
2003 年	54.4%	-7.6%	39.3%	9.0%	6.3%	-1.4%
2004 年	49.0%	-5.4%	44.0%	4.7%	7.0%	0.7%
2005 年	48.1%	-0.9%	45.2%	1.2%	6.7%	-0.3%
2006 年	44.8%	-3.3%	47.9%	2.7%	7.3%	0.6%
2007 年	42.3%	-2.5%	50.0%	2.1%	7.7%	0.4%
2008 年	42.7%	0.4%	49.7%	-0.3%	7.6%	-0.1%
2009 年	40.6%	-2.1%	52.1%	2.4%	7.3%	-0.3%
2010 年	37.7%	-2.9%	53.9%	1.8%	8.4%	1.1%
2011 年	33.8%	-3.9%	58.4%	4.5%	7.8%	-0.6%
2012 年	31.4%	-2.4%	59.9%	1.5%	8.7%	0.9%
2013 年	30.0%	-1.4%	60.6%	0.7%	9.4%	0.7%
2014 年	30.2%	0.2%	58.6%	-2.0%	11.2%	1.8%
平均变化率	—	-4.4%	—	4.2%	—	0.8%

数据来源:根据《中国政府采购年鉴 2013》和财政部网站数据整理。

为了更直观反映货物类、工程类、服务类政府采购比重变化,本书绘制了折线图,如图 2-4 所示。2014 年政府采购规模按照采购结构划分的情况见图 2-5。

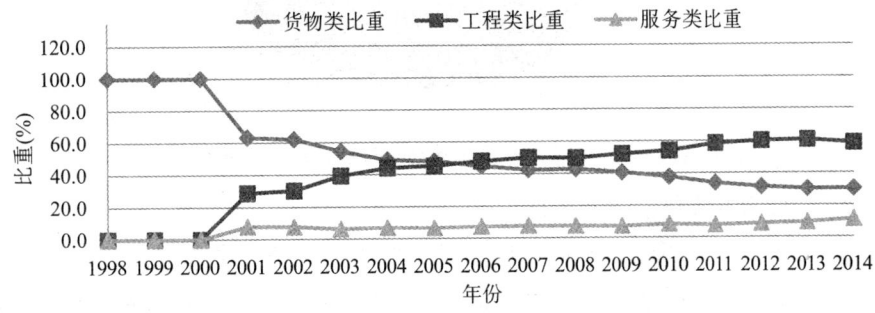

图 2-4 中国货物类、工程类、服务类政府采购比重

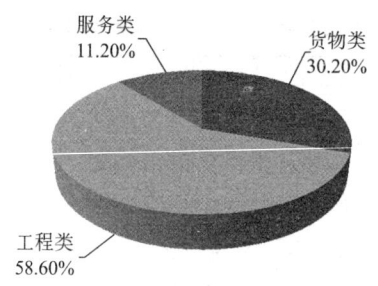

图 2-5 2014 年政府采购规模按照采购结构划分

2. 政府采购运行机制更加规范

（1）采购执行水平不断提升

由于集中采购在实施过程中出现了采购商品质量不高、采购单价偏离市场正常价、采购本身成本较高、候选供应商数量较少等问题。2013年，各级财政部门和政府采购机构针对上述情况，积极采取措施规范集中采购工作。一方面通过优化政府采购目录、加快建设电子化采购平台、区域间合并采购等方法进一步完善集中采购；另一方面，努力探索网上竞价和电子集市等新型政府采购模式，持续规范采购行为、提升采购效率、节约采购成本等。

2013 年，中国政府集中采购、部门集中采购和分散采购的规模分别为 10750.2 亿元、3336.5 亿元和 2294.5 亿元，分别占采购总规模的 65.6%、20.4% 和 14.0%（见图 2-6）。与上年相比，政府集中采购和分散采购的比重略有上升，部门集中采购的比重略有下降。

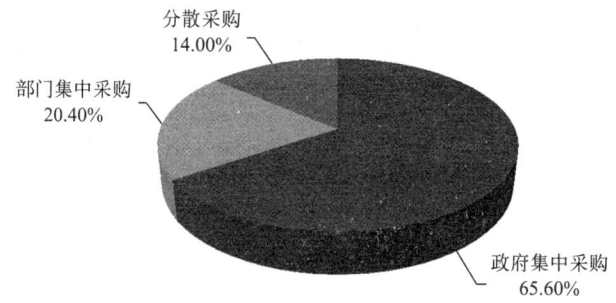

图 2-6 2013 年政府采购规模按照采购方式划分

（2）采购方式仍以公开招标为主

2013 年，公开招标、邀请招标、竞争性谈判、单一来源方式、询价方式的规模分别为 13645.8 亿元、694 亿元、715.5 亿元、564.7 亿元、761.1 亿元，分别占采购总规模的 83.3%、4.2%、4.4%、3.4%、4.6%，公开招标方式仍占绝对优势（见图2-7）。

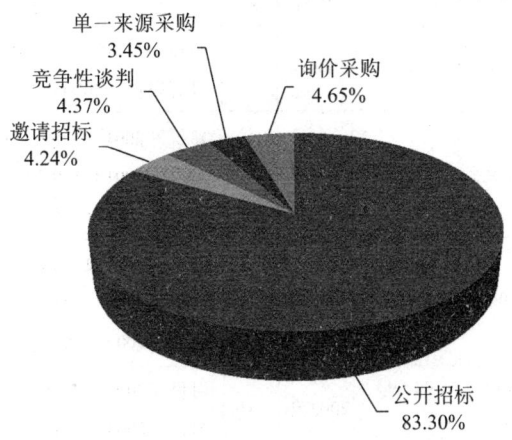

图2-7　2013年政府采购规模按照招标方式划分

三、科技创新的税收优惠政策变化及其特点

（一）税收优惠政策变化

本书利用国家税务总局税收法规库对税收政策进行搜集整理后发现，1980年1月1日至2015年12月31日公布的税收政策有5583项，其中涉及支持科技创新的税收优惠政策有124项①，占税收政策的2.2%（如表2-2所示）。

表2-2　1980~2015年支持科技创新的税收优惠政策数量（项）

年份	数量	政策文号	年份	数量	政策文号
1980年	0	—	1998年	1	财税字〔1998〕118号
1981年	1	财税字〔1981〕401号	1999年	10	财税字〔1999〕45号、财税发〔1999〕49号、财税字〔1999〕192号、财税发〔1999〕125号、财税发〔1999〕135号、财办发〔1999〕73号、财税发〔1999〕173号、财税字〔1999〕273号、署税〔1999〕791号、财税字〔1999〕290号

---

①　本书所涉及支持科技创新的税收政策主要以国务院及其直属机构、中央各部委发布的政策为准，地方政府颁布的促进科技创新的税收政策和仅体现地方政府对科技创新活动所持税收优惠态度的文件不纳入统计范围。

续表

年份	数量	政策文号	年份	数量	政策文号
1982年	1	财税字〔1982〕326号	2000年	3	财税字〔2000〕49号、财税发〔2000〕24号、财税〔2000〕25号
1983年	1	〔83〕财税字第30号	2001年	5	财税〔2001〕5号、财税发〔2001〕37号、财税〔2001〕112号、财税〔2001〕120号、国税发〔2001〕89号
1984年	1	国发〔1984〕161号	2002年	5	国税发〔2002〕36号、财税〔2002〕70号、财税〔2002〕136号、财税〔2002〕140号、财税〔2002〕152号
1985年	2	〔85〕财税字第044号、财税〔1985〕343号	2003年	3	财税〔2003〕55号、财税〔2003〕137号、财税〔2003〕244号
1986年	2	〔86〕财税字第041号、〔86〕财税字第081号	2004年	1	财关税〔2003〕45号
1987年	2	财税字〔1987〕8号、财税〔1987〕266号	2005年	1	财税〔2005〕14号
1988年	3	国函〔1988〕74号、财税字〔1988〕91号、财税增〔1988〕61号	2006年	4	财关税〔2006〕4号、发改企业〔2006〕563号、财税〔2006〕88号、财税〔2006〕171号
1989年	0	—	2007年	8	财关税〔2007〕4号、财政部令第44号、财政部令第45号、财税〔2007〕31号、财税〔2007〕120号、财税〔2007〕121号、国发〔2007〕39号、国发〔2007〕40号
1990年	1	财税字〔1990〕20号	2008年	4	财税〔2008〕1号、财税〔2008〕7号、财税〔2008〕48号、国税发〔2008〕116号
1991年	3	财税发〔1991〕31号、财发〔1991〕12号、财税函发〔1991〕663号	2009年	9	工信部联企业〔2009〕114号、财关税〔2009〕22号、财税〔2009〕62号、财税〔2009〕63号、国税发〔2009〕87号、财关税〔2009〕31号、财税〔2009〕65号、财税〔2009〕133号、财税〔2009〕115号
1992年	1	财税发〔1992〕141号	2010年	2	财关税〔2010〕28号、财税〔2010〕65号

续表

年份	数量	政策文号	年份	数量	政策文号
1993年	0	—	2011年	13	财税函〔2011〕10号、财税〔2011〕4号、财关税〔2011〕27号、财税〔2011〕47号、财政部令第63号、财税〔2011〕59号、财税〔2011〕88号、财税〔2011〕100号、财税〔2011〕105号、财税〔2011〕107号、财关税〔2011〕71号、财税〔2011〕117号、财税〔2011〕119号
1994年	5	财税字〔1994〕1号、财税字〔1994〕10号、财税字〔1994〕20号、财税发〔1994〕151号、财税〔1994〕88号	2012年	5	财关税〔2012〕4号、财关税〔2012〕16号、财关税〔2012〕25号、财关税〔2012〕27号、财关税〔2012〕54号
1995年	2	财税字〔1995〕87号、国税发〔1995〕223号	2013年	7	国家税务总局公告2013年第43号、财税〔2013〕66号、财税〔2013〕70号、国家税务总局公告2013年第62号、财税〔2013〕98号、财税〔2013〕117号、财税〔2013〕118号
1996年	2	财工字〔1996〕41号、国税发〔1996〕152号	2014年	4	财关税〔2014〕2号、财税〔2014〕59号、财税〔2014〕75号、国家税务总局公告2014年第64号
1997年	2	海关总署令〔1997〕61号、国发〔1997〕37号	2015年	10	财税〔2015〕6号、财税〔2015〕62号、财税〔2015〕63号、财税〔2015〕116号、财税〔2015〕119号、财关税〔2015〕51号、税总发〔2015〕146号、国家税务总局公告2015年第82号、国家税务总局公告2015年第97号、财税〔2015〕119号

通过梳理这些税收优惠政策，本书将支持科技创新的税收优惠政策的发展历程分为三个阶段：第一阶段（1980年~1994年）；第二阶段（1995年~2005年）；第三阶段（2006年至今）。

1. 第一阶段（1980年~1994年）

（1）涉外工商税收优惠政策

1980年9月，全国人大出台《中华人民共和国中外合资经营企业所得税法》和《中华人民共和国个人所得税法》，次年12月，出台《中华人民共和国外国企业所得税法》，这三部法律的实施共同组成了涉外工商税收体系，税收体系中就引进外资和国外先进技术的税收优惠措施做了具体规定[①]。

1983年1月，财政部和海关总署发布了《关于从国外引进技术改造项目的技术、设备减、免关税和工商（统一）税问题的通知》，自3月1日施行。"通知"第一条和第二条分别指出：企业为进行技术改造而引进的先进技术（包括设计、工艺、数据、经验、方法、研究成果等技术资料、蓝图、手册、说明书），以及按技术转让合同必须随附的仪器、设备，免征进口关税和工商（统一）税；企业技术改造过程中需进口的关键仪器和设备，减半征收进口关税和工商（统一）税[②]。

1984年，国务院出台的《关于经济特区和沿海十四个港口城市减征、免征企业所得税和工商统一税的暂行规定》指出，为了有利于深圳、珠海、厦门、汕头四个经济特区和大连、秦皇岛、天津等沿海十四个港口城市加大对外合作和技术引进，推动自身经济建设，对在上述区域开办企业的外国和港澳等地区法人及自然人实施减征、免征税优惠。

涉外工商税收体系建设和一系列税收优惠政策相关配套措施的出台，扩大了中国与国际经济的交往，实现了吸引外资，特别是引进国外先进技术的目的。

（2）"利改税"税收优惠政策

1983年4月24日，国务院发布了《关于国营企业利改税试行办法》，即实施第一步利改税。"试行办法"的第十三条和第十四条对支持科技创新方面进行专门规定：企业应使用税后利润成立生产发展基金、新产品试制基金、职工福利和奖励基金等。前三项基金的比例不得低于留利总额的60%，后两项基金的比例不得高于40%；实行利改税以后，企业主管部门仍可从所属企业留利中集中一部分资金，用于重点技术改造、增设商业网点和建造简易建筑等开支。

1984年9月18日，国务院发布了《国营企业第二步利改税试行办法》，

---

① 梅月华："关于促进自主创新的税收政策及相关税政管理体制研究"，财政部财政科学研究所博士论文，2012年。

② 中华会计网校：《关于执行〈关于从国外引进改造项目的技术、设备减、免关税和工商（统一）税问题的通知〉》，http://www.chinaacc.com/new/63/68/1983/2/ad3495161011101238914304.htm。

自1984年10月1日起实施第二步利改税。"试行办法"的第十条和第十二条对支持科技创新方面进行了专门规定：企业留用利润应合理分配使用。要成立生产发展基金、新产品试制基金、职工福利和奖励基金等。相关基金占企业留利的比例由财政部与各省、自治区、直辖市和企业主管部门商定，并由各地区部门核定到下属企业。企业从增长利润中留用的利润，一般应将50%用于生产发展，20%用于职工集体福利，30%用于职工奖励。实行第二步利改税以后，企业主管部门仍可适当集中一部分留利，用于重点技术改造和商业网点、设施的建设，但不得用于主管部门本身的支出。企业主管部门集中的留利，可自行从企业集中，也可采用退库办法解决[①]。

1994年的税制改革调整了一些税收优惠政策，对税收优惠政策中属于政策性强、影响面大、有利于激励科技创新的政策继续执行。1994年3月和5月，财政部、国家税务总局出台《关于企业所得税若干优惠政策的通知》和《关于个人所得税若干政策问题的通知》，"通知"对继续执行的支持科技创新的税收优惠政策进行了详细梳理。

1980~1994年，中国支持科技创新的税收优惠政策经历了从无到有的过程。引进外资和国外先进技术是满足这段时期经济发展的需要。这段时期的税收优惠政策对象较为单一，主要针对外商投资企业和高新技术企业。一方面，企业的科技创新行为主要是模仿发达国家先进技术，其从事自主科技创新的活动比较少；另一方面，中国的企业会计制度不完善和税收征管水平有限。因此，1980~1994年期间，针对科技创新的税收优惠方式主要是以工商统一税、企业所得税等税种的直接减免和税率优惠为主的直接税收优惠方式。

2. 第二阶段（1995年~2005年）

1995年5月6日，中共中央、国务院出台的《关于加速科学技术进步的决定》中的第十条规定："大力推进企业科技进步，促进企业逐步成为技术开发的主体。"第三十二条规定："运用经济杠杆和政策手段，引导、鼓励各类企业增加科技投入，使其逐步成为科技投入的主体。"基于中央出台的制度规定，针对实际情况，国家各部委相应制定了多项细化措施。

1996年4月7日，财政部、国家税务总局联合出台《关于促进企业技术进步有关财务税收问题的通知》，系统整理了企业技术进步的相关税收政策，

[①] 中华会计网校：《国营企业第二步利改税试行办法》，http://www.chinaacc.com/new/63/71/2006/2/zh60102724142260024200-0.htm。

并细化促进企业加大科技研发投入的激励措施。2000年8月24日，国务院办公厅转发《国务院办公厅转发国家经贸委关于鼓励和促进中小企业发展若干政策意见的通知》，规定全国试点范围内的专门为科技型中小企业筹资设立的非营利性中小企业信用担保、再担保机构取得的通知范围内的信用担保或再担保业务收入，自主管税务机关办理免税手续之日起，3年内免营业税。

2002年8月、9月、10月，财政部、国家税务总局分别发布了《关于部分集成电路生产企业进口自用生产性原材料消耗品税收政策的通知》《关于部分集成电路生产企业进口净化室专用建筑材料等物资税收政策问题的通知》《关于进一步鼓励软件产业和集成电路产业发展税收政策的通知》和《关于部分国内设计国外流片加工的集成电路产品进口税收政策的通知》，这四个"通知"对集成电路企业进口设备、物资等进口环节的关税、增值税给予减免和企业所得税"两免三减半"优惠。

2003年11月27日，财政部、国家税务总局出台《关于扩大企业技术开发费加计扣除政策适用范围的通知》，明确财务核算制度健全、实行查账征收企业所得税的工业企业就可以适用技术开发费加计扣除政策适用范围，其中，工业企业包含从事采矿业、制造业、电力、燃气及水的生产和供应业的企业。2004年10月10日，财政部、海关总署、国家税务总局、信息产业部发布了《关于线宽小于0.8微米（含）集成电路企业进口自用生产性原材料消耗品享受税收优惠政策的通知》，"通知"中指出：对在中国境内设立的集成电路线宽小于0.8微米的集成电路生产企业进口国内不能生产的自用生产类原材料、消耗品，免征关税和进口环节增值税。

2005年3月8日，财政部、国家税务总局出台的《关于延长转制科研机构有关税收政策执行期限的通知》指出：为进一步促进科研机构转制改革，转制科研机构从转制注册之日起5年内免征科研开发自用土地、房产的城镇土地使用税、房产税和企业所得税的政策执行到期后，再延长2年期限①。

1995~2005年，中国支持科技创新的税收优惠方式得到进一步拓展，这一时期的税收优惠政策特点主要有以下四个方面：一是企业的技术开发费可以采用加计扣除方式。这也是沿用至今的企业研发费用加计扣除政策的雏形；二是企业进行技术开发的机器设备可以采用加速折旧方式；三是税前扣除也得到

---

① 税屋网：《关于延长转制科研机构有关税收政策执行期限的通知》，http：//www.shui5.cn/article/f8/37819.html。

了大量的运用；四是税收优惠逐步由"区域税收优惠"向"产业税收优惠"转变，并且高新技术产业成为税收优惠的重点方向。其中，加计扣除、加速折旧、税前扣除等间接税收优惠的出现，标志着中国税收优惠方式开始由直接税收优惠方式向间接税收优惠方式转变。

3. 第三阶段（2006年至今）

2006年2月26日，国务院出台了《实施〈国家中长期科学和技术发展规划纲要（2006－2020年）〉的若干配套政策》，明确了支持技术创新和高新技术产业发展的税收优惠政策。主要内容有：一是加快实施消费型增值税，将企业购置的设备已征税款纳入增值税抵扣范围，支持企业加大研发类新设备的购置；二是加大企业研究开发投入的税前扣除，鼓励企业开发新产品、新工艺和新技术；三是规定企业可对研发设备实施加速折旧；四是鼓励中小企业采取联合出资、共同委托等方式进行合作研究开发，支持创新成果转化等。在2006年至今的相关税收政策中，以国务院2006年2月7日出台的关于实施《国家中长期科学和技术发展规划纲要（2006－2020年）》若干配套政策的通知，规定的税收激励政策为现行政策的基点，其中主要包括了以下方面。

（1）高新技术企业税收优惠政策

2007年3月16日，人大审议通过《中华人民共和国企业所得税法》，第二十八条对科技创新税收优惠做出原则性规定。2007年11月28日，国务院审议通过《企业所得税法实施条例》，细化了《企业所得税法》的税收优惠：经省级科技主管部门认定的高新技术企业，减按15%的税率征收企业所得税。可以说，上述税收优惠政策的出台和实行，不仅促进了企业的技术创新，还推动了中国整体的科技进步。

（2）服务科技创业人才和创业家税收优惠政策

2008年12月23日，中共中央办公厅转发《中央人才工作协调小组关于实施海外高层次人才引进计划的意见》，明确回国（来华）海外高层次人才在引进时取得的由中央财政一次性补助的人民币100万元（视同国家奖金），免征个人所得税。

（3）重大技术装备进口税收优惠政策

2012年3月7日，财政部、工业和信息化部等部门联合出台《关于调整重大技术装备进口税收政策有关目录的通知》，调整了部分领域所需重大技术装备进口（部分关键零部件、原材料）税收政策，大力支持企业技术创新。

（4）软件与集成电路产业税收优惠政策

财政部、国家税务总局于 2012 年 4 月 20 日联合发布《财政部、国家税务总局关于进一步鼓励软件产业和集成电路产业发展企业所得税政策的通知》,"通知"主要对新成立的集成电路设计企业、国家规划布局范围内的软件和集成电路设计企业以及符合条件的软件企业等实施相应的税收优惠政策①。

(5) 大学科技园和孵化器税收优惠政策

2013 年 12 月 31 日,财政部、国家税务总局出台了《财政部、国家税务总局关于科技企业孵化器税收政策的通知》,明确了科技企业孵化器的税收优惠政策。自 2013 年 1 月至 2015 年底,符合条件的孵化器自用以及无偿或通过出租等方式提供给孵化企业使用的房产、土地,免征房产税和城镇土地使用税;对其向孵化企业出租场地、房屋以及孵化服务收入,免征营业税。

(6) 科技服务业税收优惠政策

2014 年 10 月 9 日,国务院发布了《关于加快科技服务业发展的若干意见》,规定了针对科技服务企业的涉及营业税、增值税、企业所得税等税种的优惠政策,进一步加快科技服务行业发展。

2015 年 11 月 2 日,财政部、国家税务总局、科技部联合发布了《关于完善研究开发费用税前加计扣除政策的通知》,明确规定了研发费用加计扣除的问题,扩大了研发费用加计扣除范围、简化了对研发费用的归集和核算管理、减少了审核的程序、增加了负面清单等,并明确了企业符合条件的研发费用可以追溯享受政策。

2006 年至今是中国支持科技创新的税收优惠政策的完善阶段。2006 年以来,中国实施了一系列支持和促进自主创新的政策措施,内外资企业实现税率统一,中国建立起"产业税收优惠为主,区域税收优惠为辅"的新税收优惠体系。税收优惠力度不断加强、广度不断加大,比如支持软件和集成电路产业、认定高新技术企业、小微企业的税收优惠等。在初步建立由政府、大学、科研机构、企业等共同参与的国家创新体系基础上,中国也逐渐形成了促进自主科技创新的税收优惠政策体系。

(二) 税收优惠政策特点

1. 促进科技创新的税收优惠政策体系逐步成形

---

① 中央政府门户网站:《关于进一步鼓励软件产业和集成电路产业发展企业所得税政策的通知》,http://www.gov.cn/zwgk/2012 - 05/03/content_ 2128844. htm。

在经历了多次税制变迁之后，目前中国共有 18 个税种，其中税务部门负责征收 16 个税种，海关部门征收关税和船舶吨税，代征进口环节的增值税、消费税。现行税收制度中，多数税种是以国务院暂行条例的形式发布的，《企业所得税法》《个人所得税法》《车船税法》则是以法律形式发布的。

2. 所得税为税收优惠主体税种

税收优惠政策在促进科技创新方面是否能够有效发挥作用的关键要素在于如何设计税种。合理设计税种将会提升科技创新资源的使用效率。目前，中国现行的科技创新方面的税收优惠政策中，主要涉及企业所得税、个人所得税、增值税、营业税、消费税、关税、房产税、城镇土地使用税和印花税等 9 类（如表 2-3 所示），其中，所得税是主要税种，与所得税相关的政策有 45 项，占税收优惠政策总数的 37.19%；在流转税方面，主要以增值税、关税、营业税、房产税和城镇土地使用税为主，分别占 20.66%、16.53%、9.09%、5.79%、5.79%。因此，中国支持科技创新的税收优惠政策所针对的税种主要是所得税，形成了以所得税为主，流转税为辅的税收优惠体制。

表 2-3 中国支持科技创新的税收优惠政策按税种的分布情况

税种		数量（项）	比重
所得税	企业所得税	38	31.40%
	个人所得税	7	5.79%
增值税		25	20.66%
关税		20	16.53%
营业税		11	9.09%
消费税		5	4.13%
房产税		7	5.79%
城镇土地使用税		7	5.79%
印花税		1	0.83%
合计		121	100.00%

注：由于单项税收优惠政策有可能涉及多税种，因而统计的税种数量不等于税收优惠政策条款数。

3. 直接税收优惠为税收优惠政策的主要方式

从企业经营行为角度进行划分，中国的税收优惠政策可分为直接税收优惠政策和间接税收优惠政策。直接税收优惠政策，强调税额的减免，如：高新技术企业按 15% 税率缴纳企业所得税；当年未享受企业所得税免税优惠政策的软件企业和集成电路设计企业,可按10%的税率减征企业所得税;增值税中先征后退、即征即退等均属于对应纳税额的直接优惠。这种优惠方式能让企业直接得到实惠,激励效果明显。另一种税收优惠政策为间接税收优惠政策,强调税基的减免,如:研发费用的加计扣除;从事国家重点支持的创投企业,按投资额一定比例抵扣所得额;研发类设备加速折旧等,着重生产经营过程中的激励措施。从表2-4中各种税收优惠方式的比例可以看出,免征所占的比重为41.71%,减征所占的比重为14.22%,投资抵免所占的比重为1.90%,优惠税率所占的比重为11.37%,先征后退/即征即退所占的比重为8.06%,直接税收优惠在全部税收优惠政策中所占的比重达到77.25%。即在支持科技创新的税收优惠方式中,强调事后激励的税额减免式的直接税收优惠是税收优惠的主要方式。

表2-4　　　　　中国支持科技创新的税收优惠方式的分布情况

税收优惠方式		数量(项)	比重
直接税收优惠	免征	88	41.71%
	减征	30	14.22%
	投资抵免	4	1.90%
	先征后退/即征即退	17	8.06%
	优惠税率	24	11.37%
间接税收优惠	税前扣除/加计扣除	29	13.74%
	加速折旧	9	4.27%
	结转扣除/结转抵扣	10	4.74%
合计	—	211	100.00%

第二节　现行的财政支持科技创新政策

财政政策是政府干预经济的主要手段,不仅可以熨平经济的波动,还能实现政府的特定目的。当前,中国政府大力倡导自主创新,提升社会创新意识,推动科技服务经济发展,以财政拨款、财政补贴、政府采购等多种财政支持方式来激励科技创新,有效促进了科技进步与创新发展。

一、现行财政科技支出

(一) 财政科技支出的规模与结构

1. 财政科技支出的形式与重点

从世界各国科研投入资金的结构来看,财政资金都是重要的来源渠道。各国政府一般通过财政预算安排经费支出支持科技研发,主要以经费拨款和财政补贴的形式投向科研院所、研究型大学以及高新科技企业等,主要支持基础研究、科技基础设施、具有较强公共性的技术项目等,具有较强的针对性,能够及时弥补科研资金缺口,满足科技研发需要,是提升本国科技创新水平的有效手段。财政科技经费投入重点在于以下几个方面。

第一,基础性研究。基础性研究是全人类科技进步的原动力,是一切创新的起点。基础研究具有较强的正外部效应,带来的社会效益远远大于从事基础研究的组织或个人得到的效益,多数基础研究甚至并不能带来个体效益,导致组织或个人开展基础研究的动力不足。在这种情况下,政府就通过财政支出支持基础性研究,有效配置资源,不仅有助于科技创新活动,还能进一步增加社会效益。

第二,科技基础设施。当前,科学前沿的突破越来越依赖于通信、材料、工程技术等科技基础设施的支撑能力,是保障国家科技安全、提升国家整体竞争力和解决经济社会发展难题的物质技术基础,只有大力开展科技基础设施建设,才能在新一轮科技革命中抢占先机、有所作为。而科技基础设施具备资金投入大、投资回收期长、短期效益不明显等特点,单个的企业、组织、个人都难以承受,只有政府通过财政资金支持才能推动。

第三,外部效应和公共性较强的应用型研究。应用型研究尽管市场应用程度较高、效益明显,但高外溢性、高排他性、高风险的应用型研究,私人资本仍不愿意或没有能力完全提供,与基础性研究特征类似,这就需要政府财政资金的直接支持。财政资金主要投向科技创新活动的基础性平台搭建,并为创新起始阶段提供资本支持,有效弥补社会资本的空白。

2. 财政科技支出规模和结构分析

(1) 财政科技支出规模现状

中国财政科技支出是指国家财政支出中用于科技活动的经费。表 2-5 列示了中国财政科技支出及其占财政总支出的比重情况。

表2-5　1998~2014年度中国财政科技支出及其占财政总支出的比重情况

（单位：亿元，%）

年份	国家财政总支出	国家财政科技支出	中央财政科技支出	地方财政科技支出	国家财政总支出增长率	国家财政科技支出增长率	财政科技支出占财政总支出的比重
1998年	10798.2	438.6	289.7	148.9	16.95	7.26	4.06
1999年	13187.7	543.9	355.6	188.3	22.13	24.01	4.12
2000年	15886.5	575.6	349.6	226.0	20.46	5.83	3.62
2001年	18902.6	703.2	444.3	258.9	18.99	22.17	3.72
2002年	22053.2	816.2	510.9	305.3	16.67	16.07	3.70
2003年	24650.0	944.6	609.3	335.3	11.78	15.73	3.83
2004年	28486.9	1095.3	692.2	403.1	15.57	15.95	3.84
2005年	33930.3	1334.9	807.6	527.3	19.11	21.88	3.93
2006年	40422.7	1688.5	1009.7	678.8	19.13	26.49	4.18
2007年	49781.4	2113.5	1033.5	1080.0	23.15	25.17	4.25
2008年	62592.7	2611.0	1287.2	1323.8	25.74	23.54	4.17
2009年	76299.9	3276.8	1654.8	1622.0	21.90	25.50	4.29
2010年	89874.2	4196.7	2052.2	2144.5	17.79	28.07	4.67
2011年	109247.8	4797.0	2340.9	2456.1	21.56	14.30	4.39
2012年	125953.0	5600.1	2503.2	3096.9	15.29	16.74	4.45
2013年	140212.1	6184.9	2727.5	3457.4	11.32	10.44	4.41
2014年	151662.0	6454.5	2899.2	3555.4	8.17	4.36	4.26

数据来源：根据相应年份《中国统计年鉴》数据整理。

由表2-5可知，中国财政科技支出规模总体呈现出以下特征：

第一，中国财政科技支出绝对值呈现出逐渐上升的趋势。1998年，中国财政科技支出总额为438.6亿元，1999年突破了500亿元，2004年突破了1000亿元，2007年突破了2000亿元，2009年突破了3000亿元，2010年突破了4000亿元，财政科技支出翻番的年限不断缩短；2012年突破了5000亿元，2013年突破了6000亿元，2014年达到了6454.5亿元，是1998年财政科技支出的14.7倍，年均增长18.5%（见图2-8）。

图 2-8 中国财政科技支出总额变化趋势

第二,中国财政科技支出增长率整体呈现先上升后下降的趋势,并且财政科技支出增长率与财政总支出增长率的走势不一致。如图 2-9 所示。

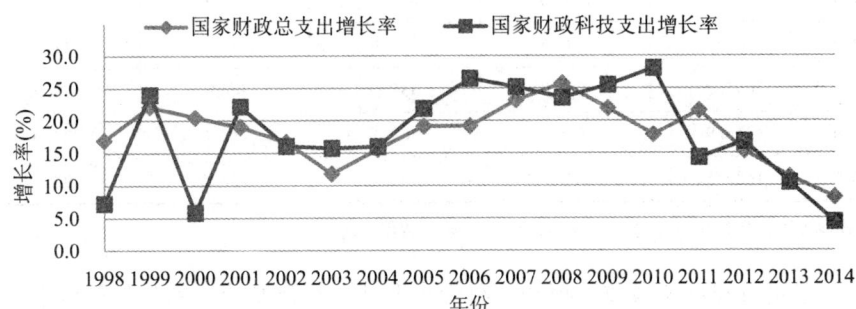

图 2-9 中国财政总支出与财政科技支出增长率比较

第三,中央财政科技支出占总财政科技支出比重整体呈现下降趋势,与此同时,地方财政科技支出占总财政科技支出比重呈现上升趋势。如图 2-10 所示。

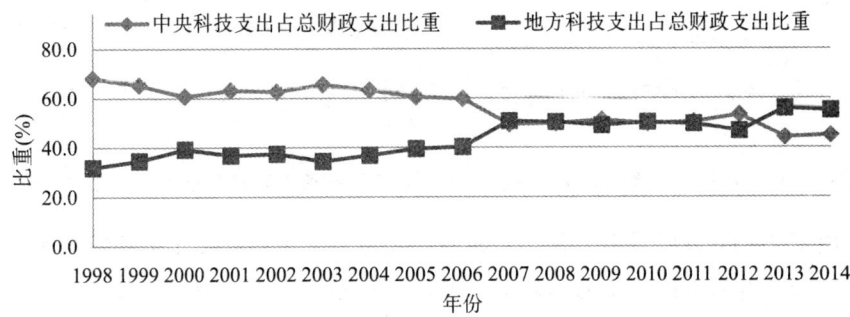

图 2-10 中央财政科技支出与地方财政科技支出所占比重比较

(2) 财政科技支出结构现状

一方面，中国财政科技经费包括"科技三项费""科学事业费""科研基建费"和"其他科研事业费"等四个项目。

表2-6　　　1998~2006年度中国财政科技支出及分布情况　　（单位：亿元）

年份	财政科技支出总额	科技三项费用	科学事业费	科研基建费	其他科研事业费
1998年	438.6	189.9	151.9	47.3	49.5
1999年	543.9	272.8	168.1	52.9	50.1
2000年	575.6	277.2	189.0	61.5	47.9
2001年	703.3	359.6	223.1	63.4	57.2
2002年	816.2	398.6	269.9	70.0	77.7
2003年	944.6	416.6	300.8	80.2	147.0
2004年	1095.3	484.0	335.9	95.9	179.5
2005年	1334.9	609.7	389.1	112.5	223.6
2006年	1688.5	779.9	483.4	134.4	290.8

数据来源：根据相应年份《中国科技统计年鉴》数据整理。

为了更直观反映科技三项费、科学事业费、科研基建费和其他科研事业费占财政科技支出比重的变化趋势，作者绘制了折线图，如图2-11所示。

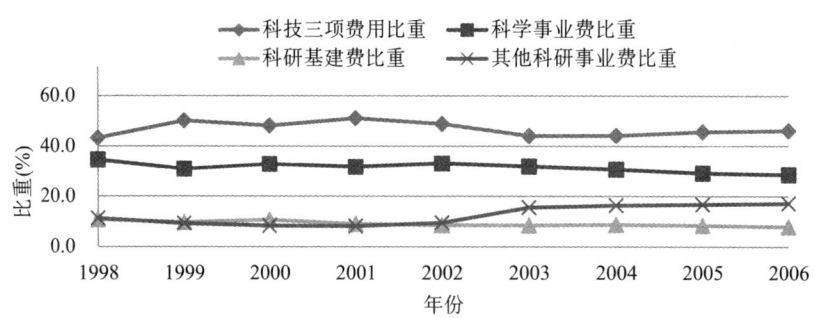

图2-11　科技三项费、科学事业费、科研基建费等所占财政科技支出比重的比较

由图2-11可以看出，首先，科技三项费占财政科技支出的比重最大，并且呈现先上升后下降再上升的趋势；其次，科学事业费占财政科技支出的比重较大，并且整体呈现下降的趋势；再次，其他科研事业费占财政科技支出比重较小，并且整体呈现逐渐上升的趋势；最后科研基建费占财政科技支出的比重

最小，并且整体呈现先上升后下降的趋势。

另一方面，科技创新活动可以分为研究与发展活动、科技成果推广与应用活动及科技服务活动等三大类。其中研究与发展活动（以下简称 R&D）是整个科技创新活动的核心部分，对 R&D 活动投入的多少及其分布将集中体现出一国对科技创新的重视程度以及对科技创新发展方向的偏好。一般来说，R&D 活动由基础研究、应用研究和试验发展三个部分组成。基础研究、应用研究和试验发展占 R&D 支出的比重见表 2-7 所示。

表 2-7　1998~2014 年度中国 R&D 经费支出在三类研究上的分布情况　（单位:%）

年份	基础研究比重	应用研究比重	试验发展比重	基础研究增长率	应用研究增长率	试验发展增长率
1998 年	5.25	22.61	72.13	—	—	—
1999 年	4.99	22.32	72.68	17.10	21.61	24.13
2000 年	5.22	16.96	77.82	37.85	0.23	41.25
2001 年	5.33	17.73	76.93	18.98	21.69	15.06
2002 年	5.73	19.16	75.11	32.68	33.45	20.59
2003 年	5.69	20.23	74.08	18.82	26.26	17.92
2004 年	5.96	20.37	73.67	33.68	28.59	27.02
2005 年	5.36	17.70	76.95	11.97	8.25	30.14
2006 年	5.19	16.28	78.53	18.71	12.79	25.10
2007 年	4.70	13.29	82.01	12.05	0.81	29.02
2008 年	4.78	12.46	82.76	26.53	16.68	25.54
2009 年	4.66	12.60	82.75	22.40	27.06	25.68
2010 年	4.59	12.66	82.75	20.06	22.30	21.73
2011 年	4.74	11.84	83.42	26.91	15.06	24.00
2012 年	4.84	11.28	83.87	21.12	12.99	19.19
2013 年	4.68	10.71	84.60	11.26	9.22	16.03
2014 年	4.71	10.74	84.54	10.55	10.19	9.79

数据来源：根据相应年份《中国科技统计年鉴》数据整理。

为了更直观反映基础研究、应用研究和试验发展占 R&D 支出比重的变化趋势，作者绘制了折线图，如图 2-12 所示。

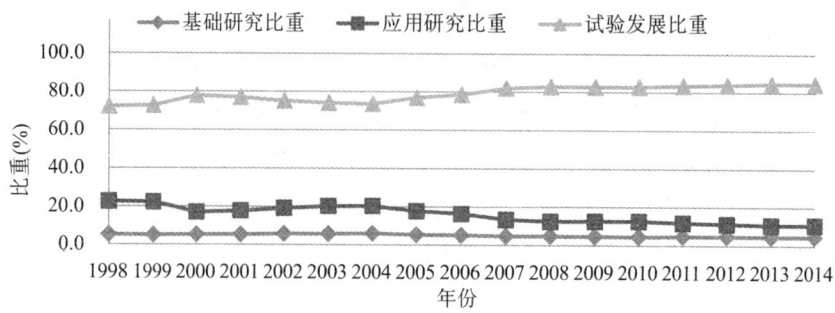

图 2-12　基础研究、应用研究和试验发展占 R&D 支出比重的变化趋势

由图 2-12 可以看出，试验发展占 R&D 支出比重最大，基础研究占 R&D 支出比重最小。并且试验发展占 R&D 支出比重呈现上升趋势，应用研究占 R&D 支出比重和基础研究占 R&D 支出比重的变化趋势基本一致，均呈现下降趋势。

从 R&D 经费支出按执行部门分组的情况来看，企业 R&D 经费支出呈现上升趋势，即企业已经成为 R&D 经费支出的主要执行部门，见表 2-8。

表 2-8　　　　2000~2014 年按执行部门分组的 R&D 经费支出　　（单位：亿元）

年份	R&D 经费支出	企业	研究与开发机构	高等学校	其他
2000 年	895.7	537.0	258.0	76.7	24.0
2001 年	1042.5	630.0	288.5	102.4	21.6
2002 年	1287.6	787.8	351.3	130.5	18.0
2003 年	1539.6	960.2	399.0	162.3	18.1
2004 年	1966.3	1314.0	431.7	200.9	19.7
2005 年	2450.0	1673.8	513.1	242.3	20.8
2006 年	3003.1	2134.5	567.3	276.8	24.5
2007 年	3710.2	2681.9	687.9	314.7	25.7
2008 年	4616.0	3381.7	811.3	390.2	32.9
2009 年	5802.1	4248.6	995.9	468.2	89.4
2010 年	7062.6	5185.0	1186.4	597.3	93.4
2011 年	8687.0	6579.3	1306.7	688.9	112.1
2012 年	10298.4	7842.2	1548.9	780.6	126.7
2013 年	11846.6	9075.8	1781.4	856.7	132.6
2014 年	13015.60	10060.6	1926.2	898.1	130.7

数据来源：根据相应年份《中国科技统计年鉴》数据整理。

为了更直观反映企业、研究与开发机构、高等学校和其他占 R&D 支出比重的变化趋势,本书绘制了折线图,如图 2-13 所示。

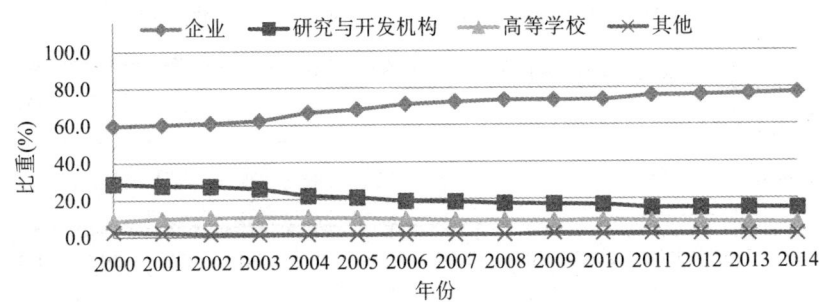

图 2-13 企业、研究与开发机构、高等学校和其他占 R&D 支出的比重变化

由图 2-13 可以看出,企业占 R&D 支出比重最大,其他占 R&D 支出比重最小。并且企业占 R&D 支出比重呈现逐渐上升趋势,研究与开发机构和其他占 R&D 支出比重变化趋势基本一致,均呈现下降趋势,高等学校占 R&D 支出比重呈现先上升后下降趋势。

R&D 经费支出按来源情况来看,企业 R&D 经费支出呈现上升态势,研发经费主要来源于企业资金,即企业是资金来源的主要渠道的态势已基本形成(见表 2-9)。

表 2-9   2003~2013 年全国 R&D 经费支出及来源构成   (单位:亿元)

年份	R&D 经费支出	政府资金	企业资金	国外资金	其他资金
2003 年	1539.6	460.8	943.8	14.6	120.4
2004 年	1966.3	523.6	1291.3	25.2	126.2
2005 年	2450.0	644.4	1642.5	22.7	140.4
2006 年	3003.1	742.1	2073.7	48.4	138.9
2007 年	3710.2	913.5	2611.0	50.0	135.8
2008 年	4616.0	1088.9	3311.5	57.2	158.4
2009 年	5802.1	1358.3	4162.7	78.1	203.0
2010 年	7062.6	1696.3	5063.1	92.1	211.0
2011 年	8687.0	1883.3	6420.6	116.2	267.2
2012 年	10298.4	2221.4	7625.0	100.4	351.6
2013 年	11846.6	2500.6	8837.7	105.9	402.5

数据来源:根据相应年份《中国科技统计年鉴》数据整理。

为了更直观反映政府资金、企业资金、国外资金和其他资金占 R&D 支出比重的变化趋势，本书绘制了折线图，如图 2-14 所示。

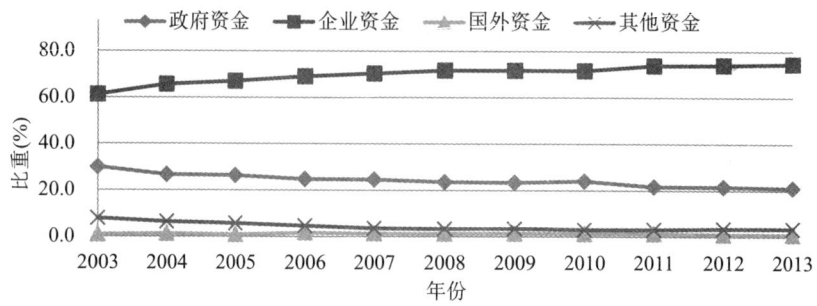

图 2-14 政府资金、企业资金、国外资金和其他资金占 R&D 支出比重的变化

由图 2-14 可以看出，企业资金占 R&D 支出比重最大，国外资金占 R&D 支出比重最小，并且企业资金占 R&D 支出比重呈现逐渐上升趋势，政府资金、国外资金和其他资金占 R&D 支出比重变化趋势基本一致，均呈现下降趋势。2013 年全国 R&D 经费支出按来源和执行部门划分情况见表 2-10 和图 2-15 及图 2-16。

表 2-10　2013 年全国 R&D 经费支出按来源和执行部门划分　　（单位：亿元）

经费来源 执行部门	政府	企业	国外	其他	合计
企业	409.0	8461.0	94.3	111.5	9075.8
研究机构	1481.2	60.9	5.7	233.5	1781.4
高等学校	516.9	289.3	5.5	45.0	856.7
其他	93.5	26.5	0.4	12.3	132.6
合计	2500.6	8837.7	105.9	402.5	11846.6

数据来源：根据《2014 中国科技统计年鉴》数据整理。

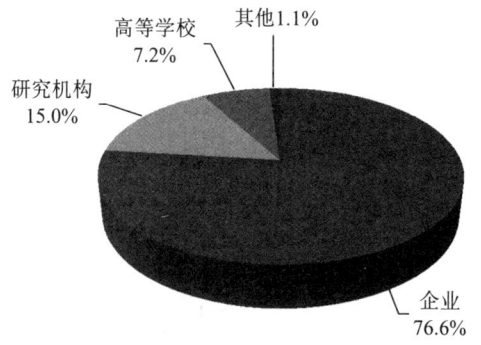

图 2-15　2013 年 R&D 经费支出按照执行部门划分

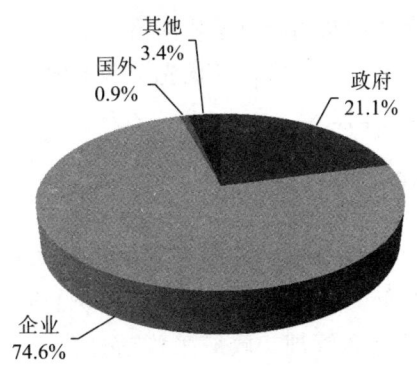

图 2-16 2013 年 R&D 经费支出按照经费来源划分

二、现行政府采购政策

1996 年中国在上海开启了政府采购试点工作，在多地试点工作的基础上，于 1998 年正式建立了政府采购制度，次年国务院在《关于加强技术创新、发展高科技实现产业化的决定》中正式提出将政府采购作为促进国内高科技产业发展的重要政策工具，积极通过预算控制、招投标等形式，引导和激励政府、事业单位、企业优先购买国内高科技技术及相关设备产品。经过近 20 年的持续发展，中国政府采购的规模不断扩大，初步形成了促进科技创新的政府采购体系。但中国实行政府采购制度尚处于发展阶段，与发达国家 200 多年成熟的政府采购制度相比，在基础建设、制度保障、结构功能、规模质量等方面存在较大的差距，亟须进一步完善。

（一）中国政府采购法律体系

在前期多地试点政府采购的实践经验下，1998 年国务院明确财政部为政府采购的管理及执行机构，次年财政部颁布了中国首部政府采购方面的行政性制度——《政府采购管理暂行办法》。随后，各地方政府也积极行动，纷纷成立政府采购专门机构，政府采购的规模、范围呈井喷之势。2003 年 1 月 1 日，中国正式实施《中华人民共和国政府采购法》，遵循公开透明、公平竞争、公正和诚实信用原则，注重不同主体间权利义务的平衡，不仅意味着政府采购的法制化迈上了新的台阶，还标志了中国政府采购进入了全面实施阶段。2006 年 2 月，国务院发布《实施〈国家中长期科学和技术发展规划纲要（2006—2020 年）〉的若干配套政策》，从政策层面提出了支持创新的多项措施，其中一项重要的措施就是支持创新的政府采购政策,如:财政资金优先投向科技创新领域、高科技产品政府首购制度以及优先采购本国高科技产品等,为中国政府采购法制建设指明了方向。

(二) 中国政府采购制度体系

在《政府采购法》实施基础上,根据政府采购实践成果,借鉴发达国家成功经验,中国相继发布了《政府采购法实施条例》等配套性政策文件30多个,涵盖了招投标、供应商管理、政府采购信息公开、评委管理、供应商准入、监督检查等政府采购的关键环节,同时各地方政府也结合本地区实际情况,出台了地方特色的配套措施,从法制层面切实保障了政府采购的实施。2007年末,各级政府财政部门成立了专职的政府采购管理机构,采购管理与采购需求部门实现了有效的分离,政府采购透明度持续提升。2009年,财政部等部委联合开展《政府采购自主创新产品目录》的认证工作,但是国家层面制定的《政府采购自主创新产品目录》并未正式出台,只是各级地方政府出台了自己的相关目录,主要原因是西方国家认为中国政府单方面制定目录将不利于其他国家的科技创新产品进入中国政府采购的领域。

(三) 中国政府采购规模和范围持续增大

自20世纪90年代,政府采购制度启动以来,中国政府多措并举,大力推动政府采购,政府采购方式由单一化转向多元化,政府采购范围由以货物类为主转向货物类、工程类以及服务类三者并重,政府采购资金来源也由以预算内为主转向预算内资金、预算外资金以及自筹资金相结合。政府采购规模逐渐扩大,采购规模由1998年的31亿元增加到2014年的1.73万亿元,2014年政府采购规模占财政支出的比重为11.41%,逐渐占据财政支出的重要地位(见表2-11)。

三、现行税收优惠政策

(一) 税收优惠相关法律体系

目前中国科技创新相关的税收优惠政策涉及9个税种,主要有企业所得税、增值税、消费税、营业税等,其中多数税种由税务机关负责征收,关税和船舶吨税由海关征收,进口环节的增值税、消费税由海关代征。现行税制中,

表 2-11　　　　1998~2014 年度中国政府采购规模　　　（单位：亿元,%）

年份	采购总规模	增长率	地方采购规模	增长率	财政支出	采购总规模占财政支出比重
1998 年	31.0	—	31.0	—	10798.2	0.29
1999 年	131.0	322.58	131.0	322.58	13187.7	0.99
2000 年	328.0	150.38	328.0	150.38	15886.5	2.06
2001 年	653.0	99.09	498.0	51.83	18902.6	3.45
2002 年	1009.6	54.61	788.0	58.23	22053.2	4.58
2003 年	1659.4	64.36	1396.4	77.21	24650.0	6.73
2004 年	2135.7	28.70	1842.3	31.93	28486.9	7.50
2005 年	2927.6	37.08	2519.8	36.77	33930.3	8.63
2006 年	3681.6	25.75	3211.0	27.43	40422.7	9.11
2007 年	4660.9	26.60	4192.5	30.57	49781.4	9.36
2008 年	5990.9	28.54	5401.1	28.83	62592.7	9.57
2009 年	7413.2	23.74	6792.6	25.76	76299.9	9.72
2010 年	8422.0	13.61	7855.1	15.64	89874.2	9.37
2011 年	11332.5	34.56	10649.6	35.58	109247.8	10.37
2012 年	13977.7	23.34	13193.6	23.89	125953.0	11.10
2013 年	16381.1	17.19	15497.7	17.46	140212.1	11.68
2014 年	17305.3	5.64	—	—	151662.0	11.41

数据来源：根据《中国政府采购年鉴 2013》和财政部网站数据整理。

除《税收征收管理法》《企业所得税法》《个人所得税法》和《车船税法》是由全国人民代表大会以法律形式颁布外，其他税种均以国务院暂行条例方式发布。由于税收立法权集中在中央政府，导致支持科技创新的税收优惠政策基本上由中央政府出台，地方政府发布的推动区域科技创新的税收优惠政策主要通过其他渠道间接实施，如将地方收缴的部分或全部税收返还给符合条件的相关企业，进行税收扶持。

（二）中国税收优惠法律框架

到目前为止，中国还没有一部由国家制定的、独立集中的科技创新税收优惠特别法。现行的科技创新税收优惠政策，往往是通过对一些基础税收法规的修修补补而形成，多散落在各种税收制度文件中。目前中国科技创新税收优惠政策主要见于企业所得税、个人所得税、增值税、营业税以及关税等税种。

1. 增值税税收优惠政策

2008年11月10日，国务院发布了《中华人民共和国增值税暂行条例》，"暂行条例"第十五条指出直接用于科学研究、试验或教学的进口仪器设备可免征增值税。

2011年10月10日，财政部及相关部委联合出台《关于继续执行研发机构采购设备税收政策的通知》，明确外资研发中心进口科技研发用品免征进口关税和进口环节增值税、消费税；内资和外资研发机构中心采购国产设备均实行全额退还增值税政策。

2011年10月13日，财政部、国家税务总局联合发布《关于软件产品增值税政策的通知》，该通知是为了积极贯彻《国务院关于印发进一步鼓励软件产业和集成电路产业发展若干政策的通知》，推动中国软件企业发展和信息化建设。主要内容有：一般纳税人销售自己研发的软件，按正常税率征收增值税后，对其增值税实际税负超过3%的部分即征即退；一般纳税人将进口软件修改后销售，该软件实行即征即退政策；纳税人受托开发软件，受托方拥有著作权的照常征收增值税，委托方或双方共同拥有著作权的不征收增值税；对已在国家版权局注册的软件，纳税人销售同时转让著作及所有权的，不征收增值税。

2011年11月14日，财政部、国家税务总局联合出台了《关于软件产品增值税政策的通知》，明确可退还某类企业购进设备形成的增值税期末留抵税额，这类企业需为经国家批准的集成电路重大项目企业，且设备属于《中华人民共和国增值税暂行条例实施细则》规定的固定资产范围。

2. 营业税税收优惠政策

2007年8月20日，财政部出台《国家税务总局关于国家大学科技园有关税收政策问题的通知》，主要内容有：一方面规定了享受税收优惠政策的国家大学科技园范围。以较强科技研发实力的大学为依托，将大学的智力资源与社会其他资源强强联合，为高校科研成果应用、高科技企业孵化、创新创业人才培育、产学研结合等提供支持和服务的平台。另一方面明确了具体税收优惠政策。即从2008年1月1日至2010年12月31日，对国家大学科技园向孵化企业出租场地、房屋及提供孵化服务收入，免营业税。

2009年9月24日，财政部及相关部委联合出台了《国家发改委关于技术先进型服务企业有关税收政策问题的通知》，明确了经批准的高科技服务企业离岸服务外包业务收入免征营业税。自2009年1月1日至2013年12月31日，该政策覆盖北京、上海、天津等20个中国服务外包示范城市。

2010年7月28日，财政部及相关部委联合出台了《关于示范城市离岸服务外包业务免征营业税的通知》，明确从2010年7月1日至2013年12月31日，企业离岸服务外包业务收入免营业税，但企业需注册在北京、大连等21个服务外包示范城市。

3. 企业所得税税收优惠政策

2008年2月22日，财政部出台《财政部、国家税务总局关于企业所得税若干优惠政策的通知》，通知主要内容有：一是软件生产企业实行增值税即征即退政策所退还的税款，如用于研发软件产品和再生产，免征企业所得税；软件生产企业的职工培训费用，可以直接在应纳税所得额中按实际发生额扣除。二是中国境内新设立软件生产企业经批准后，自获利年度起，前两年免企业所得税，第三至五年减半征企业所得税；国家规划布局内的重点软件生产企业，如当年未获得免税优惠的，减按10%的税率征收企业所得税；投资额超过80亿元人民币或集成电路线宽小于$0.25\mu m$的集成电路生产企业，减按15%税率缴纳企业所得税，其中，经营期在15年以上的，自获利年度起，前五年免企业所得税，第六至十年减半征收。三是从2008年1月至2010年末，集成电路生产、封装企业的投资者，税后利润直接增加本企业注册资本，或作为新开办其他集成电路生产、封装企业的投资资本，经营期5年及以上的，按40%的比例退还其再投资部分已纳企业所得税税款。再投资不满5年撤出该项投资的，追缴已退税款等。

2010年11月5日，财政部与相关部委联合出台《关于技术先进型服务企业有关企业所得税政策问题的通知》，从2010年7月至2013年末，对经批准的高科技服务企业，减按15%的税率征收企业所得税，该企业需位于北京、上海、天津等21个中国服务外包示范城市。

2011年1月28日，国务院出台《国务院关于印发进一步鼓励软件产业和集成电路产业发展若干政策的通知》，通知主要内容有：一是线宽小于$0.8\mu m$（含）的集成电路生产企业，经批准后，自获利年度起，前两年免企业所得税，第三至第五年按照法定税率减半征企业所得税；对中国境内新办集成电路设计企业和符合条件的软件企业，经批准后，同样享受优惠政策。二是国家规划布局内的集成电路设计企业符合条件的，可比照国发18号文件享受国家规划布局内重点软件企业所得税优惠政策。三是符合条件的软件和集成电路企业享受"两免三减半""五免五减半"的企业所得税优惠政策,在2017年末前自获利年度起计算优惠期,并享受至期满结束。这些企业所得税优惠政策与企业所得税其他优惠政策存在重合的,由企业自行一项最优政策执行,不重叠。

4. 个人所得税税收优惠政策

2008年12月23日,中共中央办公厅发布《中央人才工作协调小组关于实施海外高层次人才引进计划的意见》,对引进海外高层次人才回国(来华)时取得中央财政给予引进人才每人人民币100万元的一次性补助(视同国家奖金),免征个人所得税。

2011年1月28日,国务院发布了《全国人民代表大会常务委员会关于修改〈中华人民共和国个人所得税法〉的决定》,"决定"指出中央部委、省级政府等单位,及外国、国际组织颁发的科教、文卫、技术、环境保护等方面的奖金免个人所得税。

5. 关税税收优惠政策

2008年12月31日,财政部及相关部委联合出台《关于对部分进口税收优惠政策进行相应调整的公告》,明确自2009年1月起,《海关总署关于进一步鼓励外商投资有关进口税收政策的通知》规定的外商投资企业和外商投资设立的研发中心实施技术改造以及按《中西部地区外商投资优势产业目录》批准的外商投资项目进口的自用设备及其相关配套,再次征收进口环节增值税,在原范围内仍享受关税免征优惠。

2010年7月24日,财政部、科技部等部门联合发布了《关于科技重大专项进口税收政策的通知》,"通知"指出对承担科技重大专项项目或课题的企业和大专院校、科研院所等单位使用财政资金、自筹资金等进口课题或项目所需的只有国外才能生产的关键设备(含软件工具及技术)、零部件、原材料,免征进口关税和进口环节增值税。

2011年10月10日,财政部、商务部等部门联合发布了《关于继续执行研发机构采购设备税收政策的通知》,"通知"指出,外资研发中心适用《科技开发用品免征进口税收暂行规定》和《关于修改〈科技开发用品免征进口税收暂行规定〉和〈科学研究和教学用品免征进口税收规定〉的决定》,免征进口税收。

总而言之,2006年以来,中国政府持续出台促进科技创新的税收优惠政策,税收优惠内容不断丰富。从税种来看,涉及了企业所得税、个人所得税、增值税、营业税、关税等多个税种;从优惠形式来看,有免税、减税、税额抵免等税额式减免优惠,加计扣除、加速折旧等税基式减免优惠,降低税率、法定税率减半等税率式减免优惠;从涉及行业及企业类型来看,有高新科技企业、软件企业、集成电路企业、新能源汽车、小微企业等;从投入环节来看,涵盖了激励企业研发投入的税收优惠政策、激励高科技产业发展的税收优惠政策、激励科技成果应用的税收优惠政策、激励创业投资的税收优惠政策等。激励科技创新的税收优惠体系日趋完善,税收调节功能逐渐被重视,税收促进科技创新效果日益显现。

第三节 科技创新水平现状

一、三阶段科技创新水平

对科技创新水平的考察,本书借鉴创新价值链的观点[①],将科技创新分成知识创新、科研创新和成果转化创新三个阶段。本书构建的科技创新综合评价指标,如表2-12所示。在测度全国科技创新综合水平时,选择全国的科技创新相关数据;在测度各省市科技创新综合水平时,由于西藏自治区科技创新指标数据缺失,因此剔除西藏自治区后选取其余30个省(市、自治区)作为评价单元,选取2001~2012年作为研究时间点。研究数据主要来源于相应年份的《中国统计年鉴》《中国科技统计年鉴》和《中国高技术产业年鉴》。

(一) 知识创新水平

根据表2-12所示,本书采用SCI、EI和CPCI-S三大引文索引收录的中国科技论文数来衡量中国知识创新水平,如表2-13所示。

---

① Hansen, M. T., and Birkinshaw, J. The innovation value chain, Harvard Business Review, 2007, 85 (6), pp. 121-135.

表 2-12　　　　　中国科技创新综合水平评价指标体系

目标层	二级指标	三级指标	计算公式
科技创新综合水平	知识创新水平	科技论文数（篇）	采用 SCI、EI 和 CPCI-S（原 ISTP）三大引文索引收录的中国科技论文数来衡量中国知识创新水平。
	科研创新水平	专利申请量（件）①	借鉴白俊红（2011）的处理方法，发明专利、实用新型和外观设计三种类型专利依据其创新程度的高低不同，分别赋予 0.5、0.3 和 0.2 的权重，采用加权平均值作为最终的专利申请指标来衡量中国科研创新水平②。
	成果转化创新水平	企业新产品销售收入（亿元）	采用高技术产业新产品销售收入来衡量中国成果转化创新水平。

表 2-13　　　　　　　中国科技论文数（篇）

年份	科技论文数	SCI 收录数	EI 收录数	CPCI-S 收录数
2000 年	49678	30499	13163	6016
2001 年	64526	35685	18578	10263
2002 年	77395	40758	23224	13413
2003 年	93352	49788	24997	18567
2004 年	111356	57377	33500	20479
2005 年	153374	68226	54362	30786
2006 年	171878	71184	65041	35653
2007 年	207865	89147	75587	43131
2008 年	270878	116677	89377	64824
2009 年	280158	127532	97877	54749
2010 年	300923	143769	119374	37780
2011 年	345995	165818	127420	52757
2012 年	394661	192761	124382	77518

---

① 目前关于科研创新水平的衡量指标还没有完全统一。一些学者采用专利授权量指标，另外一些学者采用专利申请量指标。本书认为专利申请量相对于专利授权量更能反映科研创新的聚集效应，并且专利申请量数据比较新颖，而专利授权量往往存在时间滞后性。

② 白俊红，蒋伏心："考虑环境因素的区域创新效率研究——基于三阶段 DEA 方法"，《财贸经济》，2011 年第 10 期。

由表 2-13 可以看出，2000~2012 年中国科技论文总数呈现上升趋势，但增长率呈现下降趋势，SCI、EI 和 CPCI-S（原 ISTP）三大引文索引分别收录的中国科技论文数均呈现上升趋势，但增长率呈现下降趋势。为了更直观反映中国科技论文的增长率，本书绘制了折线图，如图 2-17 所示。

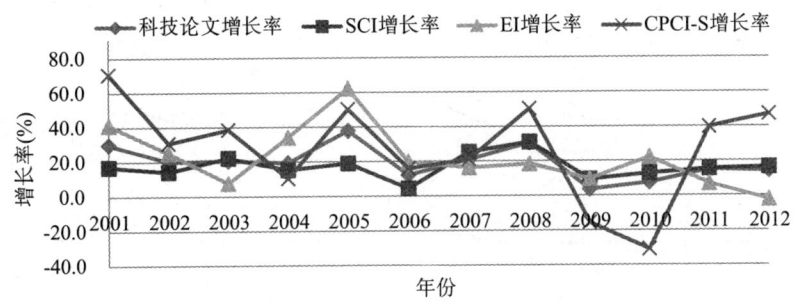

图 2-17　中国科技论文数的增长率

从中国科技论文被 SCI、EI 和 CPCI-S 三大引文索引收录情况来看，SCI 引文索引收录占科技论文总数的比重总体呈现下降趋势；EI 引文索引收录占科技论文总数的比重总体呈现上升趋势，CPCI-S 引文索引收录占科技论文总数的比重总体呈现上升趋势。并且 SCI 引文索引收录占科技论文总数的比重最大（平均值为 48.93%），EI 占比次之（平均值为 32.90%），CPCI-S 占比最小（平均值为 18.16%）。如图 2-18 所示。

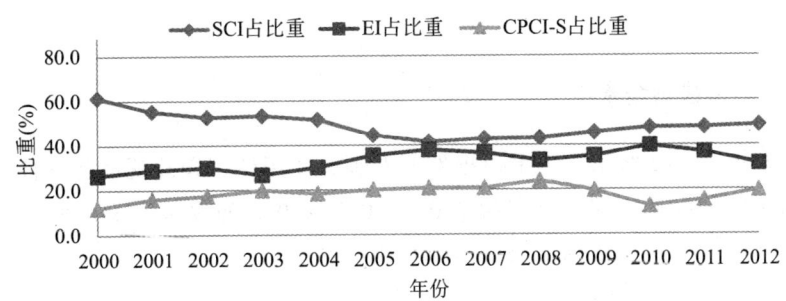

图 2-18　三大引文索引收录中国科技论文数占的比重

为了更直观地反映 1998~2013 年 30 个省市区科技论文数变动的趋势，本书绘制了 30 个省市区科技论文数的变动情况图，如图 2-19 所示。

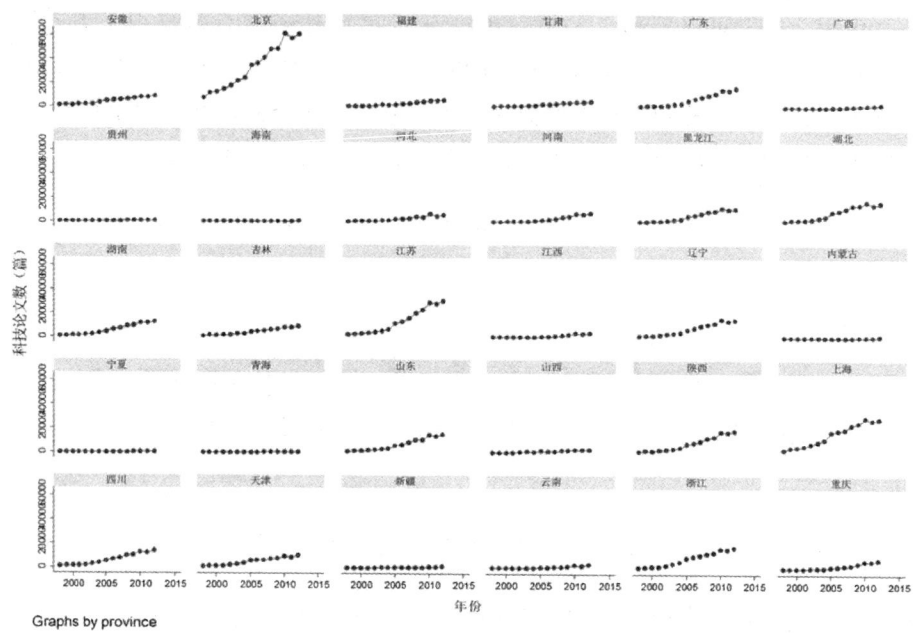

图 2-19　30个省市区科技论文数变动情况

由图 2-19 可以看出，科技论文数变动比较大的地区为：北京、广东、湖北、江苏、山东、上海、辽宁、陕西、浙江和四川等，而广西、贵州、海南、内蒙古、宁夏、青海、云南和新疆等地区科技论文数变动比较小。即科技论文数变动比较大的地区主要聚集在东中部地区，变动比较小的地区主要聚集在西部地区。

（二）科研创新水平

根据表 2-12 所示，本书根据发明专利、实用新型和外观设计三种类型专利创新程度的高低不同，分别赋予 0.5、0.3 和 0.2 的权重，采用加权平均值作为最终的专利申请指标来衡量中国科研创新水平。

表 2-14　　　　　　　　中国专利申请量（件）

年份	专利申请数	发明专利数	实用新型数	外观设计数
2000 年	42518	25346	68461	46532
2001 年	50094	30038	79275	56460
2002 年	62267	39806	92166	73572
2003 年	78063	56769	107842	86627

续表

年份	专利申请数	发明专利数	实用新型数	外观设计数
2004 年	86682	65786	111578	101579
2005 年	118485	93485	138085	151587
2006 年	146764	122318	159997	188027
2007 年	181218	153060	179999	253439
2008 年	224197	194579	223945	298620
2009 年	275137	229096	308861	339654
2010 年	350529	293066	407238	409124
2011 年	483813	415829	581303	507538
2012 年	616468	535313	734437	642401

由表 2-14 可以看出，2000~2012 年中国专利申请总数呈现上升趋势，并且增长率总体呈现上升趋势；发明专利、实用新型和外观设计三种类型专利均呈现上升趋势，并且增长率总体呈现上升趋势。为了更直观反映中国专利申请的增长率，本书绘制了折线图，如图 2-20 所示。

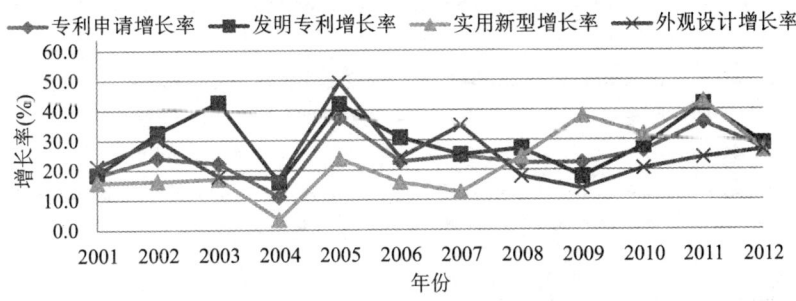

图 2-20 中国专利申请量的增长率

从中国发明专利、实用新型和外观设计三种类型专利情况来看，发明专利占专利申请总数的比重总体呈现上升趋势，实用新型占专利申请总数的比重总体呈现下降趋势，外观设计占专利申请总数的比重总体呈现上升趋势。并且实用新型专利申请总数的比重最大（平均值为 38.87%），外观设计占比次之（平均值为 37.02%），发明专利占比最小（平均值为 24.12%），即中国目前的专利申请的主体是实用新型和外观设计专利，自主创新的发明专利比较少。如图 2-21 所示。

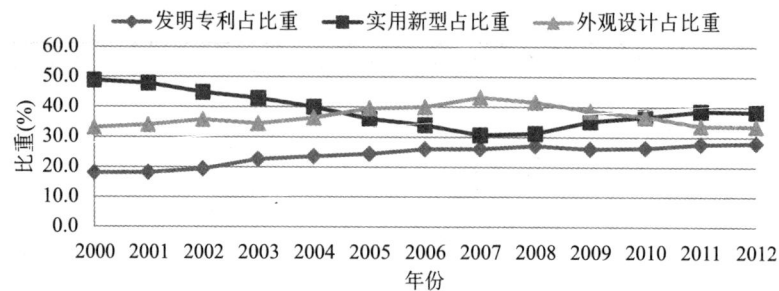

图2-21 发明专利、实用新型和外观设计三种类型专利的比重

为了更直观地反映1998~2013年30个省市区专利申请量变动的趋势,本书绘制了30个省市区专利申请量变动情况图,如图2-22所示。

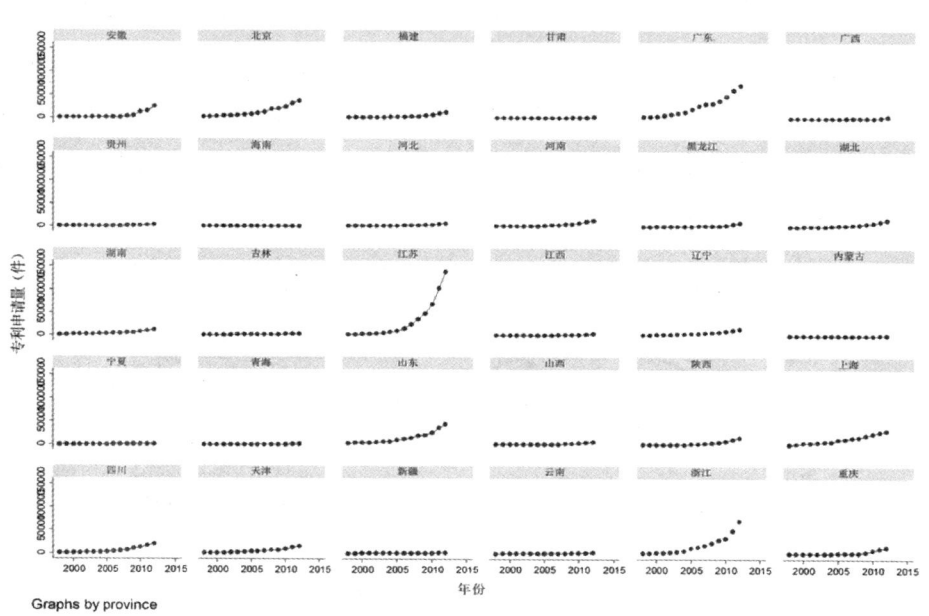

图2-22 30个省市区专利申请量变动情况

由图2-22可以看出,专利申请量变动比较大的地区为:广东、江苏、山东、上海和浙江等,而广西、贵州、宁夏、青海、云南和新疆等地区专利申请量变动比较小。即专利申请量变动比较大的地区主要聚集在东部地区,变动比较小的地区主要聚集在西部地区。

(三)成果转化创新水平

根据表2-12所示,采用高技术产业新产品销售收入来衡量中国成果转化创新水平。由图 2-23 可以看出，2000~2012 年，中国高技术产业新产品销售收入呈现上升趋势，2000 年，中国高技术产业新产品销售收入总额突破 2000 亿元，2004 年突破了 6000 亿元，2006 年突破了 8000 亿元，2007 年突破了 10000 亿元，2011 年突破了 20000 亿元，2012 年达到了 25571 亿元，是 2000 年高技术产业新产品销售收入的 10.3 倍，年均增长 21.9%。

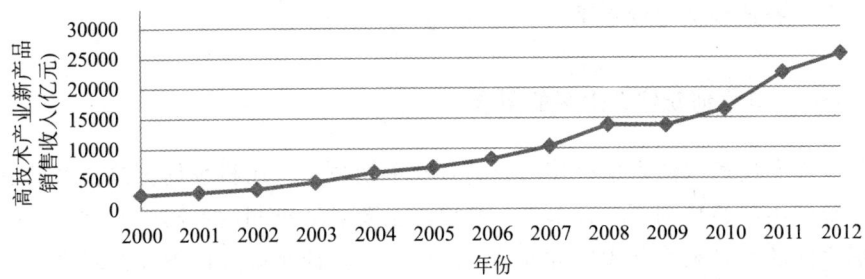

图 2-23 中国高技术产业新产品销售收入

为了更直观地反映 1998~2013 年 30 个省市区高技术产业新产品销售收入变动的趋势，本书绘制了 30 个省市区高技术产业新产品销售收入变动情况图，如图 2-24 所示。

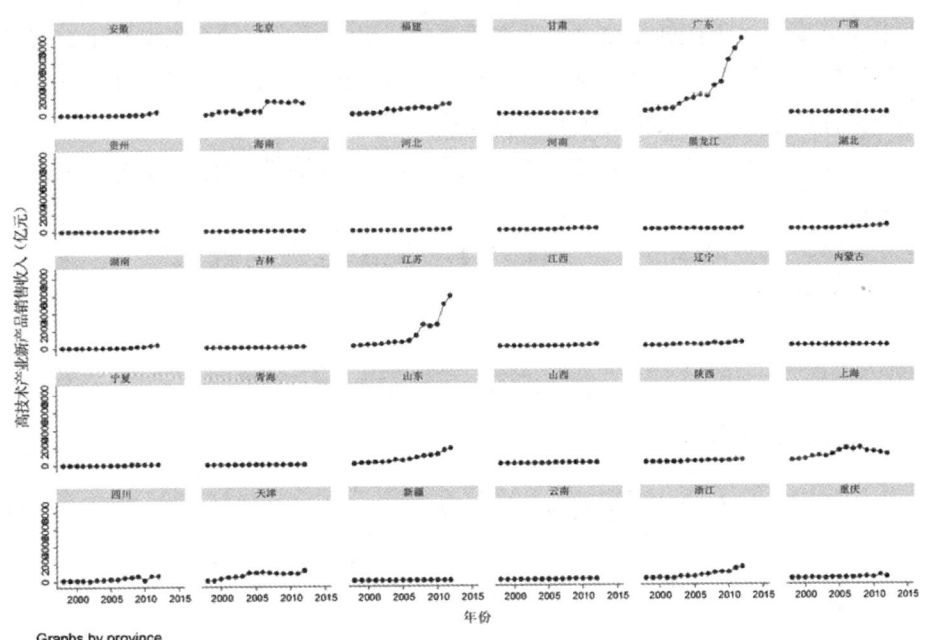

图 2-24 30 个省市区高技术产业新产品销售收入变动情况

由图 2-24 可以看出，高技术产业新产品销售收入变动比较大的地区为：北京、广东、江苏、山东、上海、天津、浙江和福建等，而甘肃、广西、贵州、宁夏、青海、云南和新疆等地区高技术产业新产品销售收入变动比较小。即高技术产业新产品销售收入变动比较大的地区主要聚集在东中部地区，变动比较小的地区主要聚集在西部地区。

二、科技创新综合水平

（一）科技创新综合水平的测度

本书利用熵权法得出科技创新综合水平指数，采用科技创新综合水平指数来反映中国的科技创新综合水平。熵权法主要是通过测度不同评价单位的同一指标之间的差异来判断指标数据的信息质量，进而来确定该指标在所有指标中所占的权重。具体原理为：当同一指标之间的差异比较大时，反映该指标数据的信息质量较好，即该指标在所有指标中所占的权重也较大；而当同一指标之间的差异比较小时，反映该指标数据的信息质量较差，即该指标在所有指标中所占的权重也较小；当同一指标之间的差异为零时，反映该指标数据的信息质量最差，即该指标在所有指标中所占的权重为零，并且可以删除该指标[①]。本书采用熵权法对科技创新综合水平进行评价，通过对熵的计算确定权重，就是根据反映知识创新、科研创新和成果转化创新产出指标值的差异程度，确定各评价指标的权重。熵权法的主要计算步骤如下：

①假设被评价对象有 m 个，每个被评价对象的评价指标有 n 个，构建判断矩阵：

$$X = (x_{ij})_{m \times n}, \ (i=1,2,\cdots,m; j=1,2,\cdots,n) \quad (2.1)$$

②对判断矩阵进行标准化处理：

$$x'_{ij} = \frac{x_{ij} - \min_j\{x_{ij}\}}{\max_j\{x_{ij}\} - \min_j\{x_{ij}\}}, \ (i=1,2,\cdots,m) \quad (2.2)$$

③计算信息熵：

$$H_j = -k \sum_{i=1}^{m} p_{ij} \ln p_{ij}, \text{其中 } p_{ij} = \frac{x'_{ij}}{\sum_{j=1}^{n} x'_{ij}}, k = \frac{1}{\ln m} \quad (2.3)$$

---

① 倪九派，李萍，魏朝富等："基于 AHP 和熵权法赋权的区域土地开发整理潜力评价"，《农业工程学报》，2009 年第 5 期。

④定义指标 j 的权重：

$$w_j = \frac{1-H_j}{\sum_{j=1}^{n}(1-H_j)}, \text{ 其中 } w_j \in [0,1], \text{ 且 } \sum_{j=1}^{n} w_j = 1 \quad (2.4)$$

⑤计算综合得分：

$$R = (r_{ij})_{m \times n}, \ r_{ij} = w_{ij} \times x'_{ij}, \ (i=1,2,\cdots,m;j=1,2,\cdots,n) \quad (2.5)$$

（二）全国科技创新综合水平

根据熵权法公式 2.1～公式 2.5，本书采用 matlab7.0 软件计算出了 2000～2012 年全国科技创新综合水平，如图 2-25 所示。

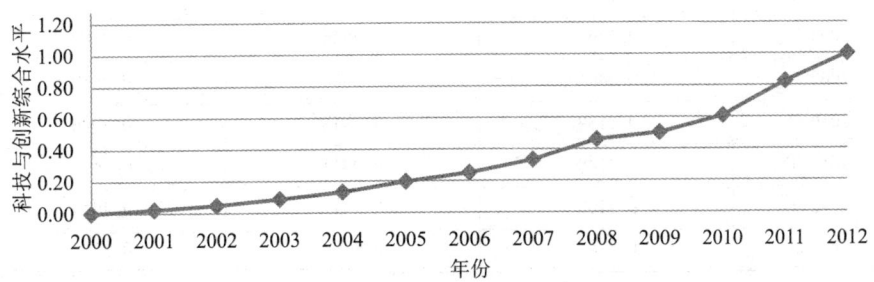

图 2-25　中国科技创新综合水平趋势图

由图 2-25 可以看出，2000～2012 年中国的科技创新综合水平总体呈现上升趋势，其中，增长速度最大的年份为 2002 年，增长速度达到 117.29%，平均增长速度为 43.92%，即随着支持科技创新的财政支持体系的不断完善，中国的科技创新综合水平得到显著提高。

（三）各省市科技创新综合水平

根据熵权法公式 2.1～公式 2.5，本书采用 matlab7.0 软件计算出了 2000～2012 年知识创新、科研创新和成果转化创新在科研创新综合水平的权重和 30 个省市区科技创新的综合水平，如表 2-15 和表 2-16 所示。

由表 2-15 可以看出，2000～2012 年知识创新、科研创新和成果转化创新在科研创新综合水平的权重有显著差异，表明中国对科技创新中的知识创新、科研创新和成果转化创新的重视程度不同，即不同地方政府存在对科研创新的三个阶段有不同的财政科技支出倾向，地方政府科技创新综合水平会随着

表 2-15　知识创新、科研创新和成果转化创新权重

年份＼权重	知识创新权重	科研创新权重	成果转化创新权重
2000 年	0.3635	0.2073	0.4292
2001 年	0.3410	0.2145	0.4445
2002 年	0.3322	0.2189	0.4489
2003 年	0.3231	0.2393	0.4376
2004 年	0.2952	0.2426	0.4621
2005 年	0.2750	0.2683	0.4567
2006 年	0.2611	0.2821	0.4568
2007 年	0.2589	0.3066	0.4345
2008 年	0.2463	0.3038	0.4499
2009 年	0.2403	0.3087	0.4510
2010 年	0.2189	0.2845	0.4966
2011 年	0.2186	0.2943	0.4872
2012 年	0.2108	0.2937	0.4954
平均值	0.2758	0.2665	0.4577

表 2-16　2000~2012 年 30 个省市区科技创新综合水平

地区	2000 年	2001 年	2002 年	2003 年	2004 年	2005 年	2006 年	2007 年	2008 年	2009 年	2010 年	2011 年	2012 年	平均值
北京	0.8495	0.8254	0.7467	0.5513	0.5558	0.4923	0.4616	0.7203	0.6300	0.5580	0.4287	0.4073	0.3666	0.5841
天津	0.2974	0.3566	0.3874	0.3098	0.3722	0.3360	0.3037	0.2864	0.2146	0.1760	0.1375	0.1202	0.1322	0.2638
河北	0.0761	0.0701	0.0632	0.0619	0.0485	0.0491	0.0459	0.0505	0.0561	0.0505	0.0453	0.0393	0.0440	0.0539
山西	0.0290	0.0276	0.0261	0.0279	0.0231	0.0244	0.0219	0.0271	0.0312	0.0266	0.0235	0.0239	0.0234	0.0258
内蒙古	0.0132	0.0099	0.0093	0.0086	0.0081	0.0067	0.0069	0.0072	0.0072	0.0067	0.0062	0.0063	0.0066	0.0079
辽宁	0.1841	0.1714	0.2124	0.2175	0.1750	0.1546	0.1431	0.1663	0.1617	0.1334	0.1195	0.1149	0.1047	0.1584
吉林	0.0680	0.0630	0.0613	0.0671	0.0575	0.0553	0.0540	0.0540	0.0525	0.0523	0.0412	0.0449	0.0444	0.0550
黑龙江	0.1086	0.0962	0.1032	0.1135	0.0712	0.0911	0.0716	0.0788	0.0761	0.0714	0.0602	0.0652	0.0627	0.0823
上海	0.5922	0.7044	0.7341	0.5278	0.5021	0.6154	0.5954	0.5848	0.5122	0.4135	0.3045	0.2533	0.2135	0.5041
江苏	0.4328	0.4071	0.4139	0.4077	0.3635	0.3634	0.4135	0.6330	0.7772	0.7265	0.5972	0.7252	0.7408	0.5386
浙江	0.2431	0.2071	0.2158	0.2784	0.2587	0.3040	0.3160	0.3560	0.3707	0.3470	0.2606	0.2805	0.2892	0.2867
安徽	0.0606	0.0649	0.0665	0.0642	0.0598	0.0600	0.0627	0.0642	0.0687	0.0764	0.0883	0.0890	0.1030	0.0714
福建	0.1983	0.1872	0.2016	0.3313	0.1954	0.2132	0.1897	0.2073	0.1734	0.1361	0.1131	0.1204	0.1173	0.1834
江西	0.0304	0.0287	0.0253	0.0289	0.0250	0.0247	0.0256	0.0286	0.0268	0.0310	0.0294	0.0287	0.0312	0.0280
山东	0.2634	0.2681	0.2672	0.2411	0.2602	0.2628	0.2688	0.3451	0.3448	0.3099	0.2502	0.2550	0.2477	0.2757

续表

地区	2000年	2001年	2002年	2003年	2004年	2005年	2006年	2007年	2008年	2009年	2010年	2011年	2012年	平均值
河南	0.0903	0.0591	0.0624	0.0570	0.0581	0.0597	0.0609	0.0742	0.0881	0.0805	0.0703	0.0654	0.0633	0.0684
湖北	0.1151	0.1047	0.1007	0.1106	0.1149	0.1197	0.1282	0.1497	0.1516	0.1583	0.1261	0.1166	0.1211	0.1244
湖南	0.0869	0.0796	0.0751	0.0766	0.0933	0.0781	0.0865	0.0882	0.0996	0.0985	0.0836	0.0929	0.0893	0.0868
广东	0.6789	0.6707	0.6243	0.7196	0.7479	0.7705	0.7883	0.7934	0.7818	0.7553	0.7497	0.7171	0.7031	0.7308
广西	0.0258	0.0213	0.0200	0.0179	0.0176	0.0157	0.0145	0.0174	0.0189	0.0178	0.0143	0.0177	0.0212	0.0185
海南	0.0037	0.0029	0.0032	0.0017	0.0019	0.0013	0.0012	0.0015	0.0020	0.0026	0.0016	0.0023	0.0024	0.0022
重庆	0.0360	0.0444	0.0439	0.0447	0.0438	0.0518	0.0464	0.0478	0.0565	0.0687	0.0641	0.0800	0.0650	0.0533
四川	0.2029	0.1786	0.1014	0.1593	0.1281	0.1413	0.1440	0.1837	0.1738	0.1805	0.1073	0.1286	0.1255	0.1504
贵州	0.0188	0.0180	0.0212	0.0180	0.0148	0.0171	0.0163	0.0176	0.0142	0.0147	0.0127	0.0134	0.0136	0.0162
云南	0.0311	0.0298	0.0261	0.0224	0.0201	0.0177	0.0176	0.0194	0.0213	0.0216	0.0189	0.0182	0.0185	0.0217
陕西	0.1125	0.1121	0.1113	0.1095	0.1032	0.1075	0.1104	0.1228	0.1227	0.1151	0.1090	0.1123	0.1089	0.1121
甘肃	0.0396	0.0294	0.0282	0.0267	0.0272	0.0290	0.0230	0.0235	0.0254	0.0248	0.0208	0.0232	0.0231	0.0265
青海	0.0001	0.0005	0.0008	0.0001	0.0004	0.0003	0.0001	0.0002	0.0002	0.0002	0.0000	0.0000	0.0000	0.0002
宁夏	0.0044	0.0031	0.0033	0.0022	0.0018	0.0021	0.0029	0.0029	0.0035	0.0028	0.0018	0.0017	0.0018	0.0026
新疆	0.0148	0.0112	0.0104	0.0103	0.0095	0.0095	0.0088	0.0089	0.0080	0.0079	0.0071	0.0076	0.0074	0.0093

对知识创新、科研创新和成果转化创新阶段的不同财政科技支出而发生具有趋势性的变化，表明本书采用知识创新、科研创新和成果转化创新阶段的综合水平来反映科技创新综合水平是合理的[①]。

为了更直观地反映30个省市区2000~2012年科技创新综合水平的变化趋势，本书绘制了30个省市区2000~2012年科技创新水平指数平均值的折线图，如图2-26所示。

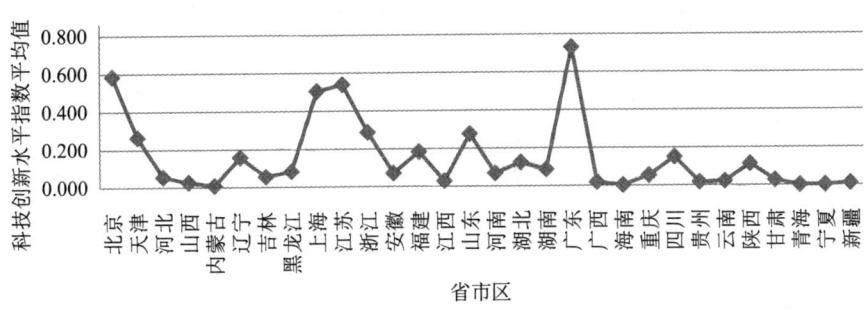

图2-26 30个省市区科技创新水平趋势图

---

① 现有关于科技创新水平的文献中主要以科研创新的专利申请量或专利授权量来代表科技创新综合水平。

由图2-26可以看出，2000~2012年科技创新综合水平平均值较高的地区为广东、上海、江苏、北京等，科技创新综合水平平均值较低的地区为内蒙古、海南、青海、宁夏、新疆等。

为了反映中国东部、中部和西部地区科技创新综合水平分布的演变情况[①]，本书采用非参数估计方法（Gaussian核函数）得出2000年、2004年、2008年和2012年中部、东部和西部三大区域科技创新综合水平Kernel密度估计的二维图，如图2-27~图2-29所示。

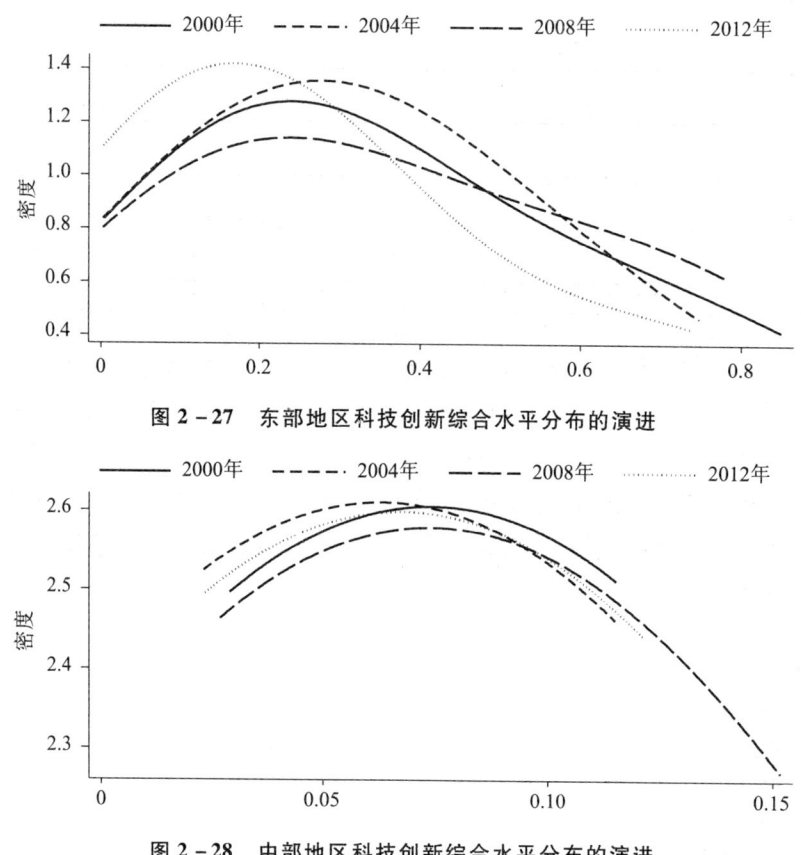

图2-27 东部地区科技创新综合水平分布的演进

图2-28 中部地区科技创新综合水平分布的演进

---

① 本书按照我国现行经济统计的分类方法对31个省市按照东中西部地区进行划分，其中，东部地区包括北京、天津、河北、辽宁、上海、江苏、浙江、福建、山东、广东、海南共11个省市；中部地区包括山西、吉林、黑龙江、安徽、江西、河南、湖北、湖南8个省；西部地区包括重庆、四川、贵州、云南、西藏、陕西、甘肃、青海、宁夏、新疆、内蒙古、广西12个省市。

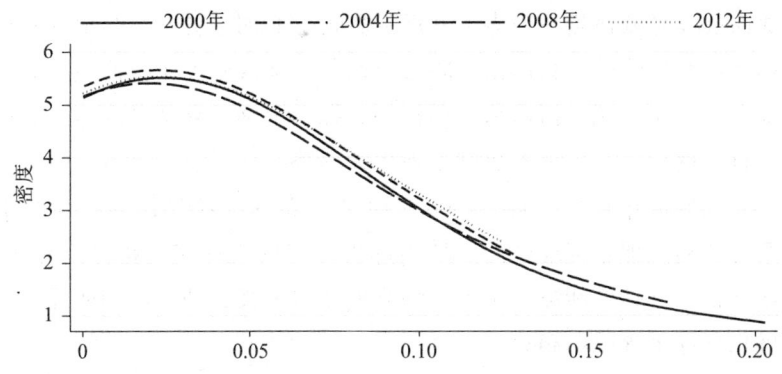

图 2-29 西部地区科技创新综合水平分布的演进

核密度估计量计算公式如下：

$$\hat{f}(x_0) = \frac{1}{nh}\sum_{i=1}^{n} K\left(\frac{x_i - x_0}{h}\right) \tag{2.6}$$

$$K(x) = \frac{1}{\sqrt{2\pi}}\exp\left(-\frac{x^2}{2}\right) \tag{2.7}$$

其中，(2.6) 式为随机变量 X 的核密度函数估计量 $\hat{f}(x_0)$，n 是样本的个数，h 为带宽，为窗的半径，$K(\cdot)$ 是核密度函数，核密度函数 $K(\cdot)$ 本质上就是一个权重函数，x_i 为随机变量 X 分布的观测值，x_0 为样本观测值的均值。

根据 Kernel 密度函数的表达形式不同，Kernel 密度函数可以分为 Gaussian 核、Epanechnikov 核、Triangle 核、Rectangle 核等 8 种函数形式。本书选择 Gaussian 核函数对科技创新综合水平进行估计[①]，Gaussian 核密度函数如 (2.7) 式所示，由于非参数估计中科技创新综合水平分布没有确定的函数表达式，因此其估计结果只有通过核密度图来表示。我们通过核密度图进行对比可以得出科技创新综合水平分布特征，即通过观察核密度图，可以得出科技创新综合水平分布的峰度和偏度等信息，进而可以揭示科技创新综合水平分布的总体形态和区域内极化程度。

图 2-27 ~ 图 2-29 分别描述了东部、中部、和西部三大地区科技创新综合水平在 2000 ~ 2012 年的分布演变。从三大区域看，东部、中部和西部地区

---

① Gaussian 核密度函数对东部地区科技创新综合水平进行估计时窗宽 h = 0.20；对中部地区科技创新综合水平进行估计时窗宽 h = 0.15；对西部地区科技创新综合水平进行估计时窗宽 h = 0.06。

密度函数曲线波峰峰值均呈现先上升后下降再上升的趋势,但是中部和西部地区密度函数曲线波峰峰值整体出现降低,而东部地区密度函数曲线波峰峰值整体出现提高。表明中部和西部地区科技创新综合水平差异都呈现缩小态势,而东部地区科技创新综合水平差异则呈现扩大态势。

从三大区域极化趋势来看,2000~2012年东部地区科技创新综合水平波峰峰值变得陡峭,即东部地区的区域内部极化程度出现增强趋势。与此同时,中部和西部地区科技创新综合水平波峰峰值变得平缓,即中部和西部地区的区域内部极化程度出现减弱趋势。

第三章
中国财政科技支出对科技创新的绩效评估

随着当今国际竞争的不断升级,科技创新对提升国家竞争力的作用越来越显现,并逐步成为促进国家经济社会可持续发展的不可或缺的力量。中国政府于2006年制定了科学技术未来发展目标,发展目标中明确指出:到2020年,中国科技创新能力得到显著增强,科技创新促进经济社会发展和保障国家安全的能力进一步得到增强。而财政支持科技创新的绩效直接或间接体现了财政支持科技创新体系运行的水平和质量,可以反映国家科技资源配置和运行能力的重要指标。本章将采用三阶段 SBM 模型,分析中国财政科技支出对科技创新的绩效水平,得出中国现行科技创新资源配置情况,进而为提高中国科技创新投入效率提供政策建议。

第一节 财政科技支出对科技创新的绩效评估指标体系

一、科技创新绩效评估标准

由于科技创新产出由科技论文数、专利申请受理量、专利申请授权量、高技术产业新产品销售收入等组成,而科技论文数可以表示为知识创新的产出,专利申请受理量和专利申请授权量可以表示为科研创新的产出,高技术产业新产品销售收入可以表示为成果转化创新的产出[1],即科技创新是由三个阶段构

---

[1] Hansen, M. T., and Birkinshaw, J. The innovation value chain, Harvard Business Review, 2007, 85 (6), pp. 121–135.

成的。知识创新绩效是指在基础研究研发经费支出有限的情况下，基础研究研发人员是否满足一定的数量，这是对基础研究研发产出效果的测度，反映基础研究研发目标的实现程度；科研创新绩效是指在应用研究研发经费支出有限的情况下，应用研究研发人员是否满足一定的数量，这是对应用研究研发产出效果的测度，反映应用研究研发目标的实现程度；成果转化创新绩效是指在试验发展研发经费支出有限的情况下，试验发展研发人员是否满足一定的数量，这是对试验发展研发产出效果的测度，反映试验发展研发目标的实现程度。科技创新绩效应是这三种绩效测度结果的综合评估，具体如图3-1所示。

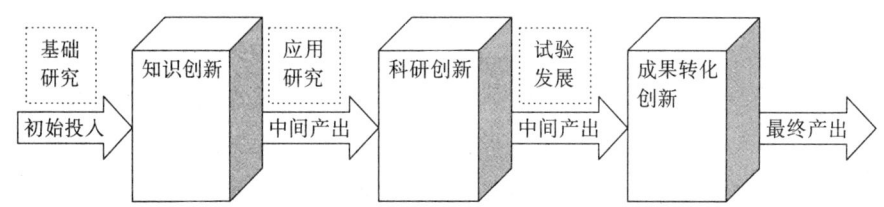

图3-1　三阶段（知识创新、科研创新、成果转化创新）的绩效评估

由图3-1可知，判断科技创新绩效是否改善，不能仅仅考察科技创新整体绩效，而且应该考察科技创新整个过程的绩效是否得到改善。首先，需要考察知识创新绩效、科研创新绩效和成果转化创新绩效，分析影响科技创新整体绩效最重要的是创新价值链中的哪个阶段。其次，通过对科技创新绩效进行不同地区以及不同年份进行横向比较和纵向比较，发现地区间科技创新绩效总体差异以及不同阶段的差异，同时得出不同年份中国科技创新总体绩效的变化趋势。最后，采用知识创新、科研创新和成果转化创新效率均值作为划分标准，可以将中国各省市区划分为不同的类型，以便为提高中国科技创新整体绩效水平提供依据。

二、投入产出指标的选取

本书按照上文分析的科技创新产出特点，根据科技创新三个阶段的投入产出差异，通过科技创新绩效评价指标的投入产出可比性、评价指标测度数据的可获性、绩效评价指标体系中准则层与指标层的相关性等原则，构建了符合中国科技创新水平现状的科技创新绩效评价指标体系，如表3-1～表3-3所示。

表 3-1　　　　　　　　知识创新绩效评价指标体系

目标层	准则层	指标层
知识创新绩效	投入指标	基础研究 R&D 经费支出（万元）
		基础研究 R&D 人员全时当量（人/年）
	产出指标	科技论文数（篇）
	环境指标	受教育水平：各省市区平均受教育年限（年）①
		政府支持力度：各省市区 R&D 经费支出中政府资金所占的比重（%）
		教育投入水平：各省市区教育支出占总财政支出的比重（%）

表 3-2　　　　　　　　科研创新绩效评价指标体系

目标层	准则层	指标层
科研创新绩效	投入指标	应用研究 R&D 经费支出（万元）
		应用研究 R&D 人员全时当量（人/年）
		科技论文数（篇）
	产出指标	专利申请受理量（件）②
		专利申请授权量（件）③
	环境指标	经济发展水平：各省市区 GDP（亿元）
		政府支持力度：各省市区 R&D 经费支出中政府资金所占的比重（%）
		信息化水平：各省市区邮电业务总量（亿元）

表 3-3　　　　　　　　成果转化创新绩效评价指标体系

目标层	准则层	指标层
成果转化创新绩效	投入指标	试验发展 R&D 经费支出（万元）
		试验发展 R&D 人员全时当量（人/年）
		技术改造和技术获取经费支出（万元）
		专利申请授权量（件）
	产出指标	高技术产业新产品销售收入（万元）
		技术市场交易额（万元）

---

① 平均受教育年限：大专以上文化程度、高中文化程度、初中文化程度、小学文化程度、文盲分别按照 16 年、12 年、9 年、6 年和 0 年计算。

② 专利申请受理量是分别对发明专利、实用新型和外观设计三种类型专利申请量赋予 0.5、0.3 和 0.2 的权重，采用加权平均值得出的专利申请受理量。

③ 专利申请授权量是分别对发明专利、实用新型和外观设计三种类型专利授权量赋予 0.5、0.3 和 0.2 的权重，采用加权平均值得出的专利申请授权量。以下相同。

续表

目标层	准则层	指标层
成果转化创新绩效	环境指标	政府支持力度：各省市区 R&D 经费支出中政府资金所占的比重（%）
		外商投资水平：各省市区地方实际利用外商直接投资（亿元）
		市场化水平：各省市区进出口总额与 GDP 的比重（%）
		金融发展水平：各省市区金融机构贷款余额与 GDP 的比重（%）

第二节　财政科技支出对科技创新的绩效评估方法

一、传统 DEA 模型介绍

Charnes 和 Cooper 于 1978 年合作创建了基于多投入多产出角度的数据包络分析方法（DEA），DEA 方法是主要通过投入产出来估计技术有效性的一种非参数分析方法。DEA 方法的评估过程主要包括以下三个方面：

第一，保持评估单位的投入或者产出不变，并采用线性规划方法来确定所有评估单位的投入产出生产函数的最优边界。

第二，建立每个评估单位投入产出生产函数的边界。

第三，通过比较每个评估单位生产函数的边界与生产函数的最优边界的程度来衡量每个评估单位的相对有效性。

综上所述，DEA 方法主要采用线性规划方法，以评估单位的相对有效性为理论基础，来测度评估评价单位的绩效水平。

（一）CCR 模型

CCR 模型是创建于 1978 年的 DEA 模型，主要是对评估单位多投入与多产出之间的相对效率进行测度，并且可以同时进行规模效率和技术效率测度。CCR 模型的测度原理为：在规模报酬不变的情况下，评估单位多投入与多产出之间的相对效率等于评估单位的产出线性组合与投入的线性组合比。CCR 模型的具体形式如下：

$$\min[\theta - \varepsilon(\sum_{r=1}^{s} s_r^+ + \sum_{i=1}^{m} s_i^+)]$$

$$\text{s.t} \begin{cases} \sum_{j=1}^{n} x_{ij}\lambda_j + s_i^- = \theta x_{ij_0} \\ \sum_{j=1}^{n} y_{rj}\lambda_j - s_r^+ = y_{rj_0} \\ \lambda_j, s_i^-, s_r^+ \geq 0, j = 1, 2, \cdots, n \end{cases} \quad (3.1)$$

其中，λ 为 DMU 的权重变量，θ 为待定参变量，s_i^-、s_r^+ 为松弛变量，ε 为非阿基米德无穷小，在计算中取正的无穷小，x 为投入量，y 为产出量。对模型（3.1）求解，结果记为 θ^*，若 $\theta^*=1$ 且松弛变量 $s_i^- \neq 0$ 或 $s_r^+ \neq 0$，表明评价单位呈现出弱 DEA 有效。若 $\theta^*=1$ 且松弛变量 $s_i^-=0$，$s_r^+=0$，表明评价单位呈现出 DEA 有效。而 $\theta^* < 1$，表明评价单位呈现出 DEA 无效，主要原因是评价单位的规模效率以及技术效率均无效。

（二）BCC 模型

BCC 模型是创建于 1984 年的 DEA 模型。BCC 模型主要对评价单位的技术效率进行测度。BCC 模型的测度原理为：在规模报酬可变的情况下，评估单位多投入与多产出之间的相对效率等于评估单位的产出线性组合与投入的线性组合比。BCC 模型的具体形式如下：

$$\min[\theta - \varepsilon(\sum_{r=1}^{s} s_r^+ + \sum_{i=1}^{m} s_i^+)]$$

$$\text{s.t} \begin{cases} \sum_{j=1}^{n} x_{ij}\lambda_j + s_i^- = \theta x_{ij_0} \\ \sum_{j=1}^{n} y_{rj}\lambda_j - s_r^+ = y_{rj_0} \\ \sum_{j=1}^{n} \lambda_j = 1 \\ \lambda_j, s_i^-, s_r^+ \geq 0, j = 1, 2, \cdots, n \end{cases} \quad (3.2)$$

其中，λ 为 DMU 的权重变量，θ 为待定参变量，s_i^-、s_r^+ 为松弛变量，ε 为非阿基米德无穷小，在计算中取正的无穷小，x 为投入量，y 为产出量。对模型（3.2）求解，结果记为 θ^*，若 $\theta^*=1$ 且松弛变量 $s_i^- \neq 0$ 或 $s_r^+ \neq 0$，表明评价单位呈现出弱 DEA 有效。若 $\theta^*=1$ 且松弛变量 $s_i^-=0$，$s_r^+=0$，表明评价单位呈现出 DEA 有效。而 $\theta^* < 1$，表明评价单位呈现出 DEA 无效，主要原因是评价单位的规模效率以及技术效率均无效。

二、三阶段 SBM 模型介绍

(一) 第一阶段

第一阶段采用 SBM 模型测度各评价单位的绩效。在传统 DEA 模型的基础上，Tone（2001）构建了评价单位投入产出松弛问题的 DEA 模型，称为 SBM 模型（方向性距离函数）。由于 SBM 模型将评价指标的松弛变量由原来的约束条件中改为目标函数中，因此与传统 DEA 模型相比，SBM 模型可以较好地解决评价指标松弛性问题，得出的评估结果也更为准确。与此同时，传统的 DEA 模型主要从投入和产出角度出发，通过等比例调整评价单位投入或产出使 DEA 有效，而在测度评价单位的绩效过程中评价单位投入产出往往会出现松弛性，因此得到的测度结果与真实值有一定差距。而 SBM 模型在估计过程中充分考虑了评价单位投入产出的松弛性，得到的测度结果比传统 DEA 模型更准确。本书选择使用非径向、非角度 SBM 模型来评估中国科技创新绩效。非径向、非角度 SBM 模型的具体形式如下：

$$\rho^* = \min \frac{1 - \frac{1}{N}\sum_{n=1}^{N} \frac{s_n^x}{x_n^k}}{1 + \frac{1}{M}\sum_{m=1}^{M} \frac{s_m^y}{y_m^k}}$$

$$\text{s.t} \begin{cases} \sum_{k=1}^{k} z_k x_n^k + s_n^x = x_n^k \\ \sum_{k=1}^{k} z_k y_m^k - s_m^y = y_m^k \\ s^x \geq 0; s^y \geq 0; z_k \geq 0 \\ n = 1,2,\cdots,N; m = 1,2,\cdots,M \end{cases} \quad (3.3)$$

其中，s 为评价单位投入、产出的松弛量，s^x、s^y 分别表示评价单位投入过剩和产出不足，z_k 表示权重向量，ρ^* 关于 s^x、s^y 严格递减，并且 $0 \leq \rho^* \leq 1$，ρ^* 的分子和分母分别测度评价单位实际投入、产出与生产前沿的平均距离，即评价单位投入无效率和产出无效率。对于特定的评价单位，当 $\rho^* = 1$ 时，即 $s^x = s^y = 0$ 时，评价单位的效率达到最优水平；当 $\rho^* < 1$ 时，评价单位的效率没有达到最优水平，评价单位投入和产出的配置要重新调整，提高评价单的投入产出效率。

（二）第二阶段

由于在第一阶段的 SBM 模型的估计过程中，并没有考虑到环境因素对评价单位的影响，导致第一阶段的 SBM 模型的估计结果有偏差。为了将环境因素考虑进评价单位的绩效评价中，本书借鉴钟祖昌（2011）的研究结论，采用随机边界分析方法（SFA）来剔除环境变量对评价单位投入产出的影响。

具体而言，建立如下松弛变量与环境变量之间的理论模型：

$$S_{ni} = f(Z_i; \beta_n) + \nu_{ni} + \mu_{ni}; i = 1, 2, \cdots, I; n = 1, 2, \cdots, N \quad (3.4)$$

其中，S_{ni} 是第 i 个决策单元第 n 项投入的松弛值；Z_i 是环境变量，β_n 是环境变量的系数；$\nu_{ni} + \mu_{ni}$ 是混合误差项，ν_{ni} 表示随机干扰，μ_{ni} 表示管理无效率。其中 $v \sim N(0, \sigma_v^2)$ 是随机误差项，表示随机干扰因素对投入松弛变量的影响；μ 是管理无效率，表示管理因素对投入松弛变量的影响，假设其服从在零点截断的正态分布，即 $\mu \sim N^+(0, \sigma_\mu^2)$。

SFA 回归的目的是剔除环境因素和随机因素对效率测度的影响，以便将所有决策单元调整于相同的外部环境中。调整公式如下：

$$X_{ni}^A = X_{ni} + [\max(f(Z_i; \hat{\beta}_n)) - f(Z_i; \hat{\beta}_n)] + [\max(\nu_{ni}) - \nu_{ni}] \, i = 1, 2, \cdots, I; n = 1, 2, \cdots, N \quad (3.5)$$

其中，X_{ni}^A 是调整后的投入；X_{ni} 是调整前的投入；$[\max(f(Z_i; \hat{\beta}_n)) - f(Z_i; \hat{\beta}_n)]$ 是将评价单位调整到相同的环境水平；$[\max(\nu_{ni}) - \nu_{ni}]$ 是将所有评价单位的运气调整到相同水平。

（三）第三阶段

通过第二阶段 SFA 回归的调整公式，对所有评价单位的投入值进行调整，利用 SBM 模型对调整投入值后的评价单位进行绩效评估，此时得到的绩效评估结果即为考虑到环境因素对评价单位影响的效率值。

第三节 财政科技支出对科技创新的绩效评估实证分析

一、知识创新绩效评估

(一) 数据来源

本节主要对中国知识创新进行绩效评估,评价单位为中国各省市区(由于西藏自治区投入产出指标数据缺失,因此剔除西藏自治区后选取其余 30 个省市区),由于《中国科技统计年鉴》从 2009 年才有基础研究 R&D 经费支出、基础研究 R&D 人员全时当量数据。并且知识创新产出指标有一定的时滞,本书对产出指标和环境变量均做滞后 1 年处理,因此根据数据的可获得性,本书选取 2009~2011 年作为研究时间点。为了剔除价格因素的影响,我们以 1978 年为基期,利用 GDP 平减指数对基础研究 R&D 经费支出进行了调整。研究数据主要来源于相应年份的《中国统计年鉴》《中国科技统计年鉴》和《中国高技术产业年鉴》。

(二) 基本统计分析

采用 stata13.0 软件对知识创新绩效评价指标变量进行描述性统计,如表 3-4 所示。

表 3-4　　　　知识创新绩效评价的变量描述性统计

变量	观测量	均值	中位数	标准差	最小值	最大值
X1	90	5891.34	4960.50	5476.00	452.00	31734.00
X2	90	26996.61	16223.00	36194.78	1547.00	193836.00
Y1	90	10609.42	7621.50	11982.62	128.00	61302.00
Z1	90	8.94	8.89	0.83	7.40	11.84
Z2	90	16.92	17.08	2.53	11.09	22.22
Z3	90	24.72	21.86	13.92	7.97	60.23

注:表 3-4 中 X1、X2 为投入变量,分别表示基础研究 R&D 全时当量、基础研究 R&D 经费支出;Y1 为产出变量,表示科技论文数;Z1、Z2、Z3 为环境变量,分别表示受教育水平、教育投入水平和政府支持力度。

根据已有的文献可知，采用 SBM 模型对评价单位进行绩效评估时，评价单位的投入与产出指标之间必须要满足以下四个条件：一是评价单位的投入与产出指标数之和≤评价单位数的一半；二是评价单位的投入与产出指标数的乘积≤评价单位数；三是评价单位的投入以及产出指标包含的二级指标之间没有很强的线性相关性；四是评价单位的投入增长能显著地促进产出增长。

本书研究的中国知识创新绩效评估符合以上要求。表 3-5 为中国知识创新绩效投入产出指标之间的 Pearson 相关系数表。

表 3-5 知识创新绩效投入产出指标之间的 Pearson 相关系数

	Y1	X1	X2
Y1	1		
X1	0.939***	1	
X2	0.913***	0.948***	1

注：***、**、* 分别表示在 1%、5% 和 10% 的显著性水平下拒绝原假设。

由表 3-5 可知，知识创新的投入与产出指标数之和（3）<评价单位数的一半（15），知识创新的投入与产出指标数的乘积（2）<评价单位数（30），知识创新的投入以及产出指标包含的二级指标之间没有很强的线性相关性，并且投入指标和产出指标之间的相关系数均通过了 1% 的显著性检验，因此适合进行 SBM 模型分析。

（三）绩效评估

本书首先运用 DEA-SOLVER Pro 5.0 软件测度第一阶段 SBM 模型知识创新绩效，其次运用 Frontier 4.1 软件测度第二阶段 SFA 模型，最后运用 DEA-SOLVER Pro 5.0 软件测度第三阶段 SBM 模型知识创新绩效。

1. 第一阶段结果分析

根据前文的描述，本书采用科技论文数作为产出变量，采用基础研究 R&D 全时当量、基础研究 R&D 经费支出作为知识创新的投入变量，采用 SBM 模型对中国知识创新进行绩效评估，结果如表 3-6 所示。

从第一阶段 SBM 模型的结果来看，区域经济与各地区知识创新效率之间不是呈现完全的正相关关系，如上海、广东等高地区经济发展水平没有明显提升知识创新效率。结果表明，第一阶段 SBM 模型的知识创新效率结果不能很好地解释经济现象。导致这种结果的深层次原因为：采用第一阶段 SBM 模型

表 3-6　　　　　一阶段知识创新综合技术效率得分情况

地区	平均效率	排名	地区	平均效率	排名	地区	平均效率	排名
北京	0.546	11	浙江	0.957	3	海南	0.160	27
天津	0.542	12	安徽	0.371	21	重庆	0.557	10
河北	0.518	13	福建	0.621	8	四川	0.412	20
山西	0.438	19	江西	0.607	9	贵州	0.157	28
内蒙古	0.235	26	山东	0.512	15	云南	0.257	24
辽宁	0.730	7	河南	1.000	1	陕西	0.983	2
吉林	0.311	22	湖北	0.787	6	甘肃	0.473	17
黑龙江	0.518	14	湖南	0.890	5	青海	0.084	30
上海	0.489	16	广东	0.451	18	宁夏	0.089	29
江苏	0.946	4	广西	0.250	25	新疆	0.303	23

注：表中的平均效率为历年的知识创新综合技术效率平均值。

评估知识创新绩效过程中，影响知识创新的外部环境因素对投入指标有直接的影响。因此从知识创新效率结果科学性出发，本书将采用随机边界分析方法（SFA）来剔除环境变量对知识创新投入指标的影响。

2. 第二阶段结果分析

我们在知识创新绩效评估过程中借鉴李习保（2007）的研究结论，采用的环境变量包括：受教育水平、教育投入水平和政府支持力度。通过控制外部环境因素可以调整投入要素松弛量的大小，当外部环境因素与投入要素松弛量呈现负相关性时，表示通过增加外部环境因素可以提高投入要素的效率，反之则相反。

表 3-7　　　　知识创新环境变量对投入要素松弛量的影响[①]

自变量＼因变量	基础研究 R&D 全时当量松弛量	基础研究 R&D 经费支出松弛量
截距项	22.790 *** (4.760)	-1.42E+05 *** (-4262.000)
受教育水平	-18.561 (-0.380)	1.43E+04 *** (21.110)

---

① 知识创新的环境变量对投入要素松弛量回归中，由于有三个环境变量，则自由度为 3，在 1% 的显著性水平下，LR 临界值为 10.501。

续表

自变量 \ 因变量	基础研究 R&D 全时当量松弛量	基础研究 R&D 经费支出松弛量
教育投入水平	7.197 (0.312)	178.356 (0.491)
政府支持力度	-6.599 (-1.184)	203.983 ** (2.449)
σ^2	8.25E+05 *** (8.25E+05)	3.45E+08 *** (3.45E+08)
γ	0.797 *** (22.839)	0.917 *** (60.656)
log likelihood	-689.779	-937.833
LR 检验值	40.212 ***	71.034 ***

注：***、**、* 分别表示在1%、5%和10%的显著性水平下拒绝原假设；γ 值显著性较高，表明模型基本合理；变量 t 值检验不显著仍然存在方向性的影响。

从表3-7可以看出，基础研究 R&D 全时当量松弛量方程和基础研究 R&D 经费支出松弛量方程的 LR 检验值均通过1%的显著性检验，表明这两个方程建立 SFA 模型是合适的。

从基础研究 R&D 全时当量松弛量方程来看，受教育水平对基础研究 R&D 全时当量松弛量有负向影响，没有通过10%的显著性检验，但仍存在方向性的影响；教育投入水平对基础研究 R&D 全时当量松弛量有正向影响，没有通过10%的显著性检验，但仍然存在方向性的影响；政府支持力度分别对基础研究 R&D 全时当量松弛量有负向影响，没有通过10%的显著性检验，但仍然存在方向性的影响。

从基础研究 R&D 经费支出松弛量方程来看，受教育水平对基础研究 R&D 经费支出有正向影响，并且通过1%的显著性检验，即地区的受教育水平越高，基础研究 R&D 经费支出的投入效率越低，主要原因是地区的受教育水平越高，激励企业在科技创新过程中加大基础研究 R&D 经费投入，造成基础研究 R&D 经费支出效率下降；教育投入水平对基础研究 R&D 经费支出有正向影响，没有通过10%的显著性检验，但仍然存在方向性的影响；政府支持力度分别对基础研究 R&D 经费支出松弛量有正向影响，并且通过5%的显著性检验，即地方政府支持力度越高，基础研究 R&D 经费支出的投入效率越低，主要原因是地方政府支持力度越高，引导企业在科技创新过程中加大基础研究 R&D 经费投入，造成基础研究 R&D 经费支出效率下降。

3. 第三阶段结果分析

根据上文采用随机边界分析方法（SFA）剔除了环境变量对知识创新投入指标的影响，采用 SBM 模型对剔除环境变量后的知识创新绩效进行评估，评估结果如表 3-8 所示。

表 3-8　　　　　　　三阶段知识创新效率得分情况①

地区	2009 年			2010 年			2011 年		
	综合技术效率	纯技术效率	规模效率	综合技术效率	纯技术效率	规模效率	综合技术效率	纯技术效率	规模效率
北京	1.000	1.000	1.000	1.000	1.000	1.000	1.000	1.000	1.000
天津	0.575	1.000	0.575	0.509	0.631	0.806	0.563	0.745	0.755
河北	0.452	0.681	0.664	0.318	0.453	0.701	0.342	0.482	0.709
山西	0.192	0.422	0.455	0.234	0.618	0.378	0.229	1.000	0.229
内蒙古	0.069	0.162	0.425	0.087	0.446	0.196	0.109	0.608	0.180
辽宁	0.722	1.000	0.722	0.710	0.809	0.878	0.731	0.905	0.808
吉林	0.346	0.368	0.942	0.387	0.402	0.964	0.343	0.357	0.962
黑龙江	0.539	0.579	0.931	0.542	0.572	0.948	0.513	0.571	0.900
上海	0.736	0.740	0.994	0.718	0.718	1.000	0.670	0.670	1.000
江苏	1.000	1.000	1.000	1.000	1.000	1.000	1.000	1.000	1.000
浙江	0.824	0.915	0.900	0.848	0.963	0.880	0.854	1.000	0.854
安徽	0.360	0.401	0.898	0.364	0.388	0.938	0.355	0.392	0.906
福建	0.381	0.628	0.606	0.382	0.616	0.620	0.411	0.682	0.602
江西	0.270	0.504	0.537	0.274	0.641	0.428	0.326	0.890	0.366
山东	0.566	0.613	0.924	0.551	0.569	0.969	0.500	0.520	0.962
河南	0.542	0.929	0.584	0.501	0.821	0.610	0.570	1.000	0.570
湖北	0.831	0.900	0.923	0.773	0.816	0.947	0.782	0.891	0.878
湖南	0.646	0.771	0.838	0.678	0.790	0.858	0.681	0.867	0.785

---

① 本书使用规模报酬不变 SBM 模型（SBM-CRS 模型）来评价我国知识创新效率的相对有效性，该模型得到的效率值，反映的是综合技术效率。SBM-CRS 模型得出的综合技术效率又可以进一步分解为纯技术效率和规模效率，即：TE = PTE × SE。而 PTE 可以利用规模报酬可变的 SBM 模型（SBM-VRS 模型）计算得到。因此，规模效率 SE = TE/PTE。以下相同。

续表

地区	2009年			2010年			2011年		
	综合技术效率	纯技术效率	规模效率	综合技术效率	纯技术效率	规模效率	综合技术效率	纯技术效率	规模效率
广东	0.572	0.615	0.929	0.565	0.581	0.973	0.470	0.470	1.000
广西	0.115	0.167	0.686	0.131	0.201	0.650	0.134	0.199	0.677
海南	0.046	1.000	0.046	0.054	1.000	0.054	0.062	1.000	0.062
重庆	0.409	0.592	0.690	0.426	0.591	0.721	0.445	0.613	0.726
四川	0.450	0.472	0.953	0.460	0.470	0.979	0.478	0.491	0.973
贵州	0.074	0.190	0.392	0.071	0.179	0.399	0.063	0.123	0.512
云南	0.153	0.203	0.756	0.156	0.221	0.707	0.188	0.271	0.694
陕西	0.912	1.000	0.912	0.938	1.000	0.938	0.883	1.000	0.883
青海	0.020	0.215	0.093	0.018	0.999	0.018	0.026	1.000	0.026
宁夏	0.019	0.101	0.190	0.023	0.146	0.161	0.028	0.228	0.122
新疆	0.097	0.365	0.266	0.105	1.000	0.105	0.113	0.999	0.113
中部	0.663	1.000	0.663	0.716	1.000	0.716	0.724	1.000	0.724
西部	0.413	0.999	0.413	0.461	0.999	0.462	0.481	1.000	0.481
平均值	0.441	0.604	0.679	0.439	0.643	0.679	0.441	0.687	0.660

注：表3-8中最后一行的平均值表示30个省市区各变量的平均值。

表3-9   30个省市区一阶段与三阶段知识创新绩效比较

地区	一阶段综合技术效率	排名	三阶段综合技术效率	排名	上升或下降的名次
北京	0.546	11	1.000	1	+10
天津	0.542	12	0.549	9	+3
河北	0.518	13	0.370	17	-4
山西	0.438	19	0.218	22	-3
内蒙古	0.235	26	0.088	26	0
辽宁	0.730	7	0.721	6	+1
吉林	0.311	22	0.359	19	+3
黑龙江	0.518	14	0.532	13	+1
上海	0.489	16	0.708	7	+9
江苏	0.946	4	1.000	1	+3
浙江	0.957	3	0.842	4	-1

续表

地区	一阶段综合技术效率	排名	三阶段综合技术效率	排名	上升或下降的名次
安徽	0.371	21	0.360	18	+3
福建	0.621	8	0.391	16	-8
江西	0.607	9	0.290	21	-12
山东	0.512	15	0.539	10	+5
河南	1.000	1	0.538	11	-10
湖北	0.787	6	0.795	5	+1
湖南	0.890	5	0.668	8	-3
广东	0.451	18	0.536	12	+6
广西	0.250	25	0.127	24	+1
海南	0.160	27	0.054	28	-1
重庆	0.557	10	0.426	15	-5
四川	0.412	20	0.463	14	+6
贵州	0.157	28	0.070	27	+1
云南	0.257	24	0.166	23	+1
陕西	0.983	2	0.911	3	-1
甘肃	0.473	17	0.343	20	-3
青海	0.084	30	0.021	30	0
宁夏	0.089	29	0.023	29	0
新疆	0.303	23	0.105	25	-2

注：表3-9中第1列的值表示第一阶段知识创新综合技术效率平均值，第3列的值表示第三阶段知识创新综合技术效率平均值。

通过对比表3-9中一阶段和三阶段SBM模型结果可以看出，大部分区域的三阶段知识创新效率与一阶段知识创新效率有不同程度的变化，并且东部和中部地区知识创新效率变化较为显著，如北京、上海、福建、江西和河南等地区。

通过对2009~2011年30个省市区知识创新效率SBM模型分析可知，2009~2011年知识创新平均效率排在前10位的省市区分别为：江苏、北京、陕西、浙江、湖北、辽宁、上海、湖南、天津、山东，说明这几个省市区成果转化阶段产出投入平均效率水平较高。主要原因是这些地区的经济效益和社会效益较高。从实际情况看，北京、天津、上海、浙江、江苏这几个地方由于经济效益相对较好导致平均效率水平较高。辽宁、湖南、湖北、山东则是由于社会效益相对较好导致平均效率水平较高。陕西则是各方投入较少导致平均效率水平较高。

为了更直观地反映2009~2011年30个省市区一阶段和三阶段知识创新效率变动的趋势，本书绘制了30个省市区知识创新效率变动情况图，如图3-2所示。

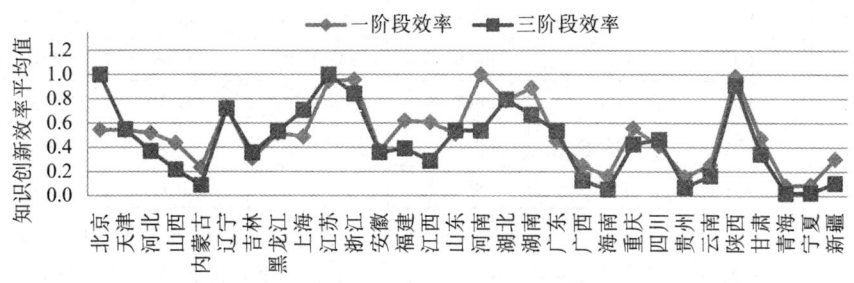

图3-2 一阶段和三阶段知识创新综合技术效率平均值比较

二、科研创新绩效评估

（一）数据来源

本节主要对中国科研创新进行绩效评估，评价单位为中国各省市区（由于西藏自治区投入产出指标数据缺失，因此剔除西藏自治区后选取其余30个省市区），由于《中国科技统计年鉴》从2009年才有应用研究R&D经费支出、应用研究R&D人员全时当量数据，并且科研创新产出指标有一定的时滞，因此，本书在产出指标和环境变量均做滞后1年处理，根据数据的可获得性，本书选取2009~2012年作为研究时间点。为了剔除价格因素的影响，我们以1978年为基期，利用GDP平减指数对应用研究R&D经费支出、经济发展水平和信息化水平进行了调整，将各项数据的名义值转化为实际值。研究数据主要来源于相应年份的《中国统计年鉴》《中国科技统计年鉴》和《中国高技术产业年鉴》。

（二）基本统计分析

采用stata13.0软件对科研创新绩效评价指标变量进行描述性统计，如表

3-10所示。

表 3-10　　科研创新绩效评价的变量描述性统计

变量	观测量	均值	中位数	标准差	最小值	最大值
X1	120	11544.76	9724.90	10120.68	686.60	57824.70
X2	120	75590.93	44245.27	87831.17	1621.62	422908.10
X3	120	10073.52	7203.00	11512.43	81.00	61302.00
Y1	120	17984.75	9609.00	26067.31	191.00	156168.00
Y2	120	9330.36	4630.50	13541.27	79.00	66656.00
Z1	120	4406.12	3088.00	4054.39	265.10	18961.90
Z2	120	24.46	21.62	13.73	7.97	60.23
Z3	120	654.97	501.05	613.64	48.30	4553.40

注：表 3-10 中 X1、X2、X3 为投入变量，分别表示应用研究 R&D 全时当量、应用研究 R&D 经费支出、科技论文数；Y1、Y2 为产出变量，分别表示专利申请量、专利授权量；Z1、Z2、Z3 为环境变量，分别表示经济发展水平、政府支持力度和信息化水平。

根据已有的文献可知，采用 SBM 模型对评价单位进行绩效评估时，评价单位的投入与产出指标之间必须要满足以下四个条件：一是评价单位的投入与产出指标数之和≤评价单位数的一半；二是评价单位的投入与产出指标数的乘积≤评价单位数；三是评价单位的投入以及产出指标包含的二级指标之间没有很强的线性相关性；四是评价单位的投入增长能显著地促进产出增长。

本书研究的中国科研创新绩效评估符合以上要求。表 3-11 为中国科研创新绩效投入产出指标之间的 Pearson 相关系数表。

表 3-11　　科研创新绩效投入产出指标之间的 Pearson 相关系数

	Y1	Y2	X1	X2	X3
Y1	1				
Y2	0.973***	1			
X1	0.495***	0.474***	1		
X2	0.455***	0.418***	0.919***	1	
X3	0.562***	0.526***	0.927***	0.911***	1

注：***、**、* 分别表示在 1%、5% 和 10% 的显著性水平下拒绝原假设。

由表 3-11 可知，科研创新的投入与产出指标数之和（5）＜评价单位数的一半（15），科研创新的投入与产出指标数的乘积（6）＜评价单位数

(30),科研创新的投入以及产出指标包含的二级指标之间没有很强的线性相关性,并且投入指标和产出指标之间的相关系数均通过了 1% 的显著性检验,因此适合进行 SBM 模型分析。

(三) 绩效评估

本书首先运用 DEA – SOLVER Pro5.0 软件测度第一阶段 SBM 模型科研创新绩效,其次运用 Frontier 4.1 软件测度第二阶段 SFA 模型,最后运用 DEA – SOLVER Pro5.0 软件测度第三阶段 SBM 模型科研创新绩效。

1. 第一阶段结果分析

根据前文的描述,本书采用科技论文数作为产出变量,采用应用研究 R&D 人员全时当量、应用研究 R&D 经费支出和科技论文数作为科研创新的投入变量,采用 SBM 模型对中国科研创新进行绩效评估,结果如表 3 – 12 所示。

表 3 – 12　　　　　一阶段科研创新综合技术效率得分情况

地区	平均效率	排名	地区	平均效率	排名	地区	平均效率	排名
北京	0.106	28	浙江	1.000	1	海南	0.229	12
天津	0.198	17	安徽	0.441	9	重庆	0.309	10
河北	0.180	21	福建	0.463	8	四川	0.213	14
山西	0.191	19	江西	0.207	16	贵州	0.591	4
内蒙古	0.210	15	山东	0.498	6	云南	0.162	23
辽宁	0.164	22	河南	0.478	7	陕西	0.125	27
吉林	0.056	30	湖北	0.150	26	甘肃	0.081	29
黑龙江	0.157	25	湖南	0.193	18	青海	0.158	24
上海	0.182	20	广东	0.907	3	宁夏	0.530	5
江苏	1.000	1	广西	0.221	13	新疆	0.241	11

注:表中的平均效率为历年的科研创新综合技术效率平均值。

从第一阶段 SBM 模型的结果来看,区域经济与各地区科研创新效率之间不是呈现完全的正相关关系,如北京、上海等较高地区经济发展水平没有明显提升科研创新效率。结果表明,第一阶段 SBM 模型的科研创新效率结果不能很好地解释经济现象。导致这种结果的深层次原因为:采用第一阶段 SBM 模型评估科研创新绩效过程中,影响科研创新的外部环境因素对投入指标有直接的影响。因此,从科研创新效率结果科学性出发,本书将采用随机边界分析方法（SFA）来剔除环境变量对科研创新投入指标的影响。

2. 第二阶段结果分析

我们在科研创新绩效评估过程中借鉴余泳泽（2013）的研究结论，采用的环境变量包括：经济发展水平、政府支持力度和信息化水平。

表 3-13　　科研创新环境变量对投入要素松弛量的影响①

自变量＼因变量	应用研究 R&D 全时当量松弛量	应用研究 R&D 经费支出松弛量	科技论文数松弛量
截距项	-99.178 (-0.091)	-7.66E+04 *** (-3360.000)	-90.670 (-0.670)
经济发展水平	0.210 *** (2.982)	1.691 ** (2.215)	0.015 (1.374)
政府支持力度	0.169 (0.516)	15.812 *** (10.043)	-0.037 (-0.905)
信息化水平	-0.976 * (-1.898)	4.704 (0.903)	-0.119 (-1.499)
σ^2	2.34E+07 *** (2.33E+07)	3.11E+09 *** (3.11E+09)	3.41E+05 *** (2.26E+05)
γ	0.809 *** (28.304)	0.895 *** (52.450)	0.593 *** (10.488)
log likelihood	-1117.743	-1390.990	-895.413
LR 检验值	57.397 ***	88.182 ***	26.803 ***

注：***、**、* 分别表示在 1%、5% 和 10% 的显著性水平下拒绝原假设；γ 值显著性较高，表明模型基本合理；变量 t 值检验不显著仍然存在方向性的影响。

从表 3-13 可以看出，应用研究 R&D 全时当量松弛量方程、应用研究 R&D 经费支出松弛量方程和科技论文数松弛量方程的 LR 检验值均通过 1% 的显著性检验，表明这三个方程建立 SFA 模型是合适的。

从应用研究 R&D 全时当量松弛量方程来看，经济发展水平对应用研究 R&D 全时当量松弛量有正向影响，并且通过 1% 的显著性检验，即地区经济发

---

① 科研创新的环境变量对投入要素松弛量回归中，由于有三个环境变量，则自由度为 3，在 1% 的显著性水平下，LR 临界值为 10.501。

展水平越高，应用研究 R&D 全时当量的投入效率越低；政府支持力度对应用研究 R&D 全时当量松弛量有正向影响，没有通过 10% 的显著性检验，但仍然存在方向性的影响；信息化水平对应用研究 R&D 全时当量松弛量有负向影响，并且通过 10% 的显著性检验，即地区信息化水平越高，应用研究 R&D 全时当量的投入越有效率。

从应用研究 R&D 经费支出松弛量方程来看，经济发展水平对应用研究 R&D 全时当量松弛量有正向影响，并且通过 5% 的显著性检验，即地区经济发展水平越高，应用研究 R&D 全时当量的投入效率越低；政府支持力度对应用研究 R&D 全时当量松弛量有正向影响，并且通过 1% 的显著性检验，即地方政府支持力度越高，应用研究 R&D 全时当量的投入越有效率；信息化水平对应用研究 R&D 全时当量松弛量有正向影响，没有通过 10% 的显著性检验，但仍然存在方向性的影响。

从科技论文数松弛量方程来看，经济发展水平对应用研究 R&D 全时当量松弛量有正向影响，没有通过 10% 的显著性检验，但仍然存在方向性的影响；政府支持力度对应用研究 R&D 全时当量松弛量有负向影响，没有通过 10% 的显著性检验，但仍然存在方向性的影响；信息化水平对应用研究 R&D 全时当量松弛量有负向影响，没有通过 10% 的显著性检验，但仍然存在方向性的影响。

3. 第三阶段结果分析

根据上文采用随机边界分析方法（SFA）剔除了环境变量对科研创新投入指标的影响，采用 SBM 模型对剔除环境变量后的科研创新绩效进行评估，评估结果如表 3-14 所示。

表 3-14 三阶段科研创新效率得分情况

地区	2009 年			2010 年			2011 年			2012 年		
	综合技术效率	纯技术效率	规模效率	综合技术效率	纯技术效率	规模效率	综合技术效率	纯技术效率	规模效率	综合技术效率	纯技术效率	规模效率
北京	0.149	0.149	1.000	0.139	0.139	1.000	0.127	0.127	1.000	0.145	0.145	1.000
天津	0.189	0.228	0.831	0.209	0.248	0.841	0.207	0.250	0.829	0.231	0.268	0.861
河北	0.158	0.214	0.737	0.168	0.222	0.756	0.193	0.287	0.673	0.187	0.260	0.718
山西	0.140	0.258	0.544	0.168	0.304	0.552	0.159	0.298	0.534	0.169	0.313	0.539
内蒙古	0.101	0.444	0.227	0.111	0.419	0.266	0.109	0.408	0.268	0.114	0.335	0.341

续表

地区	2009年			2010年			2011年			2012年		
	综合技术效率	纯技术效率	规模效率	综合技术效率	纯技术效率	规模效率	综合技术效率	纯技术效率	规模效率	综合技术效率	纯技术效率	规模效率
辽宁	0.219	0.225	0.974	0.198	0.208	0.952	0.162	0.170	0.956	0.153	0.160	0.960
吉林	0.067	0.085	0.790	0.063	0.080	0.789	0.051	0.063	0.816	0.051	0.061	0.844
黑龙江	0.106	0.119	0.891	0.151	0.177	0.856	0.172	0.217	0.792	0.164	0.191	0.858
上海	0.267	0.267	1.000	0.241	0.241	1.000	0.189	0.190	0.999	0.182	0.182	1.000
江苏	1.000	1.000	1.000	1.000	1.000	1.000	1.000	1.000	1.000	1.000	1.000	1.000
浙江	1.000	1.000	1.000	1.000	1.000	1.000	1.000	1.000	1.000	1.000	1.000	1.000
安徽	0.321	0.409	0.783	0.435	0.571	0.762	0.464	0.586	0.792	0.489	0.603	0.812
福建	0.316	0.470	0.673	0.383	0.582	0.657	0.365	0.545	0.669	0.408	0.591	0.690
江西	0.115	0.210	0.547	0.143	0.255	0.563	0.150	0.287	0.524	0.165	0.307	0.537
山东	0.672	0.720	0.933	0.558	0.589	0.947	0.491	0.519	0.945	0.483	0.503	0.959
河南	0.352	0.544	0.646	0.371	0.601	0.617	0.359	0.562	0.639	0.385	0.601	0.640
湖北	0.179	0.179	1.000	0.171	0.175	0.975	0.175	0.179	0.978	0.168	0.170	0.989
湖南	0.202	0.223	0.903	0.204	0.235	0.868	0.183	0.208	0.881	0.180	0.197	0.917
广东	1.000	1.000	1.000	1.000	1.000	1.000	1.000	1.000	1.000	1.000	1.000	1.000
广西	0.112	0.242	0.463	0.144	0.302	0.478	0.157	0.338	0.466	0.214	0.443	0.484
海南	0.049	1.000	0.049	0.058	1.000	0.058	0.060	0.999	0.060	0.064	0.999	0.064
重庆	0.267	0.414	0.645	0.297	0.412	0.722	0.260	0.348	0.748	0.265	0.341	0.776
四川	0.243	0.250	0.973	0.217	0.241	0.899	0.238	0.263	0.906	0.257	0.272	0.944
贵州	0.153	0.704	0.217	0.191	0.708	0.270	0.225	0.951	0.236	0.280	1.000	0.280
云南	0.119	0.236	0.505	0.128	0.244	0.524	0.130	0.263	0.493	0.130	0.240	0.539
甘肃	0.051	0.085	0.606	0.067	0.108	0.623	0.070	0.114	0.614	0.081	0.127	0.639
青海	0.020	0.999	0.020	0.032	0.999	0.032	0.030	1.000	0.030	0.031	0.999	0.031
新疆	0.118	0.455	0.258	0.126	0.428	0.295	0.127	0.449	0.284	0.147	0.439	0.334
东部	1.000	1.000	1.000	1.000	1.000	1.000	1.000	1.000	1.000	1.000	1.000	1.000
中部	1.000	1.000	1.000	1.000	1.000	1.000	1.000	1.000	1.000	1.000	1.000	1.000
西部	0.716	1.000	0.716	0.734	1.000	0.735	0.770	1.000	0.770	0.798	1.000	0.798
平均值	0.252	0.443	0.630	0.249	0.456	0.599	0.247	0.467	0.589	0.266	0.470	0.641

注：表3-14中最后一行的平均值表示30个省市区各变量的平均值。

表 3-15　　30 个省市区一阶段与三阶段科研创新绩效比较

地区	一阶段综合技术效率	排名	三阶段综合技术效率	排名	上升或下降的名次
北京	0.106	28	0.159	16	+12
天津	0.198	17	0.200	11	+6
河北	0.180	21	0.159	15	+6
山西	0.191	19	0.132	20	-1
内蒙古	0.210	15	0.075	25	-10
辽宁	0.164	22	0.187	12	+10
吉林	0.056	30	0.062	26	+4
黑龙江	0.157	25	0.141	19	+6
上海	0.182	20	0.242	9	+11
江苏	1.000	1	1.000	1	0
浙江	1.000	1	1.000	1	0
安徽	0.441	9	0.383	5	+4
福建	0.463	8	0.307	7	+1
江西	0.207	16	0.115	22	-6
山东	0.498	6	0.529	4	+2
河南	0.478	7	0.314	6	+1
湖北	0.150	26	0.173	14	+12
湖南	0.193	18	0.177	13	+5
广东	0.907	3	1.000	1	+2
广西	0.221	13	0.124	21	-8
海南	0.229	12	0.037	28	-16
重庆	0.309	10	0.238	10	0
四川	0.213	14	0.250	8	+6
贵州	0.591	4	0.145	18	-14
云南	0.162	23	0.103	23	0
陕西	0.125	27	0.149	17	+10
甘肃	0.081	29	0.059	27	+2
青海	0.158	24	0.016	30	-6
宁夏	0.530	5	0.033	29	-24
新疆	0.241	11	0.091	24	-13

注：表 3-15 中第 1 列的值表示第一阶段科研创新综合技术效率平均值，第 3 列的值表示第三阶段科研创新综合技术效率平均值。

通过对比表3-15中一阶段和三阶段SBM模型结果可以看出，大部分区域的三阶段科研创新效率与一阶段科研创新效率有不同程度的变化，并且东部和西部地区科研创新效率变化较为显著，如北京、天津、辽宁、宁夏和新疆等地区。

通过对2009~2012年30个省市区科研创新效率SBM模型分析可知，2009~2011年成果转化创新平均效率排在前10位的省市区分别为：江苏、浙江、广东、山东、安徽、福建、河南、重庆、四川、上海，说明这几个省市区成果转化阶段产出投入平均效率水平较高。主要原因是这些地区的经济效益和社会效益较高。从实际情况看，江苏、浙江、广东、上海这几个地方由于经济效益相对较好导致平均效率水平较高。山东、福建、河南、重庆则是由于社会效益相对较好导致平均效率水平较高。安徽、四川则是各方投入较少导致平均效率水平较高。

为了更直观地反映2009~2012年30个省市区一阶段和三阶段科研创新效率变动的趋势，本书绘制了30个省市区科研创新效率变动情况图，如图3-3所示。

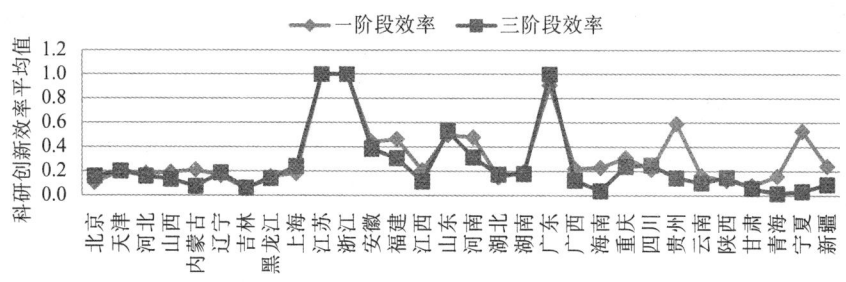

图3-3 一阶段和三阶段科研创新综合技术效率平均值比较

三、成果转化创新绩效评估

（一）数据来源

本节主要对中国成果转化创新进行绩效评估，评价单位为中国各省市区（由于西藏自治区投入产出指标数据缺失，因此剔除西藏自治区后选取其余30个省市区），由于《中国科技统计年鉴》从2009年才有试验发展R&D经费支出和试验发展R&D人员全时当量数据。并且成果转化创新产出指标有一定的时滞，本书在产出指标和环境变量均做滞后 1 年处理，因此根据数据的可获得性，本书选取 2009～2012 年作为研究时间点。为了剔除价格因素的影响，我们以 1978 年为基期，利用 GDP 平减指数对试验发展 R&D 经费支出、技术改造和技术获取经费支出、高技术产业新产品销售收入和技术市场交易额进行了调整，以 1999 年为基期，利用固定资产投资价格指数对外商直接投资进行了调整，并且分别采用 GDP 平减指数和固定资产投资价格指数对市场化水平指标中的 GDP、进出口总额进行了调整，将各项数据的名义值转化为实际值。研究数据主要来源于相应年份的《中国统计年鉴》《中国科技统计年鉴》和《中国高技术产业年鉴》。

（二）基本统计分析

采用 stata13.0 软件对成果转化创新绩效评价指标变量进行描述性统计，如表 3 - 16 所示。

表 3 - 16　　　　　　成果转化创新绩效评价的变量描述性统计

变量	观测量	均值	中位数	标准差	最小值	最大值
X1	120	73689.48	47752.00	86348.65	2661.00	442743.00
X2	120	521505.70	319774.50	618483.70	10839.00	3010841.00
X3	120	135053.40	62256.50	215021.40	0.00	1441794.00
X4	120	7517.17	3315.00	11481.60	79.00	66656.00
Y1	120	1874193.00	404290.00	3929216.00	47.00	22000000.00
Y2	120	387352.00	134380.50	768469.40	1562.00	4923739.00
Z1	120	24.46	21.62	13.73	7.97	60.23
Z2	120	382.89	269.55	443.03	5.00	1941.70
Z3	120	40.84	18.85	48.62	4.58	198.45
Z4	120	150.86	109.68	272.51	25.50	2273.60

注：表 3 - 16 中 X1、X2、X3、X4 为投入变量，分别表示试验发展 R&D 全时当量、试验发展 R&D 经费支出、技术改造和技术获取经费、专利授权量；Y1、Y2 为产出变量，分别表示高技术产业新产品销售收入和技术市场交易额；Z1、Z2、Z3、Z4 为环境变量，分别表示政府支持力度、外商直接投资、市场化水平、金融发展水平。

根据已有的文献可知，采用 SBM 模型对评价单位进行绩效评估时，评价单位的投入与产出指标之间必须要满足以下四个条件：一是评价单位的投入与产出指标数之和≤评价单位数的一半；二是评价单位的投入与产出指标数的乘积≤评价单位数;三是评价单位的投入以及产出指标包含的二级指标之间没有很强的线性相关性;四是评价单位的投入增长能显著地促进产出增长。

本书研究的中国成果转化创新绩效评估符合以上要求。表 3 - 17 为中国成果转化创新绩效投入产出指标之间的 Pearson 相关系数表。

表 3 - 17　成果转化创新绩效投入产出指标之间的 Pearson 相关系数

	Y1	Y2	X1	X2	X3	X4
Y1	1					
Y2	0.305***	1				
X1	0.897***	0.366***	1			
X2	0.839***	0.500***	0.932***	1		
X3	0.716***	0.217**	0.773***	0.797***	1	
X4	0.823***	0.360***	0.939***	0.905***	0.840***	1

注:***、**、* 分别表示在 1%、5% 和 10% 的显著性水平下拒绝原假设。

由表 3 - 17 可知,成果转化创新的投入与产出指标数之和(6)<评价单位数的一半(15),成果转化的投入与产出指标数的乘积(8)<评价单位数(30),成果转化的投入以及产出指标包含的二级指标之间没有很强的线性相关性,并且投入指标和产出指标之间的相关系数均通过了 1% 的显著性检验,因此适合进行 SBM 模型分析。

(三) 绩效评估

本书首先运用 DEA - SOLVER Pro5.0 软件测度第一阶段 SBM 模型成果转化创新绩效,其次运用 Frontier 4.1 软件测度第二阶段 SFA 模型,最后运用 DEA - SOLVER Pro5.0 软件测度第三阶段 SBM 模型成果转化创新绩效。

1. 第一阶段结果分析

根据前文的描述,本书采用高技术产业新产品销售收入和技术市场交易额作为产出变量,采用试验发展 R&D 全时当量、试验发展 R&D 经费支出、技术改造和技术获取经费、专利授权量作为成果转化创新的投入变量,采用 SBM 模型对中国成果转化创新进行绩效评估,结果如表 3 - 18 所示。

从第一阶段 SBM 模型的结果来看,区域经济与各地区成果转化创新效率之间不是呈现完全的正相关关系,如浙江、山东等高地区经济发展水平没有明显提升成果转化创新效率。结果表明,第一阶段 SBM 模型的成果转化创新效

表 3-18　　　　　　一阶段成果转化创新效率得分情况

地区	平均效率	排名	地区	平均效率	排名	地区	平均效率	排名
北京	1.000	1	浙江	0.044	28	海南	0.101	23
天津	1.000	1	安徽	0.158	20	重庆	0.285	13
河北	0.084	26	福建	0.169	18	四川	0.166	19
山西	0.154	21	江西	0.177	16	贵州	0.119	22
内蒙古	0.350	8	山东	0.092	25	云南	0.177	17
辽宁	0.277	15	河南	0.296	10	陕西	0.280	14
吉林	0.508	6	湖北	0.292	11	甘肃	0.431	7
黑龙江	0.098	24	湖南	0.308	9	青海	1.000	1
上海	0.679	5	广东	1.000	1	宁夏	0.062	27
江苏	0.291	12	广西	0.027	30	新疆	0.039	29

注：表中的平均效率为历年的成果转化创新综合技术效率平均值。

率结果不能很好地解释经济现象。导致这种结果的深层次原因为：采用第一阶段 SBM 模型评估成果转化创新绩效过程中，影响成果转化创新的外部环境因素对投入指标有直接的影响。因此从成果转化创新效率结果的科学性出发，本书将采用随机边界分析方法（SFA）来剔除环境变量对成果转化创新投入指标的影响。

2. 第二阶段结果分析

我们在成果转化创新绩效评估过程中借鉴余泳泽（2013）的研究结论，采用的环境变量包括：政府支持力度、外商直接投资、市场化水平、金融发展水平。

表 3-19　　　成果转化创新环境变量对投入要素松弛量的影响①

自变量 \ 因变量	试验发展 R&D 全时当量松弛量	试验发展 R&D 经费支出松弛量	技术改造和技术获取经费松弛量	专利授权量松弛量
截距项	6420.401*** (2783.353)	-1.08E+05*** (-5329.085)	-1.77E+05*** (-3946.017)	-1743.827 (-1.619)
政府支持力度	-134.804* (-1.883)	1961.150*** (3.014)	3643.114*** (5.907)	4.450 (0.136)

---

① 成果转化创新的环境变量对投入要素松弛量回归中，由于有四个环境变量，则自由度为 4，在 1% 的显著性水平下，LR 临界值为 12.483。

续表

自变量 \ 因变量	试验发展 R&D 全时当量松弛量	试验发展 R&D 经费支出松弛量	技术改造和技术获取经费松弛量	专利授权量松弛量
外商直接投资	-0.456	82.408***	180.926***	2.584*
	(-0.113)	(2.374)	(6.906)	(1.915)
市场化水平	-54.345	-314.646	-873.778***	-8.709
	(-1.009)	(-0.818)	(-2.939)	(-0.704)
金融发展水平	-7.703*	-1.813	27.627	-2.249*
	(-1.953)	(-0.050)	(1.225)	(-1.900)
σ^2	4.07E+08***	3.13E+10***	2.42E+10***	2.27E+07***
	(4.07E+08)	(3.13E+10)	(2.42E+10)	(2.17E+07)
γ	0.834***	0.755***	0.907***	0.733***
	(33.735)	(21.526)	(67.026)	(19.203)
log likelihood	-1287.664	-1558.305	-1503.503	-1137.770
LR 检验值	78.803***	50.563***	108.968***	51.463***

注：***、**、*分别表示在 1%、5% 和 10% 的显著性水平下拒绝原假设；γ 值显著性较高，表明模型基本合理；变量 t 值检验不显著仍然存在方向性的影响。

从表 3-19 可以看出，试验发展 R&D 全时当量松弛量方程、试验发展 R&D 经费支出松弛量方程、技术改造和技术获取经费松弛量方程和专利授权量松弛量方程的 LR 检验值均通过 1% 的显著性检验，表明这三个方程建立 SFA 模型是合适的。

从试验发展 R&D 全时当量松弛量方程来看，政府支持力度对试验发展 R&D 全时当量松弛量有负向影响，并且通过 10% 的显著性检验，即地方政府支持力度越大，试验发展 R&D 全时当量的投入效率越高；外商直接投资对试验发展 R&D 全时当量松弛量有负向影响，没有通过 10% 的显著性检验，但仍然存在方向性的影响；市场化水平对应用研究 R&D 全时当量松弛量有负向影响，没有通过 10% 的显著性检验，但仍然存在方向性的影响；金融发展水平对试验发展 R&D 全时当量松弛量有负向影响，并且通过 10% 的显著性检验，即地区金融发展水平越高，试验发展 R&D 全时当量的投入效率越高。

从试验发展 R&D 经费支出松弛量方程来看，政府支持力度对试验发展 R&D 经费支出松弛量有正向影响，并且通过 1% 的显著性检验，即地方政府支持力度越大，试验发展 R&D 全时当量的投入效率越低；外商直接投资对试验发展 R&D 经费支出松弛量有正向影响，并且通过 1% 的显著性检验，即外商直接投资越大，试验发展 R&D 经费支出的投入效率越低；市场化水平对应用研究 R&D 经费支出松弛量有负向影响，没有通过 10% 的显著性检验，但仍然存在方向性的影响；金融发展水平对试验发展 R&D 全时当量松弛量有负向影响，没有通过 10% 的显著性检验，但仍然存在方向性的影响。

从技术改造和技术获取经费松弛量方程来看，政府支持力度对技术改造和技术获取经费松弛量有正向影响，并且通过 1% 的显著性检验，即地方政府支持力度越大，技术改造和技术获取经费的投入效率越低；外商直接投资对技术改造和技术获取经费松弛量有正向影响，并且通过 1% 的显著性检验，即外商直接投资越高，技术改造和技术获取经费的投入效率越低；市场化水平对技术改造和技术获取经费松弛量有负向影响，并且通过 1% 的显著性检验，即市场化水平越高，技术改造和技术获取经费的投入越有效率；金融发展水平对技术改造和技术获取经费松弛量有正向影响，没有通过 10% 的显著性检验，但仍然存在方向性的影响。

从专利授权量松弛量方程来看，政府支持力度对专利授权量松弛量有正向影响，没有通过 10% 的显著性检验，但仍然存在方向性的影响；外商直接投资对专利授权量松弛量有正向影响，并且通过 10% 的显著性检验，即外商直接投资越高，专利授权量的投入效率越低；市场化水平对专利授权量松弛量有负向影响，没有通过 10% 的显著性检验，但仍然存在方向性的影响；金融发展水平对专利授权量松弛量有负向影响，并且通过 10% 的显著性检验，即地区金融发展水平越高，专利授权量的投入越有效率。

3. 第三阶段结果分析

根据上文采用随机边界分析方法（SFA）剔除了环境变量对成果转化创新投入指标的影响，采用 SBM 模型对剔除环境变量后的成果转化创新绩效进行评估，评估结果如表 3-20 所示。

表 3-20　　　　　　　　三阶段成果转化创新效率得分情况

地区	2009 年			2010 年			2011 年			2012 年		
	综合技术效率	纯技术效率	规模效率	综合技术效率	纯技术效率	规模效率	综合技术效率	纯技术效率	规模效率	综合技术效率	纯技术效率	规模效率
北京	1.000	1.000	1.000	1.000	1.000	1.000	1.000	1.000	1.000	1.000	1.000	1.000
天津	0.383	1.000	0.383	0.357	1.000	0.357	0.481	1.000	0.481	1.000	1.000	1.000
河北	0.043	0.107	0.402	0.048	0.110	0.437	0.063	0.148	0.426	0.049	0.099	0.493
山西	0.037	0.145	0.258	0.026	0.152	0.171	0.041	0.205	0.199	0.043	0.149	0.292

续表

地区	2009年			2010年			2011年			2012年		
	综合技术效率	纯技术效率	规模效率	综合技术效率	纯技术效率	规模效率	综合技术效率	纯技术效率	规模效率	综合技术效率	纯技术效率	规模效率
内蒙古	0.011	0.996	0.011	0.008	0.150	0.051	0.011	0.997	0.011	0.019	0.251	0.077
辽宁	0.191	0.380	0.501	0.257	1.000	0.257	0.264	0.739	0.357	0.228	0.999	0.228
吉林	0.091	0.375	0.244	0.139	1.000	0.139	0.139	0.668	0.207	0.168	0.641	0.262
黑龙江	0.031	0.113	0.278	0.045	0.161	0.276	0.051	0.154	0.331	0.061	0.171	0.358
上海	1.000	1.000	1.000	0.688	0.828	0.831	0.578	0.702	0.824	0.519	0.598	0.867
江苏	0.303	0.342	0.887	0.507	0.614	0.826	0.563	0.564	0.998	0.435	0.498	0.875
浙江	0.063	0.063	1.000	0.061	0.061	1.000	0.058	0.059	0.993	0.049	0.050	0.978
安徽	0.076	0.178	0.427	0.117	0.214	0.547	0.127	0.211	0.600	0.151	0.222	0.680
福建	0.086	0.260	0.329	0.071	0.238	0.298	0.080	0.193	0.416	0.058	0.091	0.636
江西	0.061	0.374	0.164	0.074	0.385	0.193	0.077	0.361	0.213	0.075	0.266	0.283
山东	0.112	0.112	1.000	0.123	0.127	0.971	0.116	0.117	0.993	0.113	0.115	0.978
河南	0.043	0.076	0.572	0.053	0.089	0.598	0.047	0.078	0.603	0.073	0.999	0.073
湖北	0.166	0.291	0.570	0.186	0.300	0.621	0.246	0.407	0.605	0.320	0.457	0.699
湖南	0.065	0.146	0.446	0.053	0.106	0.501	0.050	0.094	0.532	0.499	1.000	0.499
广东	1.000	1.000	1.000	1.000	1.000	1.000	1.000	1.000	1.000	1.000	1.000	1.000
广西	0.009	0.051	0.175	0.011	0.053	0.201	0.004	0.019	0.221	0.011	0.042	0.264
海南	0.003	0.998	0.003	0.012	0.999	0.012	0.002	0.992	0.002	0.013	0.282	0.045
重庆	0.164	0.508	0.324	0.157	0.530	0.297	0.106	0.268	0.396	0.126	0.270	0.466
四川	0.109	0.235	0.462	0.120	0.202	0.596	0.173	0.293	0.588	0.182	0.258	0.704
贵州	0.024	0.235	0.102	0.034	0.298	0.114	0.022	0.188	0.114	0.035	0.237	0.148
云南	0.027	0.233	0.116	0.027	0.240	0.114	0.036	0.392	0.091	0.049	0.351	0.140
陕西	0.132	0.368	0.357	0.173	0.482	0.359	0.173	0.456	0.378	0.183	0.373	0.490
甘肃	0.031	0.509	0.062	0.036	0.520	0.070	0.051	1.000	0.051	0.048	1.000	0.048
青海	0.000	0.823	0.000	0.000	0.983	0.000	0.001	0.988	0.001	0.001	0.995	0.001
宁夏	0.003	0.996	0.003	0.008	0.999	0.008	0.005	0.998	0.005	0.003	0.992	0.003
新疆	0.003	0.059	0.055	0.008	0.084	0.095	0.000	0.004	0.059	0.002	0.027	0.078
东部	1.000	1.000	1.000	1.000	1.000	1.000	1.000	1.000	1.000	1.000	1.000	1.000
中部	0.386	1.000	0.386	0.454	1.000	0.454	0.461	1.000	0.461	0.524	1.000	0.524
西部	0.268	1.000	0.268	0.298	1.000	0.298	0.343	1.000	0.343	0.378	1.000	0.378
平均值	0.176	0.432	0.404	0.180	0.464	0.398	0.185	0.476	0.423	0.217	0.481	0.455

注：表3-20中最后一行的平均值表示30个省市区各变量的平均值。

表 3-21　　30 个省市区一阶段与三阶段成果转化创新绩效比较

地区	一阶段综合技术效率	排名	三阶段综合技术效率	排名	上升或下降的名次
北京	1.000	1	1.000	1	0
天津	1.000	1	0.555	4	-3
河北	0.084	26	0.051	19	+7
山西	0.154	21	0.037	22	-1
内蒙古	0.350	8	0.012	25	-17
辽宁	0.277	15	0.235	6	+9
吉林	0.508	6	0.134	12	-6
黑龙江	0.098	24	0.047	20	+4
上海	0.679	5	0.696	3	+2
江苏	0.291	12	0.452	5	+7
浙江	0.044	28	0.058	17	+11
安徽	0.158	20	0.118	13	+7
福建	0.169	18	0.074	15	+3
江西	0.177	16	0.072	16	0
山东	0.092	25	0.116	14	+11
河南	0.296	10	0.054	18	-8
湖北	0.292	11	0.229	7	+4
湖南	0.308	9	0.167	8	+1
广东	1.000	1	1.000	1	0
广西	0.027	30	0.009	26	+4
海南	0.101	23	0.008	27	-4
重庆	0.285	13	0.138	11	+2
四川	0.166	19	0.146	10	+9
贵州	0.119	22	0.029	24	-2
云南	0.177	17	0.035	23	-6
陕西	0.280	14	0.165	9	+5
甘肃	0.431	7	0.042	21	-14
青海	1.000	1	0.001	30	-29
宁夏	0.062	27	0.005	28	-1
新疆	0.039	29	0.003	29	0

注：表 3-21 中第 1 列的值表示第一阶段成果转化创新综合技术效率平均值，第 3 列的值表示第三阶段成果转化创新综合技术效率平均值。

通过对比表3-21中一阶段和三阶段SBM模型结果可以看出，大部分区域的三阶段成果转化创新效率与一阶段成果转化创新效率有不同程度的变化，并且东部和西部地区成果转化创新效率变化较为显著，如内蒙古、青海、山东、河南、甘肃、四川、安徽、江苏和辽宁等地区。

通过对2009~2012年30个省市区成果转化创新效率SBM模型分析可知，2009~2011年成果转化创新平均效率排在前10位的省市区分别为：广东、北京、上海、天津、江苏、辽宁、湖北、湖南、陕西、四川，说明这几个省市区成果转化阶段产出投入平均效率水平较高。主要原因是这些地区的经济效益和社会效益较高。从实际情况看，广东、北京、上海、天津、江苏这几个地方由于经济效益相对较好导致平均效率水平较高。辽宁、湖南、湖北则是由于社会效益相对较好导致平均效率水平较高。陕西、四川则是各方投入较少导致平均效率水平较高。

为了更直观地反映2009~2012年30个省市区一阶段和三阶段成果转化创新效率变动的趋势，本书绘制了30个省市区成果转化创新效率变动情况图，如图3-4所示。

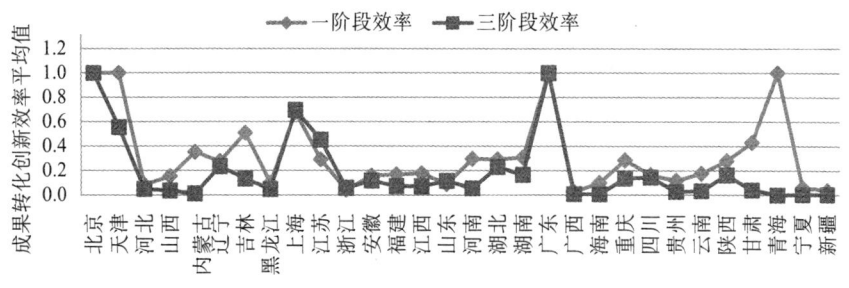

图3-4 一阶段和三阶段成果转化创新综合技术效率平均值比较

（四）三阶段中国科技创新效率的差异

1. 差异性检验：Wilcoxon rank-sum 检验

为检验中国30个省份的知识创新、科研创新和成果转化创新的效率差异，本书采用非参数检验中的Wilcoxon rank-sum检验，结果如表3-22~表3-24所示。

在检验时，本书选取知识创新效率作为对照组。当Z统计量大于零，表明知识创新效率的秩和比科研创新效率大，即知识创新效率比科研创新效率高；反之，科研成果效率比成果转化效率低。从表3-22看出，共有22个省

表 3-22　　　　　知识创新和科研创新的效率差异检验结果

省份	检验结果	省份	检验结果	省份	检验结果	省份	检验结果
北京	2.087** (0.0369)	上海	1.964** (0.0495)	湖北	1.964** (0.0495)	云南	1.964** (0.0495)
天津	1.964** (0.0495)	江苏	—	湖南	1.964** (0.0495)	陕西	1.964** (0.0495)
河北	1.964** (0.0495)	浙江	-2.087** (0.0369)	广东	-2.087** (0.0369)	甘肃	1.964** (0.0495)
山西	1.964** (0.0495)	安徽	-0.655 (0.5127)	广西	-0.655 (0.5127)	青海	-1.328 (0.1840)
内蒙古	-1.328 (0.1840)	福建	1.091 (0.2752)	海南	-0.218 (0.8273)	宁夏	-1.964** (0.0495)
辽宁	1.964** (0.0495)	江西	1.964** (0.0495)	重庆	1.964** (0.0495)	新疆	-1.964** (0.0495)
吉林	1.964** (0.0495)	山东	-0.218 (0.8273)	四川	1.964** (0.0495)		
黑龙江	1.964** (0.0495)	河南	1.964** (0.0495)	贵州	1.964** (0.0495)		

注：***、**、*分别表示在1%、5%和10%的显著性水平下拒绝原假设。

市区科研成果效率与成果转化效率存在显著差异，其中，北京、天津、河北、山西、辽宁、吉林、黑龙江、上海、江西、河南、湖北、湖南、重庆、四川、贵州、云南、陕西和甘肃等地区的知识创新效率比科研创新效率高。因此，2009~2011年知识创新效率与科研创新效率差异性较为显著。

表 3-23　　　　知识创新和成果转化创新的效率差异检验结果

省份	检验结果	省份	检验结果	省份	检验结果	省份	检验结果
北京	—	上海	0.218 (0.8273)	湖北	1.964** (0.0495)	云南	1.993** (0.0463)
天津	1.964** (0.0495)	江苏	2.087** (0.0369)	湖南	1.964** (0.0495)	陕西	1.993** (0.0463)
河北	1.964** (0.0495)	浙江	1.964** (0.0495)	广东	-2.087** (0.0369)	甘肃	1.964** (0.0495)

续表

省份	检验结果	省份	检验结果	省份	检验结果	省份	检验结果
山西	1.964** (0.0495)	安徽	1.964** (0.0495)	广西	1.964** (0.0495)	青海	1.993** (0.0463)
内蒙古	1.993** (0.0463)	福建	1.964** (0.0495)	海南	1.964** (0.0495)	宁夏	1.964** (0.0495)
辽宁	1.964** (0.0495)	江西	1.964** (0.0495)	重庆	1.964** (0.0495)	新疆	1.964** (0.0495)
吉林	1.993** (0.0463)	山东	1.964** (0.0495)	四川	1.964** (0.0495)		
黑龙江	1.964** (0.0495)	河南	1.964** (0.0495)	贵州	1.964** (0.0495)		

注：***、**、*分别表示在1%、5%和10%的显著性水平下拒绝原假设。

在检验时，本书选取知识创新效率作为对照组。当Z统计量大于零，表明知识创新效率的秩和比成果转化创新效率高，即知识创新效率比成果转化创新效率高；反之，知识创新效率比成果转化创新效率低。从表3-23看出，共有28个省市区知识创新效率与成果转化效率存在显著差异，其中，天津、河北、山西、内蒙古、黑龙江、吉林、黑龙江、江苏、浙江、安徽、福建、江西、山东、河南、湖北、湖南、广西、海南、重庆、四川、贵州、云南、陕西、甘肃、青海、宁夏和新疆等地区的知识创新效率比成果转化创新效率大。因此，2009~2011年知识创新效率与成果转化创新效率差异性较为显著。

表3-24　　　科研创新和成果转化创新的效率差异检验结果

省份	检验结果	省份	检验结果	省份	检验结果	省份	检验结果
北京	-2.087** (0.0369)	上海	-1.964** (0.0495)	湖北	-0.655 (0.5127)	云南	1.993** (0.0463)
天津	-1.964** (0.0495)	江苏	2.087** (0.0369)	湖南	1.964** (0.0495)	陕西	-0.664 (0.5066)
河北	1.964** (0.0495)	浙江	2.087** (0.0369)	广东	—	甘肃	1.771* (0.0765)
山西	1.964** (0.0495)	安徽	1.964** (0.0495)	广西	1.964** (0.0495)	青海	1.993** (0.0463)

续表

省份	检验结果	省份	检验结果	省份	检验结果	省份	检验结果
内蒙古	1.993** (0.0463)	福建	1.964** (0.0495)	海南	1.964** (0.0495)	宁夏	1.964** (0.0495)
辽宁	-1.091 (0.2752)	江西	1.964** (0.0495)	重庆	1.964** (0.0495)	新疆	1.964** (0.0495)
吉林	-1.993** (0.0463)	山东	1.964** (0.0495)	四川	1.964** (0.0495)		
黑龙江	1.964** (0.0495)	河南	1.964** (0.0495)	贵州	1.964** (0.0495)		

注：***、**、* 分别表示在1%、5%和10%的显著性水平下拒绝原假设。

在检验时，本书选取科研创新效率作为对照组。当Z统计量大于零，表明科研创新效率的秩和比成果转化创新效率高，即科研创新效率比成果转化创新效率高；反之，科研创新效率比成果转化创新效率低。从表3-23看出，共有26个省市区科研创新效率与成果转化效率存在显著差异，其中，河北、山西、内蒙古、黑龙江、江苏、浙江、安徽、福建、江西、山东、河南、湖南、广西、海南、重庆、四川、贵州、云南、甘肃、青海、宁夏和新疆等地区的科研创新效率比成果转化创新效率高。因此，2009~2011年科研创新效率与成果转化创新效率差异性较为显著。

2. 三阶段科技创新绩效比较分析

根据本书的计算（见表3-25），2009~2011年中国30个省市区的知识创新效率最高（0.440），其次为科研创新效率（0.253），成果转化创新效率最低（0.190），整体而言，知识创新、科研创新和成果转化创新效率均值均低于0.50，即中国目前的科技创新整体效率较低。

表3-25　30个省市区知识创新、科研创新和成果转化创新效率

地区	知识创新效率	排名	科研创新效率	排名	成果转化创新效率	排名
北京	1.000	1	0.159	16	1.000	1
天津	0.549	9	0.200	11	0.555	4
河北	0.370	17	0.159	15	0.051	19
山西	0.218	22	0.132	20	0.037	22
内蒙古	0.088	26	0.075	25	0.012	25

续表

地区	知识创新效率	排名	科研创新效率	排名	成果转化创新效率	排名
辽宁	0.721	6	0.187	12	0.235	6
吉林	0.359	19	0.062	26	0.134	12
黑龙江	0.532	13	0.141	19	0.047	20
上海	0.708	7	0.242	9	0.696	3
江苏	1.000	1	1.000	1	0.452	5
浙江	0.842	4	1.000	1	0.058	17
安徽	0.360	18	0.383	5	0.118	13
福建	0.391	16	0.307	7	0.074	15
江西	0.290	21	0.115	22	0.072	16
山东	0.539	10	0.529	4	0.116	14
河南	0.538	11	0.314	6	0.054	18
湖北	0.795	5	0.173	14	0.229	7
湖南	0.668	8	0.177	13	0.167	8
广东	0.536	12	1.000	1	1.000	1
广西	0.127	24	0.124	21	0.009	26
海南	0.054	28	0.037	28	0.008	27
重庆	0.426	15	0.238	10	0.138	11
四川	0.463	14	0.250	8	0.146	10
贵州	0.070	27	0.145	18	0.029	24
云南	0.166	23	0.103	23	0.035	23
陕西	0.911	3	0.149	17	0.165	9
甘肃	0.343	20	0.059	27	0.042	21
青海	0.021	30	0.016	30	0.001	30
宁夏	0.023	29	0.033	29	0.005	28
新疆	0.105	25	0.091	24	0.003	29
平均值	0.440	—	0.253	—	0.190	—

为了更直观地反映中国30个省市区知识创新、科研创新和成果转化创新效率，本书绘制了柱形图，如图3-5所示。

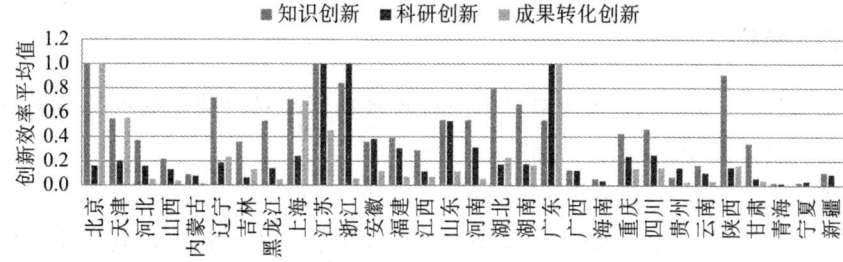

图 3-5　中国 30 个省市区知识创新、科研创新和成果转化创新效率

从图 3-5 可以看出，中国 30 个省市区科技创新效率可以分为四种类型：第一种类型为知识创新、科研创新和成果转化创新效率都较高；第二种类型为知识创新、科研创新和成果转化创新中的两个效率较高而另一个效率较低；第三种类型为知识创新、科研创新和成果转化创新中的一个效率较高而其他两个效率较低；第四种类型为知识创新、科研创新和成果转化创新效率都比较低。

按照前面的分类标准，可以将 30 个省市区科技创新效率分成四种类型，如表 3-26 所示，前三种类型主要是东部和中部地区，最后一种类型主要是西部地区。

表 3-26　30 个省市区科技创新效率分类结果

等级	第一种类型	第二种类型	第三种类型	第四种类型
地区	上海和江苏	北京、天津、浙江、辽宁、广东、陕西、湖北、湖南、四川、重庆、河南和山东	安徽、福建、吉林、黑龙江和河北	江西、内蒙古、海南、山西、贵州、云南、广西、甘肃、青海、宁夏和新疆

通过比较三大区域科技创新效率可知，不管是知识创新效率、科研创新效率还是成果转化创新效率，东部和中部地区明显高于西部地区（见表 3-27）。

表 3-27　三大区域科技创新绩效比较

地区	知识创新效率	排名	科研创新效率	排名	成果转化创新效率	排名
东部	1.000	1	1.000	1	1.000	1
中部	0.701	2	1.000	1	0.456	2
西部	0.452	3	0.755	3	0.322	3

四、结论

本书通过三阶段 SBM 模型对中国财政科技支出对科技创新的绩效进行实证分析,可以得出以下几点结论:

第一,中国各省市区的知识创新、科研创新和成果转化创新效率水平均不高。2009~2011 年中国 30 个省市地区的知识创新效率 > 科研创新效率 > 成果转化创新效率,并且知识创新、科研创新和成果转化创新效率均值均低于 0.50,即中国目前的科技创新整体效率较低,特别是成果转化创新处于效率较低时期。

第二,不同地区间科技创新效率存在很大差异。通过科技创新的三阶段 SBM 模型分析可知,不管是知识创新、科研创新还是成果转化创新效率,效率值较高的地区主要是东部和中部地区,而西部地区偏低。主要原因是东部和中部地区的经济效益和社会效益较高,直接提高了科技创新效率。

第三,采用知识创新、科研创新和成果转化创新效率均值作为划分标准,可以将中国 30 个省市地区划分为四种类型。上海和江苏属于第一种类型;北京、天津和浙江等地区属于第二种类型;安徽、福建和吉林等地区属于第三种类型;江西、内蒙古和海南等地区属于第四种类型。这几种类型均有较大的科技创新效率改善空间,如第一类型中的上海,虽然知识创新、科研创新和成果转化创新效率均较高,但效率值均不为 1,即知识创新、科研创新和成果转化创新效率均有改善空间;同理,江苏的知识创新、科研创新效率值均为 1,但成果转化创新效率小于 1,所以成果转化创新还有改善空间。因此,针对不同类型的地区可以采取不同的科技创新效率提升方式。如第四类型地区可以采取同时对知识创新、科研创新和成果转化创新进行提升,以提升科技创新的整体效率,逐步形成第四类型→第三类型→第二类型→第一类型的良性循环,最终提升中国科技创新整体绩效水平。

第四章 中国政府采购对科技创新的影响

为了提升中国的科技竞争力,中国政府制定了一系列激励科技创新的财政支持政策,通过这些年来财政体制的不断完善,中国的科技创新水平得到前所未有的提升,财政支持对科技创新的激励作用也日益显现,而政府采购是构成财政支出的重要组成部分,即政府采购也会直接影响国家的科技创新水平。因此在上一章分析财政科技支出对科技创新的绩效评估后,本章将在理论模型设计与研究假设的基础上,采用计量经济模型分析中国政府采购对科技创新的影响,通过分析政府采购对科技创新的激励效果,找出政府采购对知识创新、科研创新和成果转化创新的激励效果差异,为提高政府采购的激励效果提供参考依据。

第一节 理论模型设计与研究假设

一、理论模型设计

根据 Barro(1990)的内生经济增长模型,本书将科技创新生产函数的投入分成财政科技支出水平、研发人员劳动投入水平和政府采购规模,并假定科技创新包括三个阶段:知识创新阶段、科研创新阶段和成果转化创新阶段。k 是指财政科技支出水平,L 是指研发人员劳动投入水平,G 是指政府采购规模,Y 是指科技创新水平,分别表示知识创新水平、科研创新水平和成果转化创新水平。本书采用柯布-道格拉斯(cobb-Douglas)生产函数形式,则生产函数为：

$$Y = K^{\alpha} L^{\beta} G^{\gamma} \qquad (4.1)$$

其中，α、β 分别为财政科技支出和研发人员劳动投入的产出弹性；γ 为政府采购规模的产出弹性，反映科技创新对政府采购规模变动的反应程度。并且 $0<\alpha<1$，$0<\beta<1$，$0<\gamma<1$，且 $\alpha+\beta+\gamma=1$。

在整个经济体中，每一个消费者都面临的效用最大化问题为：$\max \int_0^{\infty} U(C_t) e^{-\rho t} dt$。其中：$C_t$ 是时间 t 时的消费量，ρ 为正的贴现率。效用函数为：$U(C_t) = \dfrac{C^{1-\sigma}-1}{1-\sigma}$，其中：σ>0，边际效用弹性为 -σ，则有：

$$\lim_{t\to\infty} \frac{C^{1-\sigma}-1}{1-\sigma} e^{-\rho t} = \lim_{t\to\infty} \frac{C_0^{1-\sigma}-1}{1-\sigma} e^{-[\rho-q(1-\sigma)]t} \qquad (4.2)$$

因为（4.2）式中 $-\rho-q(1-\sigma)t>0$，所以 U 是有边界的。本书认为，科技创新产出转化为可投入再生产时存在一定的损失，同时财政科技支出也存在着折旧，科技创新产出和财政科技支出的折旧率分别用 s、δ 表示。即在考虑折旧情况下，财政科技支出的动态变化方程为：

$$\dot{K} = sY - \delta K = Y - C - \delta K = K^{\alpha} L^{\beta} G^{\gamma} - C - \delta K \qquad (4.3)$$

假设政府的预算随着时间推移处于平衡状态，则最优资源配置状况的描述可以用汉密尔顿函数表述[①]：

$$H = e^{-\rho t} U(C) + \lambda [K^{\alpha} L^{\beta} G^{\gamma} - C - \delta K] \qquad (4.4)$$

对（4.4）求最优解，其一阶条件为：

$$\frac{\partial H}{\partial C} = U'(C) e^{-\rho t} - \lambda = 0 \qquad (4.5)$$

$$\dot{\lambda} = -\frac{\partial H}{\partial K} \qquad (4.6)$$

由（4.5）式可得：$\lambda = U'(C) e^{-\rho t}$，等式两边关于 t 求导，可得：

$$\dot{\lambda} = U''(C) \dot{C} e^{-\rho t} - \rho U'(C) e^{-\rho t} \qquad (4.7)$$

由（4.4）式对 k 求一阶倒数可得：$\dfrac{\partial H}{\partial K} = (\alpha K^{\alpha-1} L^{\beta} G^{\gamma} - \delta)\lambda \qquad (4.8)$

将（4.8）式代入（4.6）式可得：

---

① 汉密尔顿函数的详细推导过程，参考：蒋中一：《动态最优化基础》，王永宏译，商务印书馆，1999 年。书中采用最优控制的最大值原理来推导汉密尔顿函数。

$$\dot{\lambda} = -(\alpha K^{\alpha-1}L^{\beta}G^{\gamma} - \delta)\lambda \quad (4.9)$$

将（4.7）式代入（4.9）式左边，并将 $\lambda = U'(C)e^{-\rho t}$ 代入（4.9）式右边可得：

$$U''(C)\dot{C}e^{-\rho t} - \rho U'(C)e^{-\rho t} = -(\alpha K^{\alpha-1}L^{\beta}G^{\gamma} - \delta)U'(C)e^{-\rho t} \quad (4.10)$$

由（4.10）式可得：$U''(C)\dot{C} - \rho U'(C) = -(\alpha K^{\alpha-1}L^{\beta}G^{\gamma} - \delta)U'(C)$

$$(4.11)$$

将（4.11）式两边同时除以 $U'(C)$ 可得：$\dfrac{U''(C)\dot{C}}{U'(C)} - \rho = -(\alpha K^{\alpha-1}L^{\beta}G^{\gamma} - \delta)$

$$(4.12)$$

由（4.12）式可得：$\dfrac{U''(C)C}{-U'(C)} \dfrac{\dot{C}}{C} + \rho = \alpha K^{\alpha-1}L^{\beta}G^{\gamma} - \delta \quad (4.13)$

由于 $\dfrac{U''(C)C}{-U'(C)} = \theta$，其中 $\dfrac{1}{\theta}$ 表示消费者的跨期替代弹性，则（4.13）式可变形为：

$$\theta\dfrac{\dot{C}}{C} + \rho = \alpha K^{\alpha-1}L^{\beta}G^{\gamma} - \delta \quad (4.14)$$

由（4.14）式可得：$\dfrac{\dot{C}}{C} = \dfrac{\alpha K^{\alpha-1}L^{\beta}G^{\gamma} - \delta - \rho}{\theta} \quad (4.15)$

在平衡增长路径下的财政科技支出边际生产率 $\dfrac{Y}{K} = \alpha K^{\alpha-1}L^{\beta}G^{\gamma}$ 等于常数 D，则消费增长速度 g_C 为：$g_C = \dfrac{D - \delta - \rho}{\theta} \quad (4.16)$

由（4.16）式加入政府采购的科技创新产出模型可以得出以下两个结论：

第一，平衡增长路径下，科技创新产出、消费、财政科技支出、研发人员劳动投入和政府采购均以相同的速度 g 增长，即 $g_Y = g_C = g_K = g_L = g_G = g = \dfrac{D - \delta - \rho}{\theta}$。

第二，科技创新产出模型在长期内存在唯一且稳定的平衡增长路径。并且当财政科技支出边际生产率 D 越大，贴现率 ρ 和折旧率 δ 越小，科技创新产出增长速度 g 就越快。

二、研究假设

本书主要采用实证分析检验政府采购对科技创新的影响，实证检验方法主要是相关性分析方法,我们根据科技创新产出理论模型分别将知识创新产出、科研创新产出和成果转化创新产出作为被解释变量,选取政府采购为解释变量,财政科技支出、研发人员劳动投入和教育水平作为控制变量,然后进行面板数据回归分析和结构方程模型分析,得出政府采购对科技创新的激励效果。模型的前提假设如下:

假设1:政府采购对科技创新有促进作用。政府采购通过对企业科技创新产业化阶段提供财力支持,增加了全社会对科技创新产品的需要,使企业多生产科技创新产品获得的利润大于生产成本,将会促使企业加大科技创新产品的生产,从而政府采购促进了企业大力开展科技创新。

假设2:财政科技支出对科技创新有促进作用。财政科技支出通过对企业的研发阶段提供财力支持,是企业进行科技创新资金保障的必备条件。政府通过对基础研究和对国民经济发展有重大推动作用的应用研究进行财政科技投入,有效降低了企业开展科技创新的成本,进而促进企业加大科技创新研究。

假设3:研发人员劳动投入对科技创新有促进作用。研发人员劳动投入通过对企业的研发阶段提供人力支持。企业通过研发人员的不断投入,加快了企业科技创新产品的研发速度,从而提高企业加大科技创新研究的积极性。

假设4:教育水平对科技创新有促进作用。一个地区教育水平的提高,可以为企业开展科技创新活动提供丰富的人力资源,降低了企业引进人才的成本,从而促使企业加大科技创新研究的步伐。

第二节 政府采购对科技创新的实证分析

一、政府采购对三阶段科技创新的效应

(一)数据来源

本节研究的是政府采购对三阶段科技创新的效应,研究对象为中国各省市区(由于西藏自治区相关数据缺失,因此剔除西藏自治区后选取其余30个省市区作为研究单元),选取2001~2012年作为研究时间点。研究数据主要来源于相应年份的《中国统计年鉴》《中国科技统计年鉴》《中国高技术产业年鉴》和《中国政府采购年鉴》。

(二) 数据处理的说明

为了消除数据的异方差和波动性,本书将科技论文数、专利申请量、高技术产业新产品销售收入、政府采购、财政科技支出等绝对值指标在面板数据回归时进行对数化处理。为了剔除价格因素的影响,我们以1978年为基期,利用GDP平减指数对高技术产业新产品销售收入、政府采购和财政科技支出进行了调整,将各项数据的名义值转化为实际值。

(三) 基本统计分析与回归方法的说明

主要变量定义见表4-1。为了减小模型的设定偏误,控制变量的加入是必不可少的。首先,财政科技支出和政府采购代表一个地区的财政支出,对科技创新有影响;其次,地区全社会研发人员全时当量和每百万人在校大学生数分别代表一个地区的研发人员劳动投入、一个地区的教育水平,对科技创新均有影响。综上所述,本节的基本计量模型设定为:

表4-1　　　　　　　　　　主要变量定义

变量类型	变量名称	简写	定义
被解释变量	知识创新	SP	各省市区科技论文数(篇)
	科研创新	PAQ	各省市区专利申请量(件)
	成果转化创新	NPSR	各省市区高技术产业新产品销售收入(亿元)
解释变量	政府采购	GOV	各省市区政府采购规模(亿元)
控制变量	财政科技支出	FSTE	各省市区财政科技支出(亿元)
	研发人员劳动投入	L	各省市区研发人员全时当量(万人/年)
	教育水平	EDU	各省市区每百万人在校大学生数(人)

$$LnSP_{it} = \alpha_i + \beta_t + \gamma LnGOV_{it} + \lambda CONTROL_{it} + \varepsilon_{it} \quad (4.17)$$

$$LnPAQ_{it} = \alpha_i + \beta_t + \gamma LnGOV_{it} + \lambda CONTROL_{it} + \varepsilon_{it} \quad (4.18)$$

$$LnNPSR_{it} = \alpha_i + \beta_t + \gamma LnGOV_{it} + \lambda CONTROL_{it} + \varepsilon_{it} \quad (4.19)$$

其中,SP_{it}为科技论文数(代表知识创新水平),i代表不同的省份,t代表年度,PAQ_{it}为专利申请量(代表科研创新水平),$NPSR_{it}$为高技术产业新产品销售收入(代表成果转化创新水平),α_i代表个体效应,β_t代表时间效应,GOV_{it}代表政府采购,$CONTROL_{it}$代表控制变量。

采用stata13.0软件对指标变量进行描述性统计,如表4-2所示。

表4-2　　　　　　　　　　变量描述性统计

变量	观测量	均值	中位数	标准差	最小值	最大值
SP	360	6272.928	2875.500	8957.846	9.000	61302.000
PAQ	360	7143.297	2341.500	13785.270	44.000	138268.000
NPSR	360	97.004	13.805	221.933	0.000	1921.970
GOV	360	39.952	21.470	50.661	0.170	369.960
FSTE	360	8.222	3.980	12.290	0.240	86.420
L	360	5.392	3.580	6.124	0.080	42.460
EDU	360	179.206	167.500	115.110	28.000	690.000

注：表中绝对值数据为经过平减后的数据。

在面板数据回归方法选择上，首先采用 F 检验判定面板数据是混合效应模型还是固定效应模型，其次采用 BP 检验判定面板数据是混合效应模型还是随机效应模型，最后通过面板数据 Hausman 检验来判断是固定效应还是随机效应模型。

（四）回归分析结果

表4-3分别报告了政府采购分别对知识创新水平、科研创新水平以及成果转化创新水平效应的面板数据模型输出结果，经过 Hausman 检验，表4-3中模型（1）和模型（3）均采用固定效应，模型（2）采用随机效应。由于模型（3）存在序列相关性[①]，所以在进行面板数据模型估计时采用 Driscoll & Kraay (1998) 提出的 xtscc 命令进行估计[②]。需要说明的是，xtscc 只适用于估计 Pooled OLS 和固定效应（组内）回归模型。本书在表4-3的模型（3）中采用固定效应的 xtscc 命令进行估计。

从模型（1）政府采购与知识创新的回归结果可以看出，R^2 为 0.916，拟合优度较高，即模型（1）的回归结果是可行的。由模型的回归系数来看，解释变量政府采购（LnGOV）的系数为正，并且通过1%的显著性检验，表明政府采购可以促进知识创新，即政府采购每增长1个百分点，知识创新增长

---

① 通过对模型（3）进行序列相关性检验，得出：$F(1, 29) = 8.780$，$Prob > F = 0.006$。即拒绝不存在一阶自相关的原假设，表明模型（3）存在序列相关性。因此为了保证面板数据模型回归结果的稳健性，在对模型（3）估计过程中，均采用 xtscc 命令进行估计。

② Driscoll, J., and A. C. Kraay. Consistent covariance matrix estimation with spatially dependent data, Review of Economics and Statistics, 1998, 80 (4), pp. 549–560.

表 4 – 3　　政府采购与三阶段科技创新水平的面板数据模型估计

	模型（1） LnSP	模型（2） LnPAQ	模型（3） LnNPSR
Constant	2.364 *** (0.236)	5.673 *** (0.231)	-0.839 ** (0.330)
LnGOV	0.168 *** (0.043)	0.190 *** (0.043)	-0.324 *** (0.093)
LnFSTE	0.342 *** (0.046)	0.869 *** (0.048)	0.906 *** (0.070)
LnL	0.084 * (0.050)	0.120 *** (0.043)	1.216 *** (0.091)
LnEDU	0.843 *** (0.067)	0.036 (0.062)	0.343 *** (0.081)
Hausman 检验	0.0000 ***	0.3113	0.0000 ***
观测数	360	360	360
截面数	30	30	30
R^2	0.916	—	0.767
面板模型	F	R	F

注：***、**、* 分别表示在 1%、5% 和 10% 的显著性水平下拒绝原假设。

0.168 个百分点。控制变量财政科技支出（LnFSTE）的系数为正，并且通过 1% 的显著性检验，表明财政科技支出可以促进知识创新，即财政科技支出每增长 1 个百分点，知识创新增长 0.342 个百分点；研发人员劳动投入（LnL）的系数为正，并且通过 10% 的显著性检验，表明研发人员劳动投入可以促进知识创新，即研发人员劳动投入每增长 1 个百分点，知识创新增长 0.084 个百分点；教育水平（LnEDU）的系数为正，并且通过 1% 的显著性检验，表明教育水平可以促进知识创新，即教育水平每增长 1 个百分点，知识创新增长 0.843 个百分点。

从模型（2）政府采购与科研创新的回归结果可以看出，模型（2）的回归结果是比较好的。由模型的回归系数来看，解释变量政府采购（LnGOV）的系数为正，并且通过 1% 的显著性检验，表明政府采购可以促进科研创新，即政府采购每增长 1 个百分点，科研创新增长 0.190 个百分点。控制变量财政科技支出（LnFSTE）的系数为正，并且通过 1% 的显著性检验，表明财政科技支出可以促进科研创新，即财政科技支出每增长 1 个百分点，科研创新增长 0.869 个百分点；研发人员劳动投入（LnL）的系数为正，并且通过 1% 的显著性检验，表明研发人员劳动投入促进了科研创新，即研发人员劳动投入每增加 1 个百分点，科研创新增长 0.120 个百分点；教育水平（LnEDU）的系数为正，表明教育水平可以促进科研创新，但是没有通过 10% 的显著性检验。

从模型（3）政府采购与成果转化创新的回归结果可以看出，调整后 R^2 为 0.767，拟合优度较高，即模型（3）的回归结果是可行的。由模型的回归系数来看，解释变量政府采购（LnGOV）的系数为负，并且通过 1% 的显著性检验，表明政府采购抑制了成果转化创新，即政府采购每增长 1 个百分点，成果转化创新减少 0.324 个百分点，主要原因是中国现有政府采购的结构不合理，对成果转化创新产品采购力度远远不够，极大影响了企业对成果转化创新投入的积极性，进而减弱了政府采购对成果转化创新的激励作用。另一方面，由于中国实施政府采购的时间还不长，即在短期内政府采购对成果转化创新可能有挤出效应，但从长期来看，随着对成果转化创新产品采购规模的增加，政府采购将促进成果转化创新。控制变量财政科技支出（LnFSTE）的系数为正，并且通过 1% 的显著性检验，表明财政科技支出可以促进成果转化创新，即财政科技支出每增长 1 个百分点，成果转化创新增长 0.906 个百分点；研发人员劳动投入（LnL）的系数为正，并且通过 1% 的显著性检验，表明研发人员劳动投入促进了成果转化创新，即研发人员劳动投入每增加 1 个百分点，成果转化创新增长 1.216 个百分点；教育水平（LnEDU）的系数为正，并且通过 1% 的显著性检验，表明教育水平可以促进知识创新，即教育水平每增长 1 个百分点，知识创新增长 0.343 个百分点。

二、政府采购对综合科技创新的效应

（一）数据来源

本节研究的是政府采购对综合科技创新的效应，研究对象为中国各省市区（由于西藏自治区相关数据缺失，因此剔除西藏自治区后选取其余 30 个省市区作为研究单元），选取 2001～2012 年作为研究时间点。研究数据主要来源于相应年份的《中国统计年鉴》《中国科技统计年鉴》《中国高技术产业年鉴》和《中国政府采购年鉴》。

（二）数据处理的说明

为了剔除价格因素的影响，我们以 1978 年为基期，利用 GDP 平减指数对

第四章 中国政府采购对科技创新的影响

政府采购、高技术产业新产品销售收入、财政科技支出、GDP进行了调整，将各项数据的名义值转化为实际值。

（三）基本统计分析与研究方法的说明

主要变量定义见表4-4。由于科技创新不能被直接精确观测或虽能被观测但尚需通过其他方法加以综合，即科技创新具有潜变量特性，因此为了检验政府采购对科技创新的效应，本书采用SEM模型（结构方程模型）来测度政府采购对科技创新的效应。初始的结构模型路径图见图4-1。

表4-4　　　　　　　　　　主要变量定义

变量类型	变量名称	简写	定义
显变量	政府采购	GOV	各省市区政府采购规模（亿元）
	财政科技支出	FSTE	各省市区财政科技支出（亿元）
	知识创新	SP	各省市区科技论文数（篇）
	科研创新	PAQ	各省市区专利申请量（件）
	成果转化创新	NPSR	各省市区高技术产业新产品销售收入（亿元）
	经济增长	GDP	各省市区国内生产总值（亿元）
	就业	EM	各省市区全社会就业人员数（万人）
潜变量	科技创新	ST	—

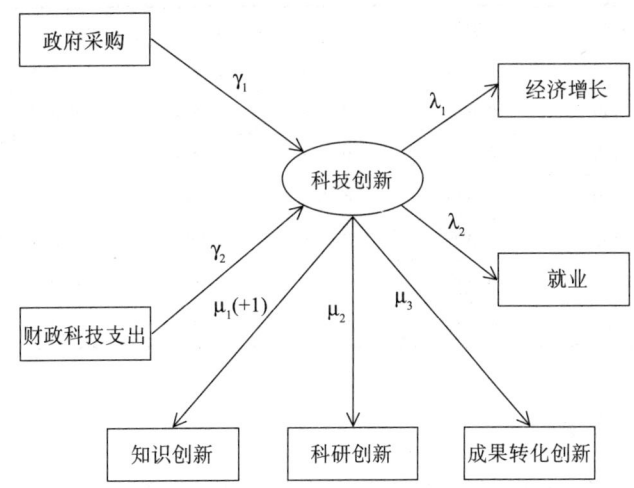

图4-1　初始的结构方程模型路径图

SEM 模型包括两个基本的模型：测量模型方程与结构模型方程。测量模型方程用以解释潜变量和显变量的相互关系；结构模型方程用于解释潜变量与显变量之间的关系。

测量模型方程：

$$X = \Lambda_x \xi + \delta; \quad Y = \Lambda_y \eta + \varepsilon \qquad (4.20)$$

其中，X 为外生显变量组成的向量，Y 为内生显变量组成的向量，ξ 为外生潜变量，η 为内生潜变量，Λ_x 为外生显变量在外生潜变量上的因子负荷矩阵，Λ_y 为内生显变量在内生潜变量上的因子负荷矩阵，ε 和 δ 为测量方程的残差矩阵。

结构模型方程：

$$\eta = B\eta + \Gamma\xi + \zeta \qquad (4.21)$$

其中，B 为结构系数矩阵，表示结构模型中内生潜变量 η 的构成因素之间的互相影响；Γ 为结构系数矩阵，表示结构模型中外生潜变量 ξ 对内生潜变量 η 的影响；ζ 为结构模型的残差矩阵。

由于原始数据存在量纲差异较大的现象，因此为了剔除变量之间的量纲差异，本书对原始数据进行中心化处理①，中心化处理后的数据采用 stata13.0 软件对指标变量进行描述性统计，如表 4-5 所示。

表 4-5　　　　　　　　变量描述性统计

变量	观测量	均值	中位数	标准差	最小值	最大值
GOV	360	0.000	-0.348	1.000	-0.515	9.512
FSTE	360	0.000	-0.379	1.000	-0.699	6.143
SP	360	0.000	-0.345	1.000	-0.649	6.363
PAQ	360	0.000	-0.365	1.000	-0.785	6.514
NPSR	360	0.000	-0.353	1.000	-0.628	6.779
GDP	360	0.000	-0.331	1.000	-0.833	5.116
EM	360	0.000	-0.232	1.000	-1.325	2.506

（四）信度检验

在对结构方程模型进行分析之前，首先要对所有变量进行信度检验。信度

---

① 本书的数据中心化处理计算公式为：新变量 =（原始变量 - 均值）/方差。

检验主要是用以检验科技创新的知识创新、科研创新和成果转化创新之间内部一致性程度的高低。采用 SPSS19.0 软件对潜变量和显变量进行信度检验。对结构方程模型所有变量的信度分析可得，Cranach's α 系数为 0.890>0.8，表明本书构建政府采购、科技创新与经济发展三者之间关系的结构方程模型所采用的数据具有非常好的信度①。对潜变量（科技创新）的可观察变量（知识创新、科研创新、成果转化创新）的信度分析可得，Cranach's α 系数为 0.834>0.8，表明知识创新、科研创新、成果转化创新与科技创新的相关系数比较高。

（五）结构方程模型估计结果

本书采用最大似然估计方法，利用 Amos22.0 软件对图 4-2 的初始结构方程模型进行估计，根据结构方程模型的判定标准，对初始结构方程模型进行调整，得到调整后的结构方程模型，如图 4-2 所示。图中的椭圆代表潜变量，矩形代表显变量，圆代表残差。表 4-6 汇总了结构方程模型路径系数估计结果。

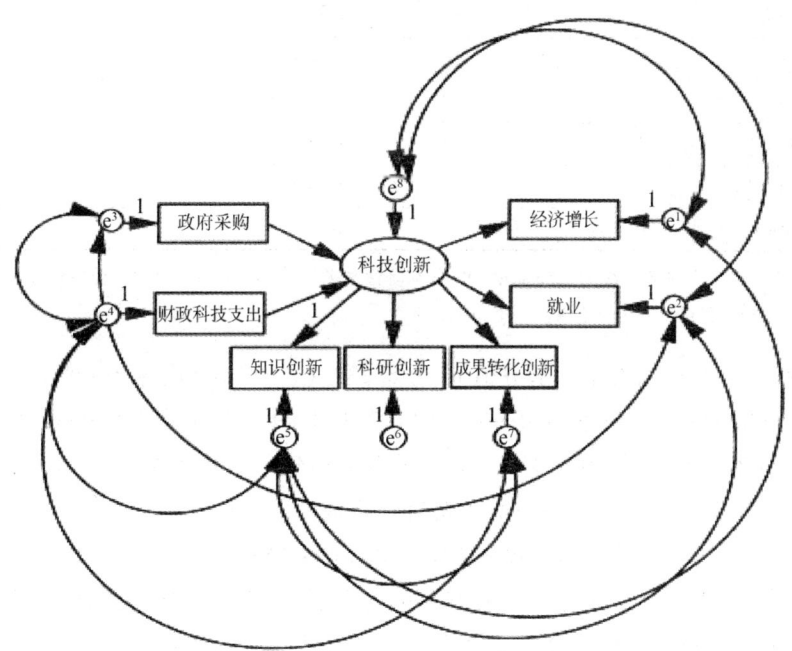

图 4-2　调整后的结构方程模型路径图

---

① 一般认为信度检验的 Cranach's α 系数在 0.8 以上较佳，0.7 以上良好，0.6 以上勉强接受。

表 4-6　　　　　　　　结构方程模型估计结果

			未标准化的路径系数	S. E.	C. R.	P	标准化的路径系数
科技创新	<—	政府采购	0.382	0.035	10.886	***	0.689
科技创新	<—	财政科技支出	0.149	0.022	6.848	***	0.267
知识创新	<—	科技创新	1.000	—	—	—	0.556
科研创新	<—	科技创新	1.735	0.138	12.576	***	0.965
成果转化创新	<—	科技创新	1.513	0.134	11.255	***	0.841
经济增长	<—	科技创新	1.279	0.128	10.018	***	0.711
就业	<—	科技创新	0.576	0.113	5.077	***	0.322

模型拟合指标	
χ^2（卡方值）	8.239　P = 0.144
df（自由度）	5
χ^2/df 值	1.648
GFI 值	0.993
AGFI 值	0.963
CFI 值	0.998
TLI 值	0.993
RMSEA 值	0.042
SRMR 值	0.020

注：***、**、* 分别表示在 1%、5% 和 10% 的显著性水平下拒绝原假设；模型拟合指标标准详见易丹辉：《结构方程模型方法及应用》一书第 185 页。

由表 4-6 可以看出，卡方值 χ^2 为 8.239（P = 0.144）、χ^2/df 值为 1.648、GFI 值为 0.993、AGFI 值为 0.963、CFI 值为 0.998、TLI 值为 0.993、RMSEA 值为 0.042、SRMR 值为 0.020，这表明本书构建的结构方程模型估计结果比较理想。由此可得标准化下政府采购对科技创新的结构方程：

$$ST_{it} = 0.689 \times GOV_{it} + 0.267 \times FSTE_{it} + \varepsilon_{it} \qquad (4.22)$$

由（4.22）式可以看出，政府采购与科技创新的标准化路径系数为正，并且通过 1% 的显著性检验，表明政府采购对科技创新有显著的促进作用。即政府采购每增长 1 个百分点，科技创新增长 0.689 个百分点。与此同时，财政科技支出对科技创新也有促进作用。财政科技支出与科技创新的标准化路径系数为正，并且通过 1% 的显著性检验，财政科技支出每增长 1 个百分点，科技创新增长 0.267 个百分点。

另一方面，科技创新的增强有利于提高中国各地区的经济发展水平。科技创新与经济增长的标准化路径系数为正，并且通过 1% 的显著性检验，科技创新每增长 1 个百分点，GDP 增长 0.711 个百分点；科技创新与就业的标准化路径系数为正，并且通过 1% 的显著性检验，科技创新每增长 1 个百分点，全社会就业人员数增长 0.322 个百分点。

三、政府采购对科技创新的贡献率测度

为了进一步量化政府采购对知识创新、科研创新和成果转化创新的贡献率，我们运用 Shapley 值分解方法（Shorrocks，1982）①，采用 stata13.0 软件分别测算了 2001~2012 年平均对数离差下税收优惠对知识创新水平、科研创新水平和成果转化创新水平的贡献率。具体 Shapley 值分解结果见表 4-7 和图 4-3。

表 4-7　　　　　　政府采购对三阶段科技创新的贡献率

年份	知识创新贡献率	科研创新贡献率	成果转化创新贡献率
2001 年	23.22%	27.97%	21.79%
2002 年	22.46%	28.84%	20.64%
2003 年	18.53%	26.30%	25.82%
2004 年	17.65%	25.84%	24.98%
2005 年	18.81%	27.05%	25.78%
2006 年	19.20%	27.46%	26.96%
2007 年	19.33%	26.35%	22.39%
2008 年	18.46%	24.31%	21.66%
2009 年	19.27%	23.45%	22.51%
2010 年	16.73%	20.86%	17.84%
2011 年	18.02%	22.96%	22.49%
2012 年	16.48%	21.84%	21.06%
平均贡献率	19.01%	25.27%	22.83%

---

① Shorrocks, Anthony F., Inequality Decomposition by Factor Components, Econometrica, 1982, 50 (1), pp. 193-211.

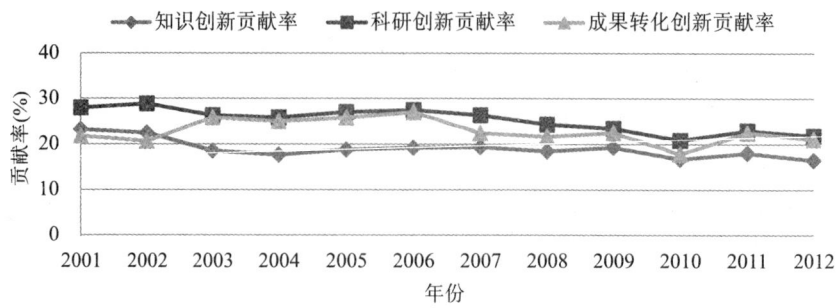

图 4-3 政府采购对三阶段科技创新的贡献率比较图

由表 4-7 中政府采购对三阶段科技创新的贡献率可以看出，政府采购对科研创新的平均贡献率最大（25.27%），其次是成果转化创新（22.83%），最后是知识创新（19.01%），在控制其他影响因素不变的情况下，政府采购在提高知识创新水平、科研创新水平和成果转化创新水平的过程中发挥着比较重要的作用。表明随着中国政府采购政策的不断实施，政府采购对科技创新有显著的推动作用。

与此同时，通过图 4-3 可以看出，2001~2012 年，政府采购对知识创新、科研创新和成果转化创新的贡献率整体呈现逐渐下降的趋势，表明中国的政府采购政策对科技创新的激励作用有减弱的趋势，因此中国政府应该进一步加大政府采购自主科技创新产品的力度，并且实施政府采购实施细则，使政府采购政策成为激励科技创新的政策保证。

四、结论

本节通过构建面板数据模型和结构方程模型对政府采购激励中国科技创新进行实证检验。从政府采购对知识创新、科研创新、成果转化创新的效应检验结果来看，政府采购对知识创新、科研创新均有促进作用，而对成果转化创新在短期内有抑制作用，其中科研创新效应 > 知识创新效应 > 成果转化创新效应。从政府采购对综合科技创新的效应检验结果来看，政府采购对综合科技创新有显著的促进作用。采用 Shapley 值分解方法测度政府采购对知识创新、科研创新、成果转化创新的贡献率，结果表明，科研创新贡献率 > 成果转化创新贡献率 > 知识创新贡献率。即政府采购可以提高中国的科技创新整体水平。

通过政府采购对科技创新的实证检验，充分证明了研究假设中的政府采对科技创新有促进作用是成立的，与此同时，通过实证检验得出政府采购对科技创新的激励作用呈现下降趋势，表明目前中国促进科技创新的政府采购政策还存在一些不足与缺陷，这就需要我们对促进科技创新的政府采购政策进行不断优化。

第五章 中国税收优惠对科技创新的影响

上面两章分别从财政科技支出和政府采购的角度检验了中国财政支出对科技创新的激励效应,而财政支出政策和税收优惠政策都是促进科技创新的财政支持体系的重要组成部分,财政支持中的财政支出和税收优惠政策由于在激励科技创新的过程中有显著差异,导致对科技创新的激励效果不同。因此本章将在理论分析的基础上,采用面板数据模型检验中国税收优惠对三阶段科技创新的激励效果,并采用结构方程模型检验中国税收优惠对综合科技创新的激励效果。通过实证分析,可以得出税收优惠在创新价值链的三个阶段的激励效果差异,从而为政府部门制定适合不同阶段的税收优惠政策提供理论依据。

第一节 实证理论模型与假设提出

一、理论模型设定

在 Griliches – Jaffe(1979,1989)设置的知识生产函数基础上,本书将知识生产函数的投入分成财政科技支出、研发人员劳动投入、税收优惠和政府采购,并假定科技创新包括三个阶段:知识创新阶段、科研创新阶段和成果转化创新阶段。Y 是科技创新产出(即科技创新产出包括知识创新产出、科研创新产出和成果转化创新产出),k 是指财政科技支出,L 是指研发人员劳动投入,T 是税收优惠。本书基于科技创新的知识生产函数形式为:

$$Y = K^{\alpha} L^{\beta} T^{\gamma} \tag{5.1}$$

其中，α、β 分别为财政科技支出和研发人员劳动投入的产出弹性；γ 为税收优惠的产出弹性，反映科技创新对税收优惠政策的反应程度。并且 $0 < \alpha < 1$，$0 < \beta < 1$，$0 < \gamma < 1$。且 $\alpha + \beta + \gamma = 1$。

由于科技创新过程中的知识创新产出到科研创新投入、科研创新产出到成果转化创新投入均有不同程度的损失，即作为科技创新的投入和科技创新的产出之间会有折旧产生。本书科技创新的产出和财政科技支出的折旧率分别用 s、δ 表示。即在考虑折旧情况下，财政科技支出的动态变化方程为：

$$\dot{K} = sY - \delta K = sK^{\alpha}L^{\beta}T^{\gamma} - \delta K \tag{5.2}$$

对（5.2）式两边同时除以 K，并令 $g_K = \dfrac{\dot{K}}{K}$，可得：

$$\frac{\dot{K}}{K} = g_K = \frac{sY}{K} - \delta \tag{5.3}$$

由（5.1）式两边同时取对数并关于 t 求一阶导数，可得：

$$\frac{\dot{Y}}{Y} = \alpha \frac{\dot{K}}{K} + \beta \frac{\dot{L}}{L} + \gamma \frac{\dot{T}}{T} \tag{5.4}$$

令 $g_Y = \dfrac{\dot{Y}}{Y}$，$g_L = \dfrac{\dot{L}}{L}$，并由 $\alpha + \beta + \gamma = 1$，可得：

$$g_Y = \alpha g_K + \beta g_L + (1 - \alpha - \beta)g_T \tag{5.5}$$

将（5.3）式两边关于 t 求一阶导数，可得：

$$\dot{g}_K = s\left(\frac{\dot{Y}}{K} - \frac{Y}{K}g_K\right) \tag{5.6}$$

由（5.5）式可得科技创新产出的变化：

$$\dot{Y} = Y[\alpha g_K + \beta g_L + (1 - \alpha - \beta)g_T] \tag{5.7}$$

将（5.7）式代入（5.6）式可得：

$$\dot{g}_K = s\frac{Y}{K}[(\alpha - 1)g_K + \beta g_L + (1 - \alpha - \beta)g_T] \tag{5.8}$$

将（5.3）式代入（5.8）式可得：

$$\dot{g}_K = (g_K + \delta)[(\alpha - 1)g_K + \beta g_L + (1 - \alpha - \beta)g_T] \tag{5.9}$$

由（5.9）式可以看出，当等式右边 =0 时，科技创新产出增长达到稳态。

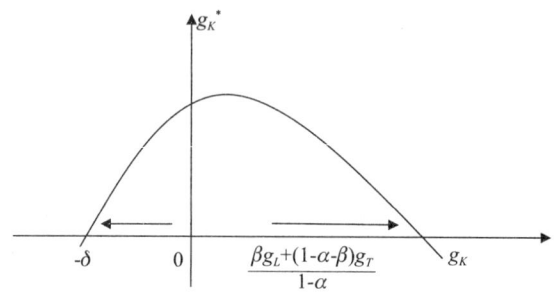

图 5-1 科技创新产出增长的平衡增长路径

从图 5-1 我们可以看出，科技创新产出增长率 g_K^* 在 y 轴的两侧各有一个值，分别为：

$$g_K^* = -\delta \text{ 或 } g_K^* = \frac{\beta g_L + (1-\alpha-\beta)g_T}{1-\alpha},$$

其中，$g_K^* = \frac{\beta g_L + (1-\alpha-\beta)g_T}{1-\alpha} > 0$，是稳定的平衡增长路径；而 $g_K^* = -\delta < 0$，不是稳定的平衡增长路径。

将平衡增长路径下的 $g_K^* = \frac{\beta g_L + (1-\alpha-\beta)g_T}{1-\alpha}$ 代入 (5.5) 式可得：

$$\frac{\dot{Y}}{Y} = \frac{1}{1-\alpha}[\beta g_L + (1-\alpha-\beta)g_T] \tag{5.10}$$

由 (5.10) 式科技创新产出增长模型可以得出以下两个结论：

第一，科技创新产出增长模型在长期内存在唯一且稳定的平衡增长路径。并且由于 $0 < \alpha < 1$，可知 $\frac{1}{1-\alpha} > 0$ 时，即科技创新产出增长率为正。

第二，长期稳定的科技创新产出增长率（$\frac{\dot{Y}}{Y}$）是税收优惠增长率（g_T）的函数。即科技创新产出增长的关键在于税收优惠增长率。只要存在稳定增长的税收优惠，科技创新产出的增长就不会停滞。

二、效应假设

本书主要采用实证分析检验税收优惠对科技创新的影响，实证检验方法主要是相关性分析方法，我们根据科技创新产出理论模型分别将知识创新产出、科研创新产出和成果转化创新产出作为被解释变量，选取税收优惠为解释变量，财政科技支出、研发人员劳动投入和教育水平作为控制变量，然后进行面

板数据回归分析和结构方程模型分析,得出税收优惠对科技创新的激励效果。模型的前提假设如下:

假设1:税收优惠对科技创新有促进作用。政府通过制定鼓励企业加大科技创新产品生产的税收优惠政策,提高企业的私人收益或者降低企业的生产成本,激励企业加大科技创新产品的供给,即税收优惠提高了企业开展科技创新的动力。

假设2:财政科技支出对科技创新有促进作用。财政科技支出通过对企业的研发阶段提供财力支持,是企业进行科技创新资金保障的必备条件。政府通过对基础研究和对国民经济发展有重大推动作用的应用研究进行财政科技投入,有效降低了企业开展科技创新的成本,进而促进企业加大科技创新研究。

假设3:研发人员劳动投入对科技创新有促进作用。研发人员劳动投入通过对企业的研发阶段提供人力支持。企业通过研发人员的不断投入,加快了企业科技创新产品的研发速度,从而提高企业加大科技创新研究的积极性。

假设4:教育水平对科技创新有促进作用。一个地区教育水平的提高,可以为企业开展科技创新活动提供丰富的人力资源,降低了企业引进人才的成本,从而促使企业加大科技创新研究的步伐。

第二节 税收优惠的测度

一、测度方法

由于中国目前没有一个系统的税收优惠测度体系,本书借鉴瓦达(1996[①],2006[②])设计的B指数来测度中国的税收优惠,瓦达B指数主要是衡量税收优惠政策给企业创新研发活动节约的资金成本。瓦达B指数具体计算过程如下:

瓦达B指数的计算公式为:

[①] Warda, J., Measuring the value of R&D tax provisions, Fiscal Measures to promote R&D and Innovation. 1996.

[②] Warda, J., Tax treatment of business investments in intellectual assets: an international comparison, OECD Science, Technology and Industry Working Papers, 2006.

$$B = \frac{ATC}{1-t} \tag{5.11}$$

（5.11）式中，ATC（After Tax Cost）为企业 R&D 支出的税后成本。t 为企业所得税率。当企业实行所得税税前扣除时，假设 v 为企业税前扣除率①，则 ATC 可以表示为 1 - vt。B 指数的计算公式（5.11）式可以变形为：

$$B = \frac{1-vt}{1-t} \tag{5.12}$$

由（5.12）式可以看出，B 指数与企业税前扣除率 v 之间呈现负相关关系，企业税前扣除率 v 越大 B 指数越小。1 - B 表示企业享受政府税收优惠政策带来的税收优惠额，即税收优惠对企业科技创新的激励效果取决于 1 - B 的大小。

$$TAX = (1-B) \times RD \tag{5.13}$$

其中，TAX 代表税收优惠（税收减少额），RD 代表 R&D 经费支出。

二、税收优惠分析

根据第二章第二节中国税收优惠政策的现状可以看出，企业所得税率在 2008 年前后出现了重大调整，具体调整可以通过 2008 年前的《企业所得税法》（老税法）与 2008 年后的《企业所得税法》（新税法）反映出来，并且新老税法的划分时间为 2008 年 1 月 1 日。新老税法下企业所得税率如表 5 - 1 和表 5 - 2 所示。

运用（5.12）式和（5.13）式可以得到 2001~2012 年全国的税收优惠和 30 个省市区税收优惠，如图 5 - 2 和表 5 - 3 所示。

从图 5 - 2 可以看出，2000~2012 年全国税收优惠金额呈现上升趋势。税收优惠金额由 2001 年的 76.30 亿元增加到 2012 年的 959.78 亿元，增长了 11.6 倍，并且 2000~2012 年平均增长速度为 26.5%，表明中国自实施税收优

---

① 根据我国《企业所得税法》对于研发支出的税收优惠规定，原企业所得税法和新企业所得税法下的加权税前扣除率 v 均为 140%。

表 5-1　　　　　原企业所得税法下 R&D 税收优惠强度

	企业类型	大型企业 （10万元以上）	中型企业 （3万~10万元）	小型企业 （3万元以下）
内资企业	税率	33%	27%	18%
	B 指数①	0.8030	0.8521	0.9122
	1-B 指数	0.1970	0.1479	0.0878
外资企业	税率	15%	15%	15%
	B 指数	0.9294	0.9294	0.9294
	1-B 指数	0.0706	0.0706	0.0706

表 5-2　　　　　新企业所得税法下 R&D 税收优惠强度

	企业类型	一般企业	小型微利企业
内资和外资企业	税率	25%	20%
	B 指数	0.8667	0.9000
	1-B 指数	0.1333	0.1000

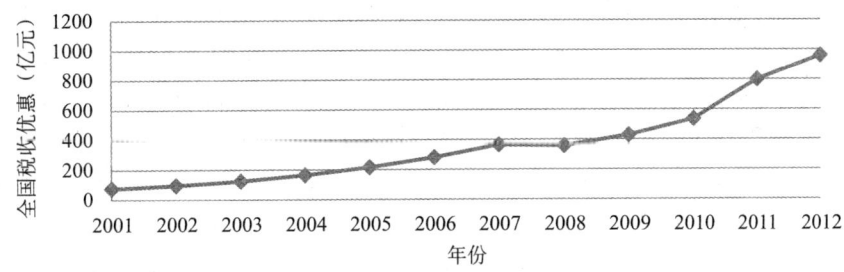

图 5-2　2001~2012 年全国税收优惠变化趋势图

惠政策以来，极大地节约了企业的研发成本，提高了企业开展科技创新活动的积极性。表 5-3 反映了 2001~2012 年我国 30 个省市区的税收优惠情况。

---

① 由 B 指数的计算公式：$B = \frac{1-vt}{1-t}$，原企业所得税法下大型企业（10万元以上）的企业所得税率 t 为 33%，原企业所得税法下的加权税前扣除率 v 为 140%，则大型企业（10万元以上）的 B 指数 $= \frac{1-1.4 \times 0.33}{1-0.33} = 0.803$。以下计算过程相同。

表 5-3　　　　　　　2001~2012 年 30 个省市区税收优惠　　　　　　（单位：亿元）

地区	2001年	2002年	2003年	2004年	2005年	2006年	2007年	2008年	2009年	2010年	2011年	2012年	平均值
北京	3.64	4.91	6.20	7.11	6.84	10.15	10.56	9.50	11.43	14.15	21.98	26.31	11.06
天津	2.21	2.61	2.67	4.21	6.63	8.47	10.71	11.93	14.36	18.56	28.10	34.11	12.05
河北	1.99	2.54	3.29	4.29	6.00	7.89	9.47	9.78	11.69	14.38	21.14	26.40	9.91
山西	0.99	1.35	1.64	2.75	2.88	4.32	6.28	6.24	7.64	9.01	11.94	14.26	5.77
内蒙古	0.30	0.42	0.62	0.83	1.41	2.08	3.33	3.59	4.76	6.32	9.35	11.44	3.71
辽宁	4.61	6.54	9.17	12.06	14.54	14.82	18.84	17.19	20.33	25.51	36.62	38.58	18.23
吉林	0.81	1.57	1.19	2.04	2.33	2.81	3.24	3.40	4.08	4.74	6.51	8.06	3.40
黑龙江	1.89	2.33	3.14	3.17	4.43	5.47	6.53	6.44	7.82	9.71	11.17	12.08	6.18
上海	6.73	8.61	10.30	14.16	18.61	23.07	28.06	24.13	27.60	31.69	45.82	49.52	24.03
江苏	7.05	9.71	13.91	21.38	30.32	41.18	55.50	54.46	60.19	73.49	119.96	144.01	52.60
浙江	2.62	3.20	6.43	10.73	15.93	21.83	28.02	25.73	28.77	36.30	63.97	78.46	26.83
安徽	1.43	1.85	2.20	3.18	4.11	5.68	7.36	8.08	10.42	13.87	21.71	27.86	8.98
福建	2.07	2.27	3.93	5.03	6.02	7.48	8.91	8.61	11.48	15.48	25.91	31.75	10.74
江西	0.92	1.16	1.98	2.33	3.30	4.74	6.27	6.00	6.88	7.86	10.26	12.34	5.34
山东	8.17	12.04	14.52	19.34	26.01	32.01	42.27	45.90	54.81	70.24	99.06	120.72	45.42
河南	2.45	2.59	3.32	4.30	6.23	9.21	12.43	12.05	16.29	19.81	28.49	33.19	12.53
湖北	2.85	2.86	3.23	3.77	5.31	6.95	8.85	10.24	14.10	19.05	28.09	35.10	11.70
湖南	1.58	1.68	2.05	2.73	3.34	4.33	7.34	8.48	11.00	15.17	24.23	30.54	9.37
广东	15.45	17.55	21.32	25.45	31.11	42.61	58.01	54.58	66.61	83.56	119.90	143.68	56.65
广西	0.81	1.01	1.13	0.98	1.44	1.90	2.28	2.63	3.53	4.78	7.82	9.36	3.14
海南	0.06	0.12	0.09	0.11	0.02	0.07	0.07	0.09	0.19	0.24	0.77	1.04	0.24
重庆	0.88	1.21	1.73	2.53	3.71	4.57	6.05	5.88	6.96	8.96	12.58	15.61	5.89
四川	2.19	2.89	3.37	4.22	6.00	7.45	9.78	8.16	9.77	10.79	13.93	18.96	8.12
贵州	0.63	0.67	0.89	1.02	1.39	1.97	1.75	1.87	2.37	2.90	3.67	4.20	1.94
云南	0.46	0.57	0.67	0.57	1.30	1.08	1.41	1.49	1.75	2.41	3.99	5.12	1.74
陕西	2.46	3.08	3.74	4.30	3.59	4.98	6.04	5.62	7.42	9.47	12.89	15.90	6.62
甘肃	0.49	0.56	0.76	0.69	1.37	1.97	2.33	2.23	2.46	2.78	3.44	4.50	1.97
青海	0.11	0.24	0.26	0.33	0.33	0.36	0.41	0.33	0.53	0.80	1.09	1.12	0.49
宁夏	0.15	0.17	0.25	0.37	0.43	0.67	0.98	0.80	0.93	0.97	1.58	1.92	0.77
新疆	0.30	0.32	0.32	0.61	0.68	1.01	1.21	1.60	1.73	2.23	2.98	3.64	1.39

为了更直观地反映 30 个省市区 2000~2012 年税收优惠的变化趋势，本书绘制了 30 个省市区 2000~2012 年税收优惠平均值的折线图，如图 5-3 所示。

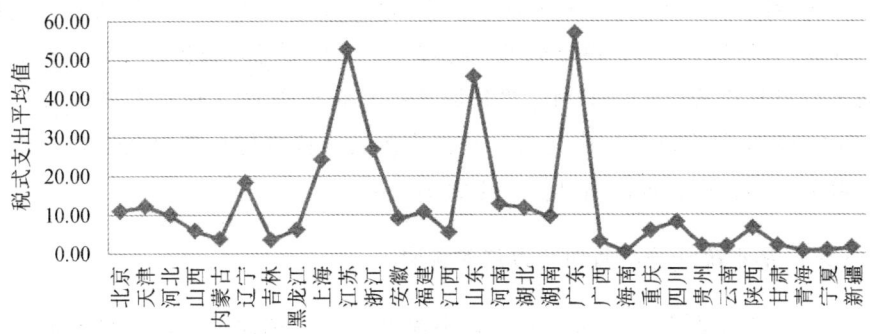

图 5-3　30 个省市区税收优惠趋势图

从图 5-3 可以看出，2000~2012 年，税收优惠比较高的地区为：广东、江苏、山东、浙江、上海、辽宁；税收优惠比较低的地区为：海南、青海、宁夏、新疆、云南、贵州、甘肃。这表明，税收优惠比较高的地区主要集中在东部地区，税收优惠比较低的地区主要集中在西部地区。即一个地区的经济发展程度与税收优惠有显著相关性，经济越发达的地区税收优惠水平越高；反之则相反。

第三节　税收优惠对科技创新的实证分析

一、税收优惠对三阶段科技创新的效应

（一）数据来源

本节研究的是税收优惠对三阶段科技创新的效应，研究对象为中国各省市区（由于西藏自治区相关数据缺失，因此剔除西藏自治区后选取其余 30 个省市区作为研究单元），选取 2001~2012 年作为研究时间点。研究数据主要来源于相应年份的《中国统计年鉴》《中国科技统计年鉴》和《中国高技术产业年鉴》。

(二) 数据处理的说明

为了消除数据的异方差和波动性,本书将科技论文数、专利申请量、高技术产业新产品销售收入、税收优惠、财政科技支出等绝对值指标在面板数据回归时进行对数化处理。为了剔除价格因素的影响,我们以 1978 年为基期,利用 GDP 平减指数对高技术产业新产品销售收入、税收优惠和财政科技支出进行了调整,将各项数据的名义值转化为实际值。

(三) 基本统计分析与回归方法的说明

主要变量定义见表 5-4。为了减小模型的设定偏误,控制变量的加入是必不可少的。首先,财政科技支出代表一个地区的财政支出,对科技创新有影响;其次,地区全社会研发人员全时当量和每百万人在校大学生数分别代表一个地区的研发人员劳动投入、一个地区的教育水平,对科技创新均有影响。综上所述,本节的基本计量模型设定为:

表 5-4 主要变量定义

变量类型	变量名称	简写	定义
被解释变量	知识创新	SP	各省市区科技论文数 (篇)
	科研创新	PAQ	各省市区专利申请量 (件)
	成果转化创新	NPSR	各省市区高技术产业新产品销售收入 (亿元)
解释变量	税收优惠	TAX	各省市区 R&D 税收优惠额 (亿元)
控制变量	财政科技支出	FSTE	各省市区财政科技支出 (亿元)
	研发人员劳动投入	L	各省市区研发人员全时当量 (万人/年)
	教育水平	EDU	各省市区每百万人在校大学生数 (人)

$$LnSP_{it} = \alpha_i + \beta_t + \gamma LnTAX_{it} + \lambda CONTROL_{it} + \varepsilon_{it} \quad (5.14)$$

$$LnPAQ_{it} = \alpha_i + \beta_t + \gamma LnTAX_{it} + \lambda CONTROL_{it} + \varepsilon_{it} \quad (5.15)$$

$$LnNPSR_{it} = \alpha_i + \beta_t + \gamma LnTAX_{it} + \lambda CONTROL_{it} + \varepsilon_{it} \quad (5.16)$$

其中,SP_{it} 为科技论文数(代表知识创新水平),i 代表不同的省份,t 代表年度,PAQ_{it} 为专利申请量(代表科研创新水平),$NPSR_{it}$ 为高技术产业新产品销售收入(代表成果转化创新水平),α_i 代表个体效应,β_t 代表时间效应,TAX_{it} 代表税收优惠,$CONTROL_{it}$ 代表控制变量。

采用 stata13.0 软件对指标变量进行描述性统计,如表 5-5 所示。

表 5-5　　　　　　　　　变量描述性统计

变量	观测量	均值	中位数	标准差	最小值	最大值
SP	360	6272.928	2875.500	8957.846	9.000	61302.000
PAQ	360	7143.297	2341.500	13785.270	44.000	138268.000
NPSR	360	97.004	13.805	221.933	0.000	1921.970
TAX	360	3.122	1.370	4.959	0.010	36.740
FSTE	360	8.222	3.980	12.290	0.240	86.420
L	360	5.392	3.580	6.124	0.080	42.460
EDU	360	179.206	167.500	115.110	28.000	690.000

注：表中绝对值数据为经过平减后的数据。

在面板数据回归方法选择上，首先采用 F 检验判定面板数据是混合效应模型还是固定效应模型，其次采用 BP 检验判定面板数据是混合效应模型还是随机效应模型，最后通过面板数据 Hausman 检验来判断是固定效应还是随机效应模型。

（四）回归分析结果

表 5-6 分别汇总了税收优惠对知识创新水平、科研创新水平以及成果转化创新水平效应的面板数据模型输出结果，经过 Hausman 检验，表 5-6 中模型（1）、模型（2）和模型（3）均采用固定效应。由于模型（2）和模型（3）均存在序列相关性[①]，所以在进行面板数据模型估计时采用 Driscoll & Kraay（1998）提出的 xtscc 命令进行估计[②]。需要说明的是，xtscc 只适用于估计 Pooled OLS 和固定效应（组内）回归模型。本书在表 5-6 的模型（2）和模型（3）中采用固定效应的 xtscc 命令进行估计。

从模型（1）税收优惠与知识创新的回归结果可以看出，R^2 为 0.915，拟合优度较高，即模型（1）的回归结果是可行的。由模型的回归系数来看，解

---

① 通过对模型（2）进行序列相关性检验，得出：F（1, 29）= 70.209，Prob > F = 0.000。即拒绝不存在一阶自相关的原假设，表明模型（2）存在序列相关性；与此同时，通过对模型（3）进行序列相关性检验，得出：F（1, 29）= 7.330，Prob > F = 0.011。即拒绝不存在一阶自相关的原假设，表明模型（3）存在序列相关性。因此为了保证面板数据模型回归结果的稳健性，在对模型（2）和模型（3）估计过程中，均采用 xtscc 命令进行估计。

② Driscoll, J., and A. C. Kraay. Consistent covariance matrix estimation with spatially dependent data, Review of Economics and Statistics, 1998, 80 (4), pp. 549–560.

表 5-6　　税收优惠与三阶段科技创新水平的面板数据模型估计

	模型（1） LnSP	模型（2） LnPAQ	模型（3） LnNPSR
Constant	2.366*** (0.249)	5.794*** (0.151)	0.537 (0.859)
LnTAX	0.166*** (0.048)	0.195** (0.077)	0.658*** (0.144)
LnFSTE	0.342*** (0.048)	0.701*** (0.062)	0.260** (0.093)
LnL	0.064 (0.050)	0.313*** (0.074)	0.791*** (0.094)
LnEDU	0.942*** (0.054)	0.124** (0.041)	0.126 (0.127)
Hausman 检验	0.0000***	0.0000***	0.0160***
观测数	360	360	360
截面数	30	30	30
R^2	0.915	0.934	0.778
面板模型	F	F	F

注：***、**、*分别表示在1%、5%和10%的显著性水平下拒绝原假设。

释变量税收优惠（LnTAX）的系数为正，并且通过1%的显著性检验，表明税收优惠可以促进知识创新，即税收优惠每增长1个百分点，知识创新增长0.166个百分点。控制变量财政科技支出（LnFSTE）的系数为正，并且通过1%的显著性检验，表明财政科技支出可以促进知识创新，即财政科技支出每增长1个百分点，知识创新增长0.342个百分点；研发人员劳动投入（LnL）的系数为正，表明研发人员劳动投入可以促进知识创新，但没有通过10%的显著性检验；教育水平（LnEDU）的系数为正，并且通过1%的显著性检验，表明教育水平可以促进知识创新，即教育水平每增长1个百分点，知识创新增长0.942个百分点。

从模型（2）税收优惠与科研创新的回归结果可以看出，调整后R^2为0.934，拟合优度较高，即模型（2）的回归结果是可行的。由模型的回归系数来看，解释变量税收优惠（LnTAX）的系数为正，并且通过5%的显著性检验，表明税收优惠可以促进科研创新，即税收优惠每增长1个百分点，科研创新增长

0.195个百分点。控制变量财政科技支出（LnFSTE）的系数为正，并且通过1%的显著性检验，表明财政科技支出可以促进科研创新，即财政科技支出每增长1个百分点，科研创新增长0.701个百分点；研发人员劳动投入（LnL）的系数为正，并且通过1%的显著性检验，表明研发人员劳动投入促进了科研创新，即研发人员劳动投入每增加1个百分点，科研创新增长0.313个百分点；教育水平（LnEDU）的系数为正，并且通过5%的显著性检验，表明教育水平可以促进科研创新，即教育水平每增长1个百分点，科研创新增长0.124个百分点。

从模型（3）税收优惠与成果转化创新的回归结果可以看出，调整后R^2为0.778，拟合优度较高，即模型（3）的回归结果是可行的。由模型的回归系数来看，解释变量税收优惠（LnTAX）的系数为正，并且通过1%的显著性检验，表明税收优惠可以促进成果转化创新，即税收优惠每增长1个百分点，成果转化创新增长0.658个百分点。控制变量财政科技支出（LnFSTE）的系数为正，并且通过1%的显著性检验，表明财政科技支出可以促进成果转化创新，即财政科技支出每增长1个百分点，成果转化创新增长0.260个百分点；研发人员劳动投入（LnL）的系数为正，并且通过1%的显著性检验，表明研发人员劳动投入促进了成果转化创新，即研发人员劳动投入每增加1个百分点，成果转化创新增长0.791个百分点；教育水平（LnEDU）的系数为正，表明教育水平可以促进成果转化创新，但是没有通过10%的显著性检验。

总的说来，税收优惠对知识创新水平、科研创新水平以及成果创新水平均有不同程度的激励效应，其中成果创新激励效应最大，科研创新激励效应次之，知识创新激励效应最小。

二、税收优惠对综合科技创新的效应

（一）数据来源

本节研究的是税收优惠对综合科技创新的效应，研究对象为中国各省市区（由于西藏自治区相关数据缺失，因此剔除西藏自治区后选取其余30个省市区作为研究单元），选取2001~2012年作为研究时间点。研究数据主要来源于相应年份的《中国统计年鉴》《中国科技统计年鉴》和《中国高技术产业年鉴》。

（二）数据处理的说明

为了剔除价格因素的影响，我们以1978年为基期，利用GDP平减指数对税收优惠、高技术产业新产品销售收入、财政科技支出、GDP 进行了调整，将各项数据的名义值转化为实际值。

（三）基本统计分析与研究方法的说明

由于科技创新不能被直接精确观测或虽能被观测但尚需通过其他方法加以综合，即科技创新具有潜变量特性，因此为了检验税收优惠对科技创新的效应，本书采用 SEM 模型（结构方程模型）来测度税收优惠对科技创新的效应。主要变量定义见表 5-7。

表 5-7 主要变量定义

变量类型	变量名称	简写	定义
显变量	税收优惠	TAX	各省市区 R&D 税收优惠额（亿元）
	财政科技支出	FSTE	各省市区财政科技支出（亿元）
	知识创新	SP	各省市区科技论文数（篇）
	科研创新	PAQ	各省市区专利申请量（件）
	成果转化创新	NPSR	各省市区高技术产业新产品销售收入（亿元）
	经济增长	GDP	各省市区国内生产总值（亿元）
	就业	EM	各省市区全社会就业人员数（万人）
潜变量	科技创新	ST	—

SEM 模型包括的测量模型方程与结构模型方程具体可以参考第四章的（4.20）式和（4.21）式。初始结构方程模型路径图见图 5-4。

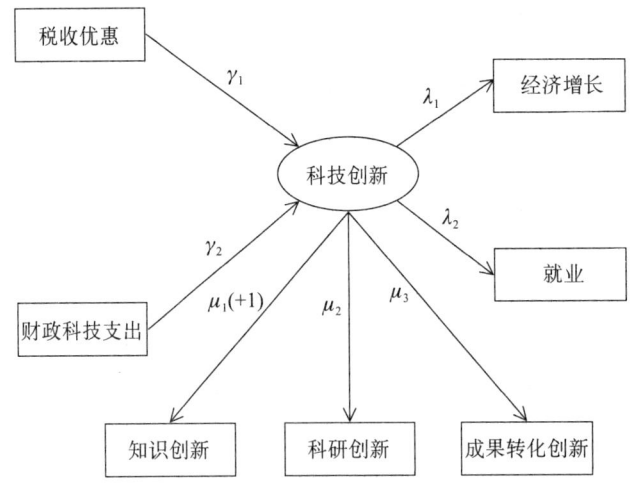

图 5-4 初始的结构方程模型路径图

由于原始数据存在量纲差异较大的现象,因此为了剔除变量之间的量纲差异,本书对原始数据进行中心化处理①,中心化处理后的数据采用 stata13.0 软件对指标变量进行描述性统计,如表 5-8 所示。

表 5-8 变量描述性统计

变量	观测量	均值	中位数	标准差	最小值	最大值
TAX	360	0.000	-0.375	1.000	-0.437	8.223
FSTE	360	0.000	-0.379	1.000	-0.699	6.143
SP	360	0.000	-0.345	1.000	-0.649	6.363
PAQ	360	0.000	-0.365	1.000	-0.785	6.514
NPSR	360	0.000	-0.353	1.000	-0.628	6.779
GDP	360	0.000	-0.331	1.000	-0.833	5.116
EM	360	0.000	-0.232	1.000	-1.325	2.506

(四) 信度检验

在对结构方程模型进行分析之前,首先要对所有变量进行信度检验。信度检验是用以检验科技创新的知识创新、科研创新和成果转化创新之间内部一致性程度的高低。采用 SPSS19.0 软件对潜变量和显变量进行信度检验。对结构方程模型所有变量的信度分析可得,Cranach's α 系数为 0.889 > 0.8,表明本书构建税收优惠、科技创新与经济发展三者之间关系的结构方程模型所采用的数据具有非常好的信度②。对潜变量(科技创新)的可观察变量(知识创新、科研创新、成果转化创新)的信度分析可得,Cranach's α 系数为 0.834 > 0.8,表明知识创新、科研创新、成果转化创新与科技创新的相关系数比较高。

(五) 结构方程模型估计结果

本书采用最大似然估计方法,利用 Amos22.0 软件对图 5-4 的初始结构方程模型进行估计,根据结构方程模型的判定标准,对初始结构方程模型进行调整,得到调整后的结构方程模型,如图 5-5 所示。图中的椭圆代表潜变量,矩形代表显变量,圆代表残差。表 5-9 汇总了结构方程模型路径系数估计结果。

---

① 本书的数据中心化处理计算公式为:新变量=(原始变量-均值)/方差。
② 一般认为信度检验的 Cranach's α 系数在 0.8 以上较佳,0.7 以上良好,0.6 以上勉强接受。

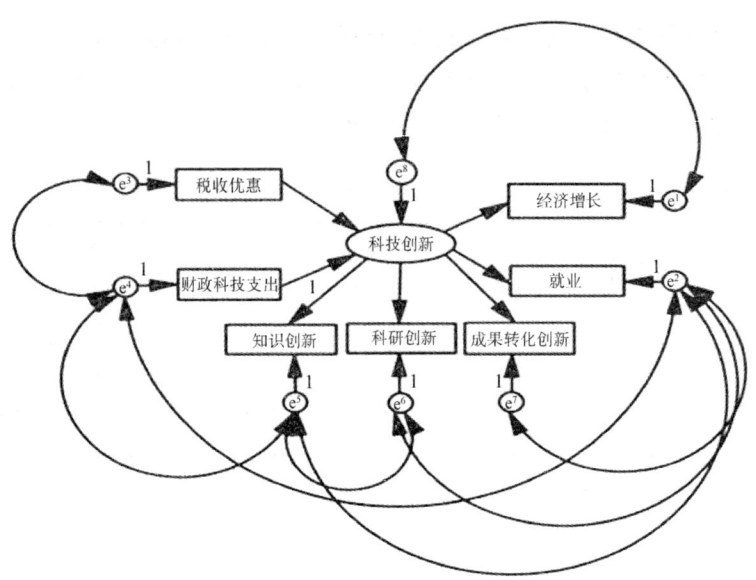

图 5-5　调整后的结构方程模型路径图

表 5-9　　　　　　　　　结构方程模型估计结果

			未标准化的路径系数	S.E.	C.R.	P	标准化的路径系数
科技创新	<—	税收优惠	0.381	0.039	9.831	***	0.789
科技创新	<—	财政科技支出	0.106	0.017	6.193	***	0.219
知识创新	<—	科技创新	1.000	—	—	—	0.477
科研创新	<—	科技创新	1.931	0.182	10.044	***	0.933
成果转化创新	<—	科技创新	1.830	0.175	11.023	***	0.884
经济增长	<—	科技创新	1.273	0.155	6.699	***	0.615
就业	<—	科技创新	1.038	0.157	8.113	***	0.501
模型拟合指标							
χ^2（卡方值）			23.257　P=0.001				
df（自由度）			6				
χ^2/df 值			3.876				
GFI 值			0.983				
AGFI 值			0.919				
CFI 值			0.992				
TLI 值			0.972				
RMSEA 值			0.090				
SRMR 值			0.038				

注：***、**、* 分别表示在 1%、5% 和 10% 的显著性水平下拒绝原假设；模型拟合指标标准详见易丹辉的《结构方程模型方法及应用》一书第 185 页。

由表 5-9 可以看出,卡方值 χ^2 为 23.257 (P = 0.000)、χ^2/df 值为 3.876、GFI 值为 0.983、AGFI 值为 0.919、CFI 值为 0.992、TLI 值为 0.972、RMSEA 值为 0.090、SRMR 值为 0.038,这表明本书构建的结构方程模型估计结果比较理想。由此可得标准化下税收优惠对科技创新的结构方程:

$$ST_{it} = 0.789 \times TAX_{it} + 0.219 \times FSTE_{it} + \varepsilon_{it} \quad (5.17)$$

由 (5.17) 式可以看出,税收优惠与科技创新的标准化路径系数为正,并且通过 1% 的显著性检验,表明税收优惠对科技创新有显著的促进作用。即税收优惠每增长 1 个百分点,科技创新增长 0.789 个百分点。与此同时,财政科技支出对科技创新也有促进作用。财政科技支出与科技创新的标准化路径系数为正,并且通过 1% 的显著性检验,财政科技支出每增长 1 个百分点,科技创新增长 0.219 个百分点。

另一方面,科技创新的增强有利于提高中国各地区的经济发展水平。科技创新与经济增长的标准化路径系数为正,并且通过 1% 的显著性检验,科技创新每增长 1 个百分点,GDP 增长 0.615 个百分点;科技创新与就业的标准化路径系数为正,并且通过 1% 的显著性检验,科技创新每增长 1 个百分点,全社会就业人员数增长 0.501 个百分点。

三、税收优惠对科技创新的贡献率测度

为了进一步量化税收优惠对知识创新、科研创新和成果转化创新的贡献率,我们运用 Shapley 值分解方法 (Shorrocks, 1982)[1],采用 stata13.0 软件分别测算了 2001~2012 年平均对数离差下税收优惠对知识创新水平、科研创新水平和成果转化创新水平的贡献率。具体 Shapley 值分解结果见表 5-10 所示。

表 5-10　　　　　税收优惠对三阶段科技创新的贡献率

年份	知识创新贡献率	科研创新贡献率	成果转化创新贡献率
2001 年	25.95%	29.23%	30.29%
2002 年	25.52%	27.69%	36.49%
2003 年	25.07%	28.15%	38.44%
2004 年	24.09%	26.91%	31.16%

---

[1] Shorrocks, Anthony F., Inequality Decomposition by Factor Components, Econometrica, 1982, 50 (1), pp. 193-211.

续表

年份	知识创新贡献率	科研创新贡献率	成果转化创新贡献率
2005 年	25.41%	26.68%	34.45%
2006 年	24.60%	27.82%	35.18%
2007 年	24.16%	27.02%	28.82%
2008 年	25.08%	27.12%	26.51%
2009 年	25.74%	28.32%	27.54%
2010 年	25.41%	28.75%	31.80%
2011 年	25.48%	29.40%	29.08%
2012 年	26.47%	29.37%	30.44%
平均贡献率	25.25%	28.04%	31.68%

由表 5-10 中税收优惠对三阶段科技创新的贡献率可以看出，税收优惠对成果转化创新的平均贡献率最大（31.68%），其次是科研创新（28.04%），最后是知识创新（25.25%），在控制其他影响因素不变的情况下，税收优惠对知识创新、科研创新和成果转化创新的提高起着极为显著的激励作用。可以想象，随着中国税收优惠政策的不断实施，税收优惠对于科技创新的重要性将日渐增强，这在某种意义上也表明，税收优惠有助于提高科技创新水平。

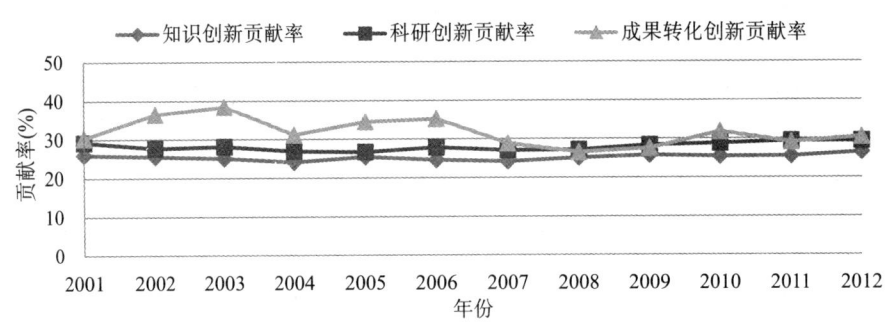

图 5-6 税收优惠对三阶段科技创新的贡献率比较图

与此同时，通过图 5-6 可以看出，2001～2012 年，税收优惠对知识创新、科研创新和成果转化创新的贡献率整体呈现逐渐上升的趋势，表明中国的税收优惠政策对科技创新的激励作用逐渐显露成效。然而对科技创新的激励是一个长期过程，不可能一蹴而就，我们应该进一步强化税收优惠政策运行制约和监督体系，并且实施全面规范、公开透明的税收优惠制度，使税收优惠政策成为激励科技创新的政策保证。

四、结论

本节通过构建面板数据模型和结构方程模型对税收优惠激励中国科技创新进行实证检验。从税收优惠对知识创新、科研创新、成果转化创新的效应检验结果来看,税收优惠对知识创新、科研创新、成果转化创新均有促进作用,其中成果转化创新效应 > 科研创新效应 > 知识创新效应。采用结构方程模型测度税收优惠对综合科技创新的效应,结果表明,税收优惠对综合科技创新有显著的促进作用。采用 Shapley 值分解方法测度税收优惠对知识创新、科研创新、成果转化创新的贡献率,结果表明,成果转化创新贡献率 > 科研创新贡献率 > 知识创新贡献率。即税收优惠可以提高中国的科技创新整体水平。

通过税收优惠对科技创新的实证检验,充分显现了中国税收优惠对科技创新的激励作用,同时模型的检验过程和检验结果也暴露了促进科技创新的税收优惠体系中存在的一些不足与缺陷,这也是促进科技创新的财政支持体系优化设计中需要不断调整的内容。

第六章 中国财政支持科技创新的问题及成因

通过前面章节财政支持科技创新的绩效评估和财政支持对科技创新的影响分析可知，中国现行实施的财政支持体系在一定程度上促进了科学技术的发展，中国的科技创新水平也得到进一步提升。与此同时，现行的财政支持体系在激励企业进行科技创新的过程中，也暴露出来不少问题，如财政支持的力度不够、财政支持体系的构建不完善、财政支持的执行办法不规范等。本章在上文分析财政支持对科技创新的影响基础上，对中国现行促进科技创新的财政支持体系进行深入分析，探索财政支持体系存在的主要问题，并找出这些问题的主要原因，从而为完善现行财政支持体系提供理论依据。

第一节 财政支持科技创新的问题

一、财政科技支出的扶持力度不够

（一）财政科技支出总量不足

中国于 2006 年开始实施"十一五"科技发展规划，科技发展目标中明确指出：到 2020 年，中国科技创新能力得到显著增强，科研经费支出总量占 GDP 的比重达到 2%。随着"十一五"科技发展规划的不断实施，中国的科技投入总量以及 R&D 经费占 GDP 的比例都没有达到创新型国家的最低水平。如表 6-1 和图 6-1 所示，"十二五"期间中国 R&D 经费占 GDP 的比重呈现逐

第六章 中国财政支持科技创新的问题及成因

渐上升的趋势,并且到 2013 年达到了"十一五"计划目标(2.0%),但是与创新型国家 3%~4% 的水平相比还有很大差距(如图 6-2 所示)。为此,中国政府在制定"十三五"科技发展规划时要求,要继续明确加大科研经费支出总量,提高 R&D 经费占 GDP 的比例,缩小中国科技经费投入与创新型国家的差距,使中国成为科技创新能力较强的科技大国。

表 6-1 1998~2014 年度中国 R&D 经费支出及占 GDP 的比重情况

(单位:亿元,%)

年份	国家财政科技支出	R&D 经费支出	GDP	财政科技支出占 GDP 的比重	R&D 经费支出占 GDP 的比重
1998 年	438.6	551.1	84402.3	0.52	0.65
1999 年	543.9	678.9	89677.1	0.61	0.76
2000 年	575.6	895.7	99214.6	0.58	0.90
2001 年	703.2	1042.5	109655.2	0.64	0.95
2002 年	816.2	1287.6	120332.7	0.68	1.07
2003 年	944.6	1539.6	135822.8	0.70	1.13
2004 年	1095.3	1966.3	159878.3	0.69	1.23
2005 年	1334.9	2450.0	184937.4	0.72	1.32
2006 年	1688.5	3003.1	216314.4	0.78	1.39
2007 年	2113.5	3710.2	265810.3	0.80	1.40
2008 年	2611.0	4616.0	314045.4	0.83	1.47
2009 年	3276.8	5802.1	340902.8	0.96	1.70
2010 年	4196.7	7062.6	401512.8	1.05	1.76
2011 年	4797.0	8687.0	473104.0	1.01	1.84
2012 年	5600.1	10298.4	519470.1	1.08	1.98
2013 年	6184.9	11846.6	568845.2	1.09	2.08
2014 年	6454.5	13015.6	636463.0	1.01	2.05

数据来源:根据《2014 中国统计年鉴》和《2014 中国科技统计年鉴》数据整理。

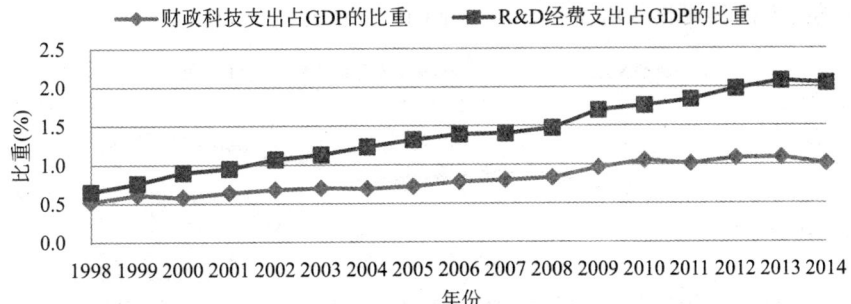

图 6-1 中国财政科技支出和 R&D 经费支出占 GDP 的比重

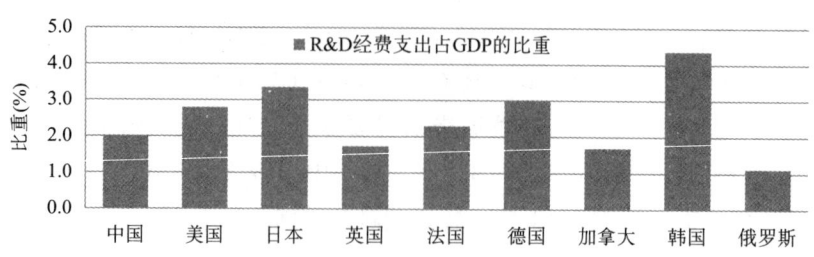

图 6-2　2013 年 R&D 经费支出占 GDP 比重的国际比较

（二）财政科技支出结构不合理

与上文的财政科技支出总量不足相比，中国的财政科技支出结构更加不合理。中国财政科技支出结构主要存在以下三个问题：一是中国的基础研究经费支出、应用研究经费支出和试验与发展研究经费支出占 R&D 经费总支出的比重不合理；二是政府部门、企业和其他单位提供的科研经费占 R&D 经费总来源的比重不合理；三是政府部门、企业和高等教育等执行的科研经费占 R&D 经费总支出的比重不合理。

首先，随着近年来中国政府对国家科学技术发展的重视，中国的科研经费投入也呈现出强劲的扩张趋势，但是在科研经费规模不断增长的背后，却存在重应用研究轻基础研究，对基础研究投入不足的现象。国际经验表明，基础研究 R&D 经费支出、应用研究 R&D 经费支出与试验发展经费支出占整个 R&D 经费比重在 13%~19%，20%~25%，56%~65% 之间为最佳。2012 年，基础研究 R&D 经费支出占整个 R&D 经费比重为 4.8%，远远低于美国（16.5%）、日本（12.9%）、英国（14.9%）等创新型国家的水平。这样的结果与中国"十一五"科技发展规划相背离，更进一步阻碍了中国的科技创新水平的提高。而一个国家的基础研究是这个国家科技创新水平提高的原动力，即基础研究的科研投入将直接影响一个国家的国际竞争力。

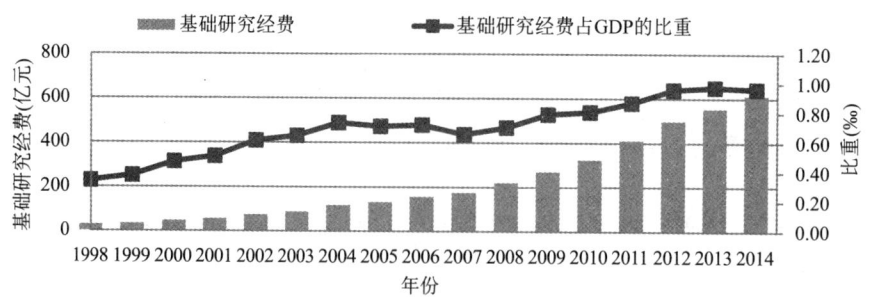

图 6-3　1998~2014 年中国基础研究经费总量和强度

由图 6-3 可以看出，创新型国家基础研究经费与 GDP 的比值普遍高于 4‰，而科技创新能力比较弱的发展中国家则普遍低于 2‰，1998~2014 年以来，中国基础研究投入总额呈现逐渐上升趋势，但 2014 年中国基础研究投入总额仅占当年 GDP 的 0.96‰，远远低于创新型国家的平均水平。不同地区各研究部门 R&D 经费总支出的比重情况见表 6-2 和图 6-4。

表 6-2　不同地区各研究部门 R&D 经费占 R&D 经费总支出的比重　（单位：%）

研究类型 地区	基础研究	应用研究	试验发展
中国	4.8	11.3	83.9
美国	16.5	19.2	64.3
日本	12.9	22.0	65.1
英国	14.9	48.2	37.0
韩国	18.1	20.3	61.7
俄罗斯	16.5	19.7	63.7

数据来源：根据《2014 中国科技统计年鉴》数据整理。

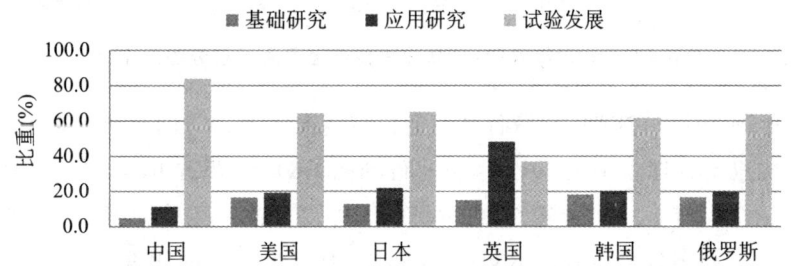

图 6-4　R&D 经费支出按照研究类型划分的国际比较

注：中国、美国和俄罗斯为 2012 年数据，日本、英国和韩国为 2011 年数据。

从中国 2012 年 R&D 经费来源来看，与创新型国家相比，我国的结构也不合理。中国 2012 年企业资金、政府资金和其他资金占该年 R&D 经费总额的比例分别为 74.0%、21.6% 和 4.4%。政府资金所占的比例小于美国 (30.8%)、英国 (28.9%)、加拿大 (34.5%) 等创新型国家（见表 6-3 和图 6-5），即中国绝大多数 R&D 经费都由企业提供。由此可见，政府 R&D 经费投入不足也是导致我们国家原始科技创新能力不足的原因。

表6-3　2012年度不同地区企业资金、政府资金和其他资金所占比重　（单位：%）

经费来源 地区	企业资金	政府资金	其他资金
中国	74.0	21.6	4.4
美国	59.1	30.8	10.1
日本	76.1	16.8	7.0
英国	45.6	28.9	25.4
加拿大	48.4	34.5	17.1
韩国	74.7	23.8	1.4
俄罗斯	27.2	67.8	4.9

数据来源：根据《2014中国科技统计年鉴》数据整理。

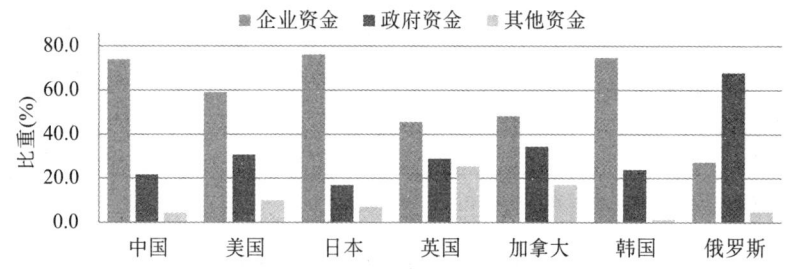

图6-5　2012年R&D经费支出按照经费来源划分国际比较

从中国2012年R&D经费各部门的执行情况来看，与创新型国家相比，我国的结构也不合理。中国2012年企业得到的R&D经费占R&D经费总额的比重最大（76.2%）、政府得到的R&D经费占R&D经费总额的比重次之（15.0%）、高等教育得到的R&D经费占R&D经费总额的比重最小（7.6%），即企业和政府是中国科技创新最主要的部门。在大部分创新型国家，高等教育也担负着科技创新的主要任务（见表6-4），而中国高等教育R&D经费支出所占比例较低（7.6%），远低于美国（13.8%）、日本（13.4%）、英国（26.5%）等创新型国家（见图6-6）。因此，政府部门、企业和高等教育等的科研经费占R&D经费总支出的比重不合理，也直接影响到中国科技创新水平的提高。

（三）财政科技支出区域非均衡

1. 财政科技支出的可视化描述

作者利用stata13.0软件分别绘制了1998年、2003年、2008年、2013年

表 6－4　　2012 年度不同地区各执行部门 R&D 经费占 R&D 经费总支出的比重　　（单位:%）

执行部门 地区	企业	政府	高等教育	其他
中国	76.2	15.0	7.6	1.2
美国	69.8	12.3	13.8	4.0
日本	76.6	8.6	13.4	1.4
英国	63.4	8.2	26.5	1.8
加拿大	52.3	9.0	38.3	0.4
韩国	77.9	11.3	9.5	1.3
俄罗斯	58.3	32.2	9.3	0.2

数据来源:根据《2014 中国科技统计年鉴》数据整理。

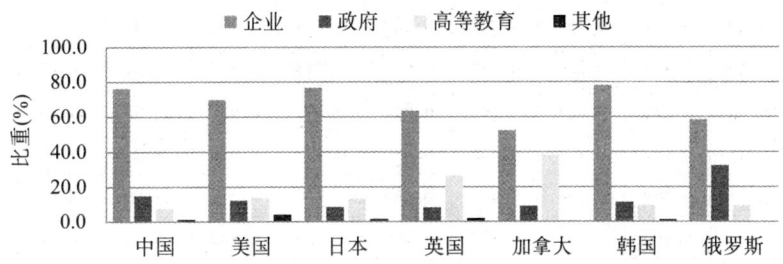

图 6－6　2012 年 R&D 经费支出按照执行部门划分国际比较

30 个省市区财政科技支出空间四分位图。从中我们可以发现,1998～2013 年,财政科技支出的空间四分位图有共同集聚区域,呈现高值集聚的是东部地区(北京、天津、上海、辽宁、广东、福建、浙江和江苏等),低值集聚的是中西部地区(山西、江西、安徽、贵州、重庆、云南、甘肃、宁夏、青海和新疆等)。这进一步说明在 1998～2013 年财政科技支出在三大区域的空间集聚效应十分显著。

2. 财政科技支出差异的基尼系数分解

为了反映财政科技支出的区域差异,我们采用的是 Dagum (1997)① 提出的基尼系数分解方法,利用 matlab7.0 软件计算了三大区域的基尼系数,结果如表 6－5 所示。其中列出了总体的基尼系数、区域内基尼系数、区域间基尼

---

① 具体推导过程见 Dagum 论文。Dagum, C., A new approach to the decomposition of the Gini income inequality ratio, Empirical Economics, 1997, 22 (4), pp. 515－531.

系以及区域内和区域间的贡献率。财政科技支出总体地区差异，地区内部差异，地区间差异的演变分别见图6-7、图6-8和图6-9。

表6-5　　三大区域总体、区域内、区域间的基尼系数及贡献率

年份	总体	区域内差异			区域间差异			贡献率（%）		
		东部地区	中部地区	西部地区	东部对中部	东部对西部	中部对西部	区域内	区域间	超变密度
1998年	0.426	0.300	0.373	0.328	0.418	0.560	0.439	25.56	56.52	17.92
1999年	0.427	0.332	0.257	0.305	0.406	0.604	0.385	25.21	64.79	10.00
2000年	0.441	0.332	0.259	0.305	0.430	0.626	0.384	24.66	66.78	8.56
2001年	0.436	0.312	0.268	0.309	0.427	0.626	0.381	24.05	67.24	8.71
2002年	0.466	0.360	0.257	0.298	0.477	0.652	0.364	24.87	67.54	7.59
2003年	0.467	0.342	0.222	0.317	0.506	0.654	0.334	23.93	69.25	6.82
2004年	0.509	0.377	0.188	0.281	0.562	0.713	0.327	23.47	71.97	4.56
2005年	0.550	0.446	0.229	0.275	0.611	0.733	0.323	25.61	70.01	4.38
2006年	0.562	0.429	0.234	0.281	0.622	0.762	0.350	24.49	71.72	3.79
2007年	0.527	0.415	0.174	0.245	0.574	0.730	0.339	24.23	71.77	4.01
2008年	0.514	0.399	0.180	0.250	0.565	0.716	0.326	23.99	72.04	3.97
2009年	0.560	0.460	0.233	0.252	0.599	0.753	0.359	25.71	70.86	3.43
2010年	0.552	0.430	0.234	0.271	0.588	0.757	0.385	24.63	71.68	3.68
2011年	0.535	0.410	0.237	0.282	0.567	0.740	0.383	24.38	71.39	4.23
2012年	0.525	0.404	0.238	0.274	0.555	0.729	0.376	24.36	71.25	4.38
2013年	0.504	0.394	0.227	0.278	0.477	0.726	0.460	24.14	69.99	5.87

注：由表中数据可知，组内差距、组间差距和超变密度的贡献率和为100%。

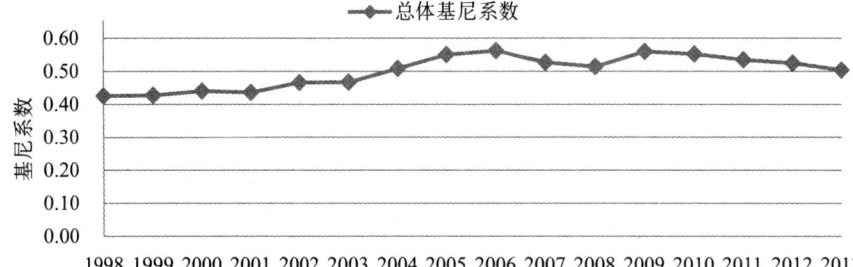

图6-7　财政科技支出总体地区差异的演变

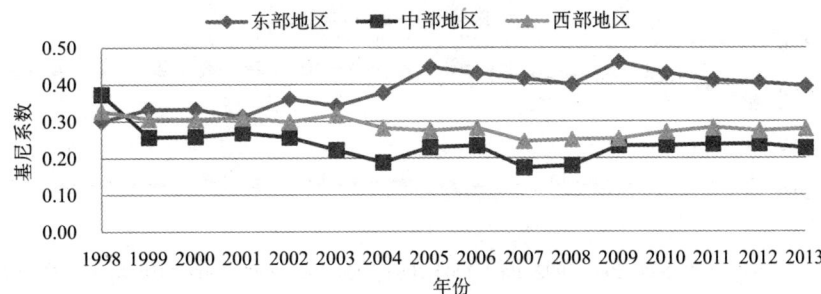

图 6-8 财政科技支出地区内部差异的演变

由表 6-5 可以看出，财政科技支出区域差异大致可以分为四个时期：第一个时期为 1998~2006 年，基尼系数总体呈现上升趋势，从 1998 年的 0.426 上升到 2006 年的 0.562，上升了 32.1%。第二个时期为 2006~2008 年，基尼系数呈现下降趋势，2008 年的基尼系数比 2006 年减少了 8.4%；第三个时期为 2008~2009 年，基尼系数呈上升趋势，其中 2009 年的基尼系数由 0.514 上升到 2010 年的 0.560。第四个时期为 2009~2013 年，基尼系数呈现下降趋势，2013 年的基尼系数比 2010 年下降了 10.0%。从三大区域财政科技支出的空间分布情况看，东部地区的基尼系数维持在 0.384 左右，并整体呈现上升的趋势；中部地区的基尼系数维持在 0.238 左右，整体呈现下降的趋势；西部地区的基尼系数维持在 0.284 左右，整体呈现下降的趋势（见图 6-8）。从财政科技支出区域差异的来源看，在考察期内地区内差异的平均贡献率为 24.6%，并且地区内差异呈现缩小的趋势；在考察期内地区间差异的平均贡献率为 69.1%，并且地区间差异整体呈现扩大的趋势（见图 6-10）。由此可见，地区间差异是财政科技支出区域差异的主要来源。

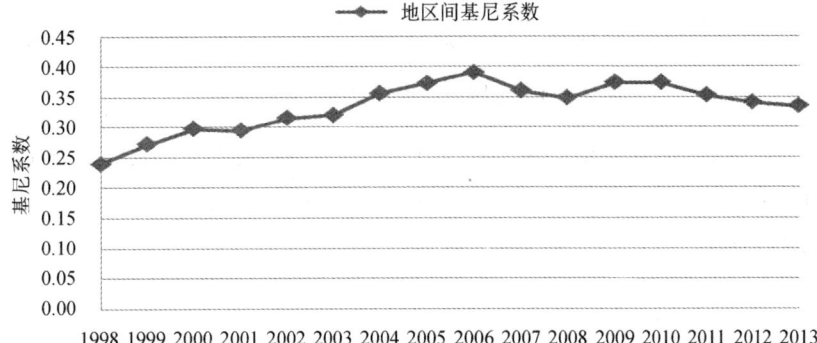

图 6-9 财政科技支出地区间差异的演变

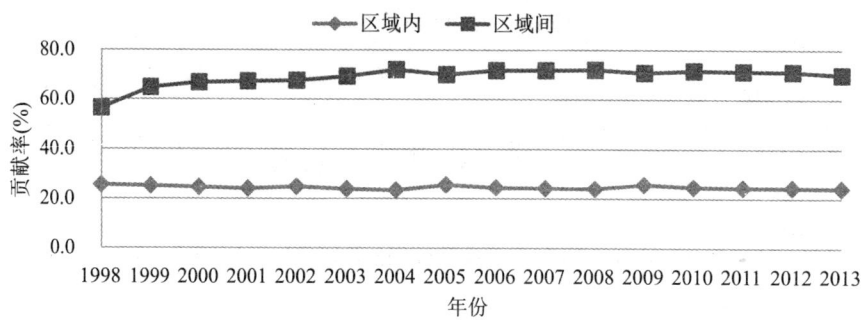

图 6-10　财政科技支出地区差异贡献率的演变

3. 财政科技支出的 Kernel 密度估计

为了反映全国、东部、中部和西部财政科技支出分布的演变情况，本书采用非参数估计方法（Gaussian 核函数）得出1998年、2003年、2008年和2013年中国30个省市区财政科技支出 Kernel 密度估计的二维图以及中、东、西部三大区域财政科技支出 Kernel 密度估计的二维图①，如图 6-11~图 6-14 所示。核密度估计计算公式采用（2.6）式和（2.7）式。

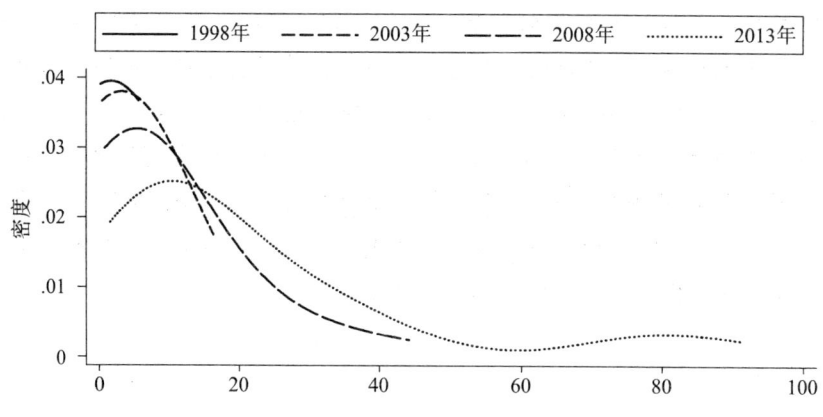

图 6-11　全国财政科技支出分布的演进

由图 6-11 可以看出，1998~2013 年中国财政科技支出的核密度图在形态上非常接近，整体来看，全国 30 个省市区财政科技支出差异呈现出先上升后下降的趋势。

---

① Gaussian 核密度函数对全国财政科技支出进行估计时窗宽 h=10；对东部地区财政科技支出进行估计时窗宽 h=8；对中部地区财政科技支出进行估计时窗宽 h=5；对西部地区财政科技支出进行估计时窗宽 h=5。

从财政科技支出的核密度函数曲线的峰度来看，2003年核密度函数曲线波峰峰值在1998年基础上出现下降，一方面说明2003年财政科技支出在不断增长；另一方面说明财政科技支出地区差异变大。2008年密度函数曲线波峰峰值在2003年基础上出现明显下降，一方面说明2008年财政科技支出在不断增长；另一方面说明财政科技支出地区差异变大。2013年密度函数曲线波峰峰值在2008年基础上略有下降，一方面说明2013年财政科技支出在不断增长；另一方面说明财政科技支出地区差异变大。

从财政科技支出的核密度函数曲线的偏度来看，2003年核密度函数曲线变化区间在1998年基础上向右偏移，这说明2003年财政科技支出地区内两极分化现象减弱。2008年密度函数曲线变化区间在2003年基础上显著向右偏移并向后延伸，这说明2008年财政科技支出的地区内两极分化现象进一步减弱。2013年密度函数曲线变化区间在2008年基础上向右偏移并进一步向后延伸，这说明2013年财政科技支出区域内两极分化的现象逐渐消失。

图6-12~图6-14分别描述了东、中、西部三大地区财政科技支出在1998~2013年的分布演变。从三大区域看，中部和西部地区密度函数曲线波峰峰值呈现逐渐下降趋势，而东部地区密度函数曲线波峰峰值呈现先上升后下降趋势。表明中部和西部地区财政科技支出差异都呈现缩小态势，而东部地区财政科技支出差异则呈现扩大态势。

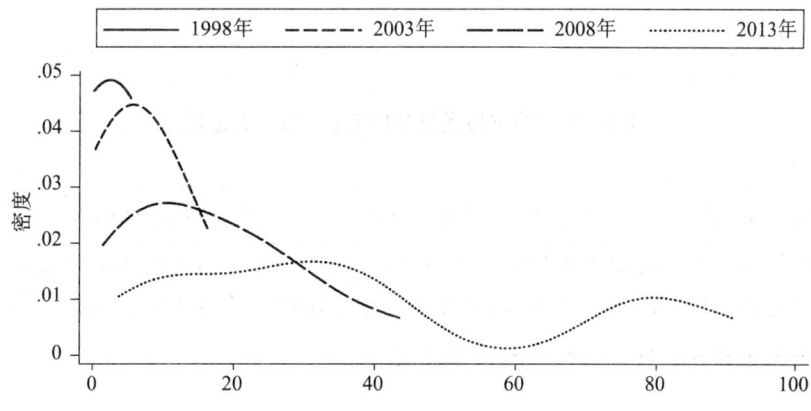

图6-12 东部地区财政科技支出分布的演进

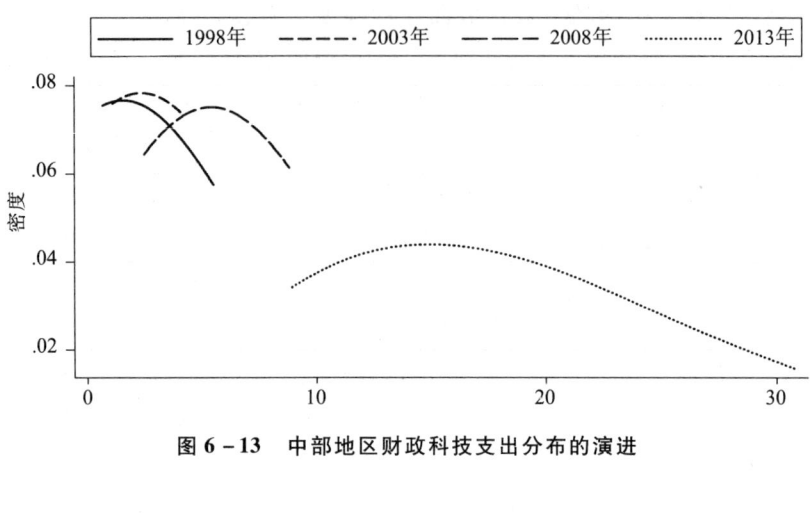

图 6-13　中部地区财政科技支出分布的演进

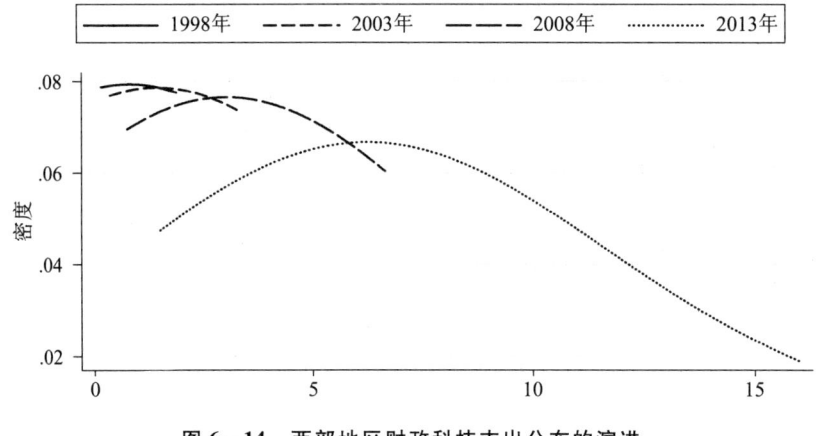

图 6-14　西部地区财政科技支出分布的演进

从三大区域极化趋势来看，1998～2013 年，东部地区财政科技支出波峰由单峰变成多峰，并且波峰峰值变得平缓，即东部地区的区域内部极化程度出现减弱趋势。与此同时，中部和西部地区财政科技支出波峰峰值变得平缓，即中部和西部地区内部出现极化程度减弱趋势。

二、财政科技支出效率较低

根据第三章的计算，从财政支出对知识创新的绩效评估结果来看，2009～2011 年中国 30 个省市区的知识创新效率均值分别为 0.441、0.439 和 0.441，表明中国政府对知识创新的经费投入效率较低，即政府对知识创新的经费配置有待提高；从财政支出对科研创新的绩效评估结果来看，2009~2012年中国30个省市区的科研创新效率均值分别为0.252、0.249、0.247和0.266，表明中国政府对科研创新的经费投入效率较低，即政府对科研创新的经费配置有待提高；从财政支出对科研创新的绩效评估结果来看，2009~2012年中国30个省市区的成果转化创新效率均值分别为0.176、0.180、0.185和0.217，表明中国政府对成果转化的经费投入效率较低，即政府对成果转化创新的经费配置有待提高。

通过比较财政支出对三阶段科技创新的绩效，中国的知识创新效率均值为0.440，科研创新效率均值为0.253，成果转化创新效率均值为0.191，即知识创新、科研创新和成果转化创新效率均比较低，特别是成果转化创新效率不足知识创新效率的一半。与此同时，中国不同地区间科技创新效率存在很大差异，通过比较东部、中部和西部三大区域的三阶段科技创新效率发现，不管是知识创新、科研创新还是成果转化创新效率，效率值较高的地区主要是东部和中部地区（东部地区的知识创新、科研创新和成果转化创新效率分别为：1.000、1.000、1.000；中部地区的知识创新、科研创新和成果转化创新效率分别为：0.701、1.000、0.456），而西部地区偏低（西部地区的知识创新、科研创新和成果转化创新效率分别为：0.452、0.755、0.322），即只有东部地区的财政科技支出配置达到最优，而中部和西部地区的财政科技支出配置有待加强。这也进一步反映了中国目前的财政科技支出效率较低。

三、政府采购政策的导向功能不足

（一）中国政府采购规模相对较小

中国2014年的政府采购规模占GDP的比重为2.72%，与国际上平均10%的政府采购总规模占GDP的比重存在比较大的差距（见表6-6）。中国自实施政府采购以来，政府采购总体规模偏低，直接影响到企业开展科技创新活动的积极性。从政府公布的采购商品目录也可以看出，本国高技术产品占总采购商品的比重偏低，大部分的商品技术含量较低，这些都会影响对企业科技创新的引导作用的发挥。

（二）政府采购结构不合理

2014年中国服务类政府采购占全部政府采购的比重为11.2%（见图6-15），

表6-6　　　　　　　　　1998~2014年中国政府采购规模　　　　（单位：亿元，%）

年份	采购总规模	增长率	GDP	采购总规模占GDP比重	财政支出	采购总规模占财政支出比重
1998年	31.0	—	84402.3	0.04	10798.2	0.29
1999年	131.0	322.58	89677.1	0.15	13187.7	0.99
2000年	328.0	150.38	99214.6	0.33	15886.5	2.06
2001年	653.0	99.09	109655.2	0.60	18902.6	3.45
2002年	1009.6	54.61	120332.7	0.84	22053.2	4.58
2003年	1659.4	64.36	135822.8	1.22	24650.0	6.73
2004年	2135.7	28.70	159878.3	1.34	28486.9	7.50
2005年	2927.6	37.08	184937.4	1.58	33930.3	8.63
2006年	3681.6	25.75	216314.4	1.70	40422.7	9.11
2007年	4660.9	26.60	265810.3	1.75	49781.4	9.36
2008年	5990.9	28.54	314045.4	1.91	62592.7	9.57
2009年	7413.2	23.74	340902.8	2.17	76299.9	9.72
2010年	8422.0	13.61	401512.8	2.10	89874.2	9.37
2011年	11332.5	34.56	473104.0	2.40	109247.8	10.37
2012年	13977.7	23.34	519470.1	2.69	125953.0	11.10
2013年	16381.1	17.19	568845.2	2.88	140212.1	11.68
2014年	17305.3	5.64	636463.0	2.72	151662.0	11.41

数据来源：根据《中国政府采购年鉴2013》和中央政府门户网站数据整理。

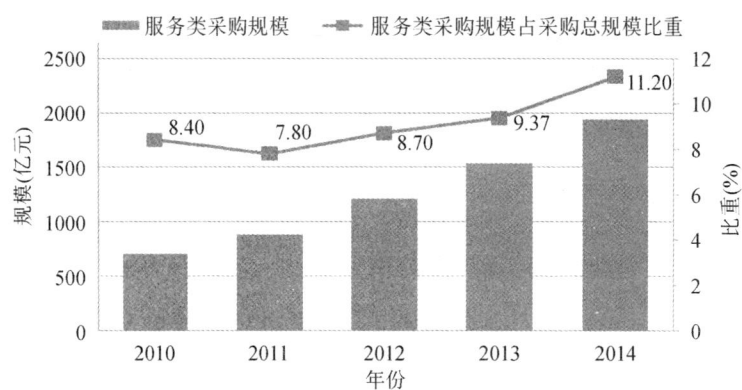

图6-15　中国服务类政府采购占全部政府采购比重的变化趋势

与发达国家差距比较大，在以美国为首的创新型国家的政府采购中，服务类采购规模已经占到政府采购总规模30%以上，即中国的服务类采购占总采购规模比重偏低的现状，将在未来很长一段时间影响政府采购引导企业进行科技创新的效果。

（三）政府采购规模区域非均衡

1. 政府采购规模的可视化描述

作者利用Stata13.0软件分别绘制了2001年、2005年、2009年、2012年30个省市区政府采购空间四分位图。从中我们可以发现，2001~2012年，政府采购规模的空间四分位图有共同集聚区域，呈现高值集聚的是东部地区（北京、上海、辽宁、广东、福建、浙江和江苏等），低值集聚的是中西部地区（安徽、河南、湖北、湖南、四川和云南等）。这进一步说明在2001~2012年，政府采购规模在三大区域的空间集聚效应十分显著。

2. 政府采购规模差异的基尼系数分解

为了反映政府采购规模的差异，我们采用的是 Dagum（1997）[①]提出的基尼系数分解方法，利用matlab7.0软件计算了三大区域的基尼系数，结果如表6-7所示。表6-7中列出了总体的基尼系数、区域内基尼系数、区域间基尼系数以及区域内和区域间的贡献率。政府采购规模总体地区差异，地区内部差异，地区间差异的演变见图6-16、图6-17和图6-18。

表6-7　三大区域总体、区域内、区域间的基尼系数及贡献率

年份	总体	区域内差异			区域间差异			贡献率（%）		
		东部地区	中部地区	西部地区	东部对中部	东部对西部	中部对西部	区域内	区域间	超变密度
2001年	0.560	0.433	0.224	0.494	0.553	0.760	0.486	25.68	67.98	6.34
2002年	0.563	0.425	0.237	0.495	0.564	0.764	0.493	25.30	68.04	6.66
2003年	0.562	0.408	0.157	0.491	0.586	0.772	0.456	24.16	70.66	5.19
2004年	0.576	0.403	0.172	0.493	0.602	0.796	0.479	23.46	72.26	4.27
2005年	0.575	0.407	0.174	0.463	0.604	0.797	0.455	23.56	72.15	4.30
2006年	0.573	0.417	0.166	0.464	0.592	0.797	0.458	23.92	72.15	3.93
2007年	0.583	0.437	0.136	0.479	0.597	0.806	0.464	24.36	71.61	4.03
2008年	0.578	0.438	0.148	0.450	0.577	0.810	0.481	24.29	71.86	3.86
2009年	0.566	0.429	0.166	0.445	0.552	0.799	0.491	24.28	71.51	4.21
2010年	0.567	0.426	0.188	0.434	0.554	0.802	0.496	24.18	71.68	4.14
2011年	0.582	0.424	0.218	0.424	0.576	0.820	0.513	23.85	72.57	3.59
2012年	0.579	0.427	0.222	0.441	0.569	0.812	0.511	24.20	72.00	3.80

注：由表中数据可知，组内差距、组间差距和超变密度的贡献率和为100%。

[①] 具体推导过程见Dagum论文。Dagum, C., A new approach to the decomposition of the Gini income inequality ratio, Empirical Economics, 1997, 22 (4), pp. 515-531.

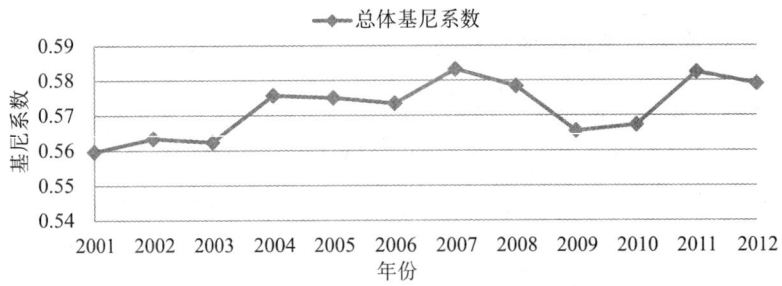

图 6-16　政府采购规模总体地区差异的演变

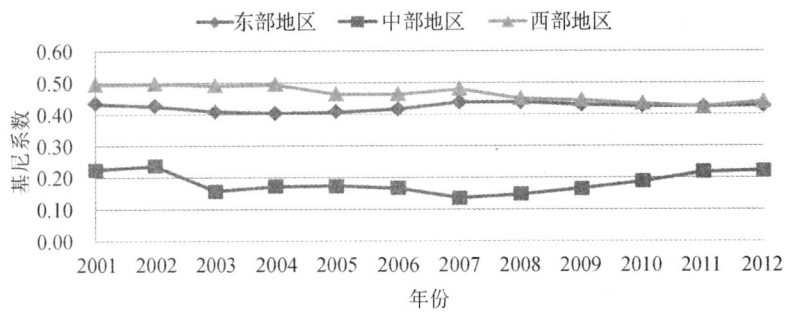

图 6-17　政府采购规模地区内部差异的演变

由表 6-7 可以看出，政府采购规模区域差异大致可以分为四个时期：第一个时期为 2001~2007 年，基尼系数总体呈现上升趋势，从 2001 年的 0.560 上升到 2007 年的 0.583，上升了 4.2%。第二个时期为 2007~2009 年，基尼系数呈现下降趋势，2009 年的基尼系数比 2007 年减少了 3.0%。第三个时期为 2009~2011 年，基尼系数呈上升趋势，其中基尼系数由 2009 年的 0.566 上升到 2011 年的 0.582。第四个时期为 2011~2012 年，基尼系数呈现下降趋势，2012 年的基尼系数比 2011 年下降了 0.58%（见图 6-16）。从三大区域政府采购规模的空间分布情况看，东部地区的基尼系数维持在 0.423 左右，并整体呈现下降的趋势；中部地区的基尼系数维持在 0.184 左右，并呈现下降的趋势；西部地区的基尼系数维持在 0.464 左右，并呈现下降的趋势（见图 6-17）。从政府采购规模区域差异的来源看，在考察期内地区内差异的平均贡献率为 24.3%，并且地区内差异呈现缩小的趋势；在考察期内地区间差异的平均贡献率为 71.2%，并且地区间差异整体呈现扩大的趋势（见图 6-19）。由此可见，地区间差异是政府采购规模区域差异的主要来源。

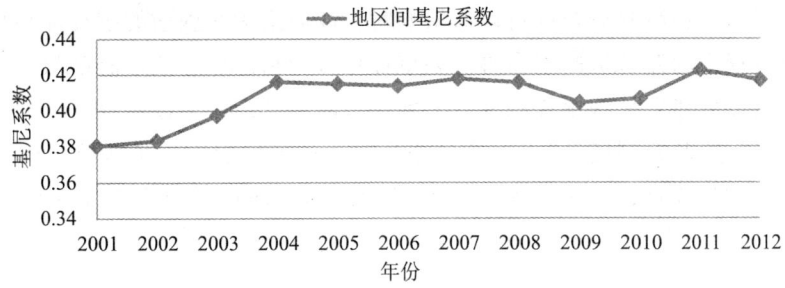

图 6-18　政府采购规模地区间差异的演变

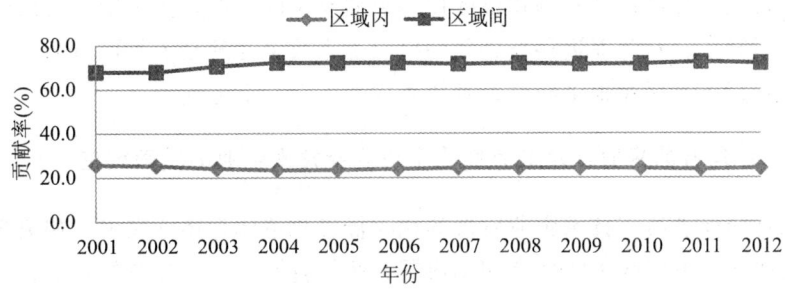

图 6-19　政府采购规模地区差异贡献率的演变

（四）政府采购引导科技创新水平的效果不足

根据第四章的政府采购对科技创新的效应实证检验结果可知，政府采购对三阶段科技创新水平的引导效果不足。具体表现为以下两个方面：一是政府采购对知识创新水平、科研创新水平和成果转化创新水平的平均贡献率偏低，其中政府采购对科研创新的平均贡献率最大（25.27%），其次成果转化创新（22.83%），最后知识创新（19.01%）；二是 2001～2012 年，政府采购对知识创新、科研创新和成果转化创新的贡献率整体呈现逐渐下降的趋势，表明中国的政府采购政策对科技创新的激励作用有减弱的趋势。因此，中国政府采购政策引导科技创新的效果还有待提高。

（五）采购监督管理部门缺少日常监督检查

创新型国家在进行政府采购过程中，采购监督部门均全程参与了监督，中国政府充分借鉴了创新型国家政府采购的成功经验，在颁布的《政府采购法》中规定，各级政府采购部门均必须设置采购监督部门，政府采购实施单位必须无条件接受采购监督部门的全程监督。审计署发布的 2012 年度政府部门审计报告中指出,各级政府在进行政府采购时,政府采购实施前的招投标和政府采购实施过程中的监督机制不完善。如审计报告中指出,有些政府部门在进行政府采购前没有建立采购预算制度,另外一些政府部门没有设置政府采购审批制度和部门采购监督制度等[①]。从审计报告中了解的情况看,采购监督管理部门缺少日常监督检查,直接影响了政府采购商品的使用效果和正常采购工作的开展。

四、税收优惠政策的激励效应没有充分发挥

税收优惠对科技创新的积极效用是显而易见的,但是由于中国目前的税收体系还不健全,有些促进科技创新的税收优惠政策在理论上是可行的,但在实际操作中,还是存在很多问题,具体表现在以下几个方面。

(一)现有的税收优惠政策弱化了对高新技术企业的激励效应

现有的促进高新技术企业发展的税收优惠政策体系还不完善,相关政策法规相对独立,不同政策法规之间不协调,还没有形成一个总体的规划,税收优惠管理效率低下,大大弱化了对高新技术企业的扶持作用。目前,中国支持科技创新的税收优惠政策还没有形成一套完整的体系,现有支持科技创新的税收优惠政策主要来源于有关高新技术企业税收优惠的法律法规的某些条款,而这些税收法律法规条款比较分散,一方面使高新技术企业很难全部了解相关的税收优惠政策,另一方面税收优惠政策具体实施部门也会出现执行过程中遗漏某些条款的现象,从而影响税收优惠政策的执行效果。与此同时,现行的税收优惠政策由于来源于税收法律法规的不同条款,导致税收优惠政策的实施过程中不同条款之间出现不协调的现象,引起税收优惠政策不协调的主要原因包括:税收优惠政策中不同条款之间存在法律间相互抵触的现象、税收优惠政策中不同条款的优惠截止时间不一致、税收优惠政策往往受到多个部门管理等。由于税收优惠政策实施过程中不同条款之间出现不协调,造成了税收优惠管理效率低下,从而导致税收优惠政策对高新技术企业发展的激励效应变弱。

(二)现有的税收优惠方式不利于企业开展技术创新

目前,中国的税收优惠方式采用的是以直接税收优惠为主,间接税收优惠

---

① 审计署:《关于 2012 年度中央预算执行和其他财政收支的审计工作报告》,http://www.audit.gov.cn/n5/n26/c64267/content.html。

为辅的形式。直接税收优惠方式主要包括税收减免、优惠税率、再投资退税等方式，在现有的税法体系中，直接税收优惠政策有163项，占税收优惠政策的77.25%。间接税收优惠方式主要有税收扣除、加速折旧、准备金制度、税收抵免、盈亏相抵和延期纳税等形式，占税收优惠政策的22.75%。直接税收优惠方式侧重于税后优惠，企业只有在生产经营结束后才能享受政府的税收优惠，政府具体实施起来简单，目的性比较强。间接税收优惠方式侧重于税前优惠，企业在生产经营过程中就可以享受政府的税收优惠，政府具体实施起来复杂，但对企业的激励作用明显。间接税收优惠是前置条件的优惠方式，管理操作比较复杂。现在获得优惠的企业主要是已经进行技术创新的企业，而那些还没有进行技术创新或正在进行技术创新的企业得不到这一优惠，只能是"望惠兴叹"。这种直接税收优惠方式对于引导企业事前进行技术创新的作用不大。中国税收优惠体系中的间接税收优惠的比例还比较小，这也间接减弱了企业开展技术创新的积极性。

（三）不同行业的税收优惠政策存在显著差异

2008年1月1日施行的《中华人民共和国企业所得税法》对国家需要重点扶持的高新技术产业给予企业所得税优惠。其中，符合高新技术产业的八大行业分别为：电子计算机及办公设备制造业、电子及通信设备制造业、信息化学品制造业、航空航天器制造业、医药制造业、医疗器械及仪器仪表制造业、高新技术改造传统产业、非工业高新技术产业。但在具体的税收优惠政策中，软件和集成电路产品及企业是增值税税收优惠最主要的行业，而其他高新技术产业涉及的税收优惠政策比较少。根据王乔（2007）的研究结果，目前中国对高新技术产业中的软件和集成电路产品及企业的税收优惠比重较高，达到40%左右[1]。针对软件和集成电路产品及企业的税收优惠政策，有效激励了软件和集成电路产品及企业的发展。而现行对高新技术产业实施的税收优惠政策，直接导致高新技术产业中不同行业享受的税收优惠有所差异。总体来看，税收优惠政策的执行结果与税收政策公平性目标相违背，也影响了税收优惠政策支持整个高新技术产业发展的效果。

---

[1] 王乔，饶立新："高新技术产业税收政策"，《税务研究》，2007年第1期。

(四) 对风险投融资的相关税收优惠政策不完善

通过第一章的分析可知，企业进行科技创新过程中具有不确定性和风险性，主要是科技创新资金投入的风险性和研发结果的不确定性。而科技创新过程中的不确定性和风险性，导致很多商业银行不愿意对企业进行的研发活动提供贷款，因此必须由政府来为企业的研发活动提供财政支持，为企业分担研发风险。创新型国家已经通过制定相关的税收优惠法律来支持企业进行科技创新的风险投资。如日本 2000 年颁布的《天使投资税制》、美国 1981 年颁布的《经济减税法》和 1999 年颁布的《R&D 减税修正法案》等。国外创业投资税收优惠政策主要以法律形式存在，使创业投资者在享受税收优惠权利时，能够准确地把握其收益。目前，中国创业投资的税收优惠政策只停留在部门通知、办法以及规章的层面上，这些政策法律层次较低，不具有规范性。与国外颁布的相关法律相比，数量差距甚大。中国促进科技创新的创业投资税收优惠政策在国家层面上比较少，占科技税收优惠政策的比重较低，如 2005 年国务院颁布的《创业投资企业管理暂行办法》和 2007 年财政部、国家税务总局联合颁布的《关于促进创业投资企业发展有关税收政策的通知》。因此，中国政府要完善以创新活动为投资主体的企业风险投融资税收优惠政策体系。

(五) 税收优惠政策的优惠对象存在偏差

当前，中国的税收优惠政策的主要获益对象是非研发项目的高新技术企业，这就造成了一些高新技术企业的非研发项目收入享受了税收优惠政策，而一些非高新技术企业的有利于科技创新的研发项目，由于税收优惠政策制定过程中对优惠对象设定的偏差而得不到税收优惠待遇。与此同时，很多企业为了享受税收优惠政策带来的收益，将企业资金主要花费在新建项目的建设上，而不是花费在技术创新上，走粗放式的发展道路，有些企业甚至在"高新技术产品""高新技术企业"等的认定上做文章，千方百计钻政策空子，把税收优惠政策当寻租工具，并通过"寻租"行为进行弄虚作假，在一定程度上影响到促进科技创新的税收优惠政策实施效果。

第二节 影响财政支持科技创新效果的原因

一、财政科技支出的制度保障不完善

(一) 财政科技支出缺乏法律支撑

1993 年 7 月,中国颁布的《科学技术进步法》中第四十五条明确提出了财政支持科技进步的两条办法:一是从提高科研经费投入总量上支持科技进步;二是从加快科研经费投入增长速度上支持科技进步。但是《科学技术进步法》没有给出具体的实施办法,以及出现科研经费投入增长速度低于财政收入增长速度的情况所需承担的责任。自 1994 年分税制财政体制改革以来,中国财政科技支出的执行情况一直波动较大,并没有完全按照《科学技术进步法》执行,一定程度上导致了中国财政科技支出在规模上的不足和结构的不合理。因此,仅靠一部《科学技术进步法》和各政府的部门文件组成的财政科技支出政策体系,在科技支出的经费保障和具体实施等方面,既无法保证财政科技支出政策的有效实施,又难以从法律层面上形成有效监督。

(二) 地方政府缺乏促进本地区科技创新的科技支出政策

目前,很多地方政府没有根据本地区的科技发展情况制定明确的促进科技创新的财政科技支出政策,仅以中央的财政科技支出政策作为执行原则,地方政府在具体选择扶持项目时,一些具有地方特色且对提升区域科技发展水平有较大作用的项目得不到地方政府的资金支持,极大地影响了区域科技创新能力的提升。与此同时,由于中国各地区的经济发展差异,导致不同地区间的财政科技投入呈现出"马太效应",即地区经济越强,财政科技投入力度越大,地区经济越弱,财政科技投入力度越小。此外,由于各地方政府在制定促进科技创新的科技支出政策时,没有充分考虑相邻地区支持科技创新的政策影响,导致资源出现溢出效应,直接影响了本地区财政资源的配置效率。

(三) 政府科技经费受多部门管理,规范性低

目前,中国政府科技经费管理采用的是财政与科技相结合的管理体系。对

政府科技经费进行财政管理，目的是保障科技资金投入的公平性、效率性和经济性，而科研创新活动过程中的风险性以及不确定性等因素将给科技经费管理带来诸多困难。对政府科技经费的过度规范和严格使用，在一定程度上会影响科技创新活动的开展；而强调科技经费的科技管理，又会造成财政科技资金的滥用。因此，政府在进行科技经费管理时，要在财政的规范、严格管理与科技管理中寻求平衡点，使财政科技资金在支持科技创新方面发挥出最大的作用。中国现行各级政府科技经费管理部门主要参考国家层面的科技经费管理体制来制定本部门的科技经费管理办法，这些部门科研经费管理办法不是针对具体项目的管理办法，一个科研项目往往受到多个部门的管理，导致各部门在管理同一个科研项目经费时，会出现不同部门科研经费管理办法相冲突的现象，因此，中国特有的多层次、多部门的科技管理体系，很大程度上降低了政府科技经费的使用效率。

（四）财政科技投入在科技创新的不同阶段有差异

根据本书对科技创新过程的划分可知，科技创新可以分成知识创新阶段、科研创新阶段和成果转化创新阶段，而目前中国的财政科技经费投入呈现出重应用研究轻基础研究的现象，即财政科技经费主要投入在科技创新的成果转化创新阶段。中国财政科技经费在科技创新不同过程的投入差异，直接影响科技资金的最优配置，如知识创新阶段和科研创新阶段科研经费不足、成果转化创新阶段的科研经费过度等。因此，财政科技经费在科技创新不同过程的投入差异，导致成果转化创新效率远远低于知识创新效率以及科研创新效率，并且呈现出中国科技创新整体效率偏低的现象。

二、政府采购政策的导向机制不健全

（一）政府采购制度体系不完善

政府实行采购制度以来，中央政府分别出台了《中华人民共和国招标投标法》《政府采购法》和《中华人民共和国政府采购法实施条例》等，各地方政府也分别出台了一系列相关法律法规，如《湖北省省级政府采购工作规程》《湖南省政府采购工作规范》《安徽省政府采购代理机构考核暂行办法》等，这些法律法规在一定程度上提高了政府采购资金使用效率，规范了各部门的政府采购行为，但与以美国为首的西方政府采购发达国家相比，中国的相关法律体系还不完善，特别是这些法律体系并不能够完全适应中国建立创新型国家的政府采购制度的发展需要。而从美国的经验可以看出，美国没有正式颁布政府采购法，但与政府采购相关的法律比较多。为了便于执行和操作，联邦政府归纳出其他有关政府采购的条款，形成了《联邦采购条例》（Federal Acquisition Regulation，以下简称 FAR）。FAR 对联邦政府的采购商品、招投标管理、采购具体实施过程等，都有详细的实施办法。而中国由于缺少与《政府采购法》相配套的具体实施细则，各地方政府在参考《政府采购法》的基础上制定了适合本地区实际情况的相关管理办法，由于各地方政府出台的相关管理办法或规章制度存在较大差距，并且其内容不统一，直接导致了各地方政府采购管理呈现混乱的局面。同时，各地方政府没有出台与政府采购违规行为相对应的处罚措施，各地财政部门仅仅采取扣拨款的办法进行处理。从中国政府采购的管理范围来看，中国与欧美发达国家相比还有很大差距，目前中国政府采购的管理范围仍然较窄，不少购买性资金仍处于政府采购监管之外，特别是很多工程类项目没有纳入政府采购管理范围，限制了中国政府采购功能作用的有效发挥，一定程度上影响了中国政府采购规模和结构。因此，健全和完善中国政府采购制度体系已是当务之急。

（二）地方政府采购政策对科技创新引导功能不一致

由于地区间经济差异的影响，经济不发达地区为了提高经济效益，政府在引导科技创新的科研项目采购过程中往往会重视市场的作用，一般直接向企业的科研项目进行政府采购，这些科研项目往往注重产学研结合；而经济发达地区政府在引导科技创新的科研项目采购过程中，既重视对产学研结合科研项目的采购，又重视对处于在试验和理论研究阶段科研项目的采购，如 2014 年 5 月 30 日，深圳市财政委员会采购办印发了《深圳市财政委员会关于大力支持我市高等院校和科研机构政府采购工作的通知（第一批扶持名单）》[1]，正是因为不同地区政府采购政策对科技创新引导功能不一致，在一定程度上造成各地区政府采购规模差异，而地区间政府采购规模差异，直接遏制了中国科技创新的发展势头。

---

① 深圳市政府采购网：《深圳市财政委员会关于 2015 年深圳市政府采购有关事项的通知》，http://www.zfcg.sz.gov.cn/zxtz/szfcgtz/201501/t20150126_2803851.htm。

(三) 政府采购绩效评价指标体系不规范

由于政府采购市场多样化的采购格局，即使政府采购中心对同一地区的同一个职能部门进行政府采购，其采购项目也会存在很大的差异，因此对不同政府采购项目设置统一的绩效评价指标存在一定的难度。目前，中国的政府采购绩效评价主要是采用"3E"原则或"4E"原则来构建指标体系，而构建的评价指标主要是反映采购项目的经济效益、社会效益以及行政管理等，评价过程侧重于资金、规模、社会发展等方面的合理性，对政府采购的科技创新效益评价不足，直接影响政府部门对高新科技产品的需求。因此，由于政府采购绩效评价指标体系不规范，直接减弱了政府采购对企业进行科技创新活动的引导效果。

(四) 政府采购监督检查机制不合理

随着政府采购的不断发展，中国政府采购具体运行中的监督机制还存在一系列问题，这些问题主要为：一是政府采购监督检查实施主体出现权力虚置，包括三方面：(1) 人大监督权缺失。《中华人民共和国政府采购法实施条例》对政府采购监督检查进行了规定：各级人民政府财政部门、审计机关、监察机关以及其他有关部门依法对政府采购活动实施监督，发现采购当事人有违法行为的，应当及时通报财政部门。实际上，政府采购使用的是财政性资金，而中国宪法明确地赋予了人大财政监督的权力，但"实施条例"中没有对人大监督权做具体规定。因此，人大不能落实政府采购监督权。(2) 各级人民政府财政部门监管不力。《中华人民共和国政府采购法》第十三条指出：各级人民政府财政部门是负责政府采购监督管理的部门，各级人民政府其他有关部门依法履行与政府采购活动有关的监督管理职责。而在实际政府采购监督中，财政部门会顾及同处一个体制内其他部门的脸面，对其他政府部门的采购清单采取睁一只眼闭一只眼的态度。再加上很多地方政府没有将政府采购中心与财政局分离，直接导致了财政部门扮演运动员和裁判员的双重角色，进一步影响到财政部门对政府采购的监管效果。(3) 社会监督力量不足。为防止暗箱操作，遏制寻租腐败，保证政府采购公开、公平、公正，《中华人民共和国政府采购法实施条例》对政府采购过程中的发布采购信息、公开采购预算金额、签订采购合同等各个过程，均要求实施全程监督机制。但由于中国政府采购宣传力度不够，政府采购法普及推广不够，广大媒体和群众对政府采购的关注程度是有限的，监督作用自然也就无从谈起。而且从法律层面上讲，中国缺乏公民对公益诉讼的程序规定，使监督权不能有效地落实。广大媒体在监督过程中由于相关法律规定的欠缺，也很难发挥其应有的作用。二是政府采购人员整体素质不高。中国政府采购人员素质与西方发达国家相比尚有一定的差距。目前，中国政府采购专业化人才匮乏，采购人员整体素质不高，缺少依法采购和依法监督的观念，而且对一些高科技产品的专业技术知之甚少，采购人员在采购过程中遇到实际问题无法及时有效解决，这都阻碍了政府采购的绩效水平的提高，以及中国政府采购事业的健康发展。

三、税收优惠政策的激励体系不规范

（一）税收优惠政策不完善

近年来，中央政府制定了一系列支持科技创新的税收优惠政策，但是由于这些政策由不同部门分别制定且制定时间不统一，不同政策之间往往会出现不连续和不协调，使得这些政策显得分散和零乱，影响政策的执行效果。与此同时，各地方政府以中央政府制定的税收优惠政策为基础制定了适合本地区的促进科技创新的税收优惠政策，这些地方性政策多而杂，并且有些地方政府制定出的税收优惠政策范围不清晰，覆盖面比较窄。而且这些税收优惠政策往往分散在不同的管理部门，缺少一个收集各部门税收优惠政策并向统一提供给满足认定条件企业的平台，使得有些符合享受税收优惠政策的企业不能及时得知企业所在地区的优惠政策或者对优惠政策把握不准确，不能及时进行项目申报，导致其根本无法享受到政府制定的优惠政策和政策性资金的支持，直接影响到税收优惠政策的执行效果。

（二）税收优惠政策准入门槛过高

目前，很多税收优惠政策的审批有着严格的准入门槛，许多理论上设计很好的政策，在实际操作过程中难以有效落实，政策效果在短期内无法显现出来，主要表现在部分政策设置的标准过高，使用范围比较窄、申请和办理程序复杂、审批时间较长，项目负责人很难准确评估和利用。虽然中央政府和各地方政府出台这么多优惠政策，但是2008年中国政府颁布的《高新技术企业认定管理办法》中规定，高新技术企业必须持有申报或者附身当年及前两年获得的发明专利一项以上，或者实用新型六项以上，来源方式可以是企业自主研

发，也可以是通过专利权转让或者独占许可获得，但注意时间必须在前三年的时间范围内，否则，该企业不能认定为高新技术企业。实际上很多地方政府出台的税收优惠实施细则，要求企业提供很多资料进行审核，即使不考虑申请审核的时间问题，就申报前的准备工作就会使很多企业望而却步，降低申请比率，以至于很多企业，特别是中小企业满足不了申请要求，无法享受到国家税收优惠政策带来的好处。

(三) 税收优惠制度设计存在缺陷

科技创新的过程主要包括知识创新、科研创新、成果转化等环节。虽然每个环节的特点不同，但它们具有一个共同点就是不确定性和高风险性，因此，必须对科技创新这些环节采用税收优惠政策加以扶持，将各环节的不确定性和高风险性降到最低。从中国现行的税收优惠政策来看，其重点扶持的是大型企业及其经过成果转化环节并进入市场的成果，而忽略了中小企业科技创新的发展。目前，中国对成果转化前的知识创新和科研创新缺乏足够的优惠强度支持，现有的企业科技创新的税收优惠政策的侧重点在科技创新的成果转化阶段，而科技创新的知识创新阶段和科研创新阶段往往存在不确定性和高风险性，从而企业将面临研发投入过大而得不到相应回报的风险。并且由于中国现行的税收优惠政策以直接税收优惠为主，企业只有成果转化创新完成之后才能获得一定的税收优惠待遇，这直接减弱了企业开展科技创新的积极性。

第七章 财政支持科技创新的国际比较

伴随着科技创新对经济增长的促进作用不断增强,创新型国家普遍意识到科技创新对一个国家经济社会发展的重大意义,特别是科技创新对提升一个国家的国际竞争力起着至关重要的作用。现有的创新型国家主要是通过财政科技支出、政府采购和税收优惠等财政支持方式来促进本国的科技创新发展,财政支持大大提升了创新型国家的科技创新水平和科技创新能力,进而促进了创新型国家的经济发展。本章重点分析了美国、日本和韩国等国家1970年以来促进科技创新的财政支持体系特点,同时,通过分析这些国家的成功经验,为中国正在实施的促进科技创新的财政支持体系提供借鉴。

第一节 国外财政支持科技创新的实践

一、美国财政支持的实践

(一)美国的财政科技支出

自20世纪70年代末以来,联邦政府主要以直接资助为主,其他间接支出为辅助来推动科技创新。通过30多年的不断发展,美国出台了一系列财政科技支出政策来支持本国科技创新,其主要表现在以下几个方面:

一是加大对研究开发经费的投入规模。卡特政府时期对科技创新尤为重视,政府督促国会通过了"国家1979技术创新法"。"国家1979技术创新法"

的通过使得联邦政府资助、推动科技创新的行为合法化,并且这一时期联邦政府对 R&D 的资助额迅速上升。20 世纪 80 年代,里根政府将科技创新政策从其他政策中剥离出来。这一时期,联邦政府不仅加大了科研资金的投入,以科研项目来引导企业进行科技创新,带动企业进行成果转化创新,还颁布了多项促进科技创新的政策法律,推进科技制度的创新。20 世纪 90 年代,克林顿政府时期,美国为了鼓励社会各界积极参与科学技术发展,特别提出将研发经费占国内生产总值的比重提高到 3%。到 20 世纪 90 年代末,基础研究投入比重占科技支出的 33.68%。小布什政府时期,美国于 2002 年制订了研发经费五年翻番的计划。到 2013 年,尽管美国经济不景气,而且面临减赤的压力,奥巴马政府仍然在 2014 财年预算中对研发给予了大力支持。2014 年研发经费预算在 2012 年的基础上增加了 19 亿美元,达到 1428 亿美元,其中,基础研究和应用研究投入预算将达到 681 亿美元,基础研究和应用研究投入比重占科技支出的 47.69%①。在 2014 财年预算中,为了保持世界科技创新的领先地位,奥巴马政府强调将一如既往加大对研究开发经费投入的预算。如图 7-1 所示,美国 R&D 经费占 GDP 比重整体呈现逐渐上升的趋势,到 2012 年达到 2.79%。

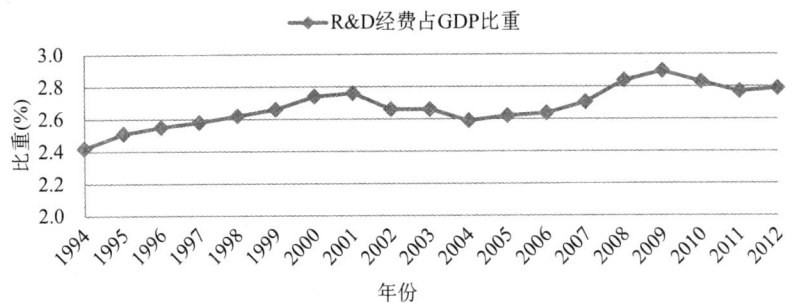

图 7-1 美国 R&D 经费占 GDP 的比重

数据来源:根据相应年份《中国科技统计年鉴》数据整理。

二是对研究开发经费投入的结构进一步优化。近年来,美国政府的研发经费投入向基础研究倾斜,并且研发经费投向部门主要是政府研究机构,最重要的一点就是,美国将高等教育部门列为参与科技创新的比较重要的一个部门。从 21 世纪初到 2012 年,美国的基础研究、应用研究和试验发展投入比重分别

---

① 中国科技部网站:《美国政府发布 2014 财年研发预算》,http://www.most.gov.cn/gnwkjdt/201305/t20130517_ 105862.htm。

在 16%~19%、17%~23%、60%~65% 的范围内，上下波动较小（如图 7-2 所示）。从 2012 年美国基础研究经费的来源和在执行部门分配来看，联邦政府资金是基础研究经费的来源主体，占到 52.60%，而高等教育部门资金所占的比重仅为 11.22%，但是其为基础研究执行的主体部门，所占比重为 53.50%（如图 7-3 和图 7-4 所示）。从 2012 年美国 R&D 经费的来源和在执行部门的分配情况来看，企业资金是 R&D 经费的来源主体，占 59.17%，联邦政府资金占 R&D 经费总额的比重为 30.79%，与此同时，企业 R&D 经费支出占 R&D 经费总额的比重为 69.83%，高等教育部门 R&D 经费支出占 R&D 经费总额的比重为 13.83%，政府部门 R&D 经费支出占 R&D 经费总额的比重为 12.31%。目前，美国的企业、政府部门、高等教育部门和非营利性组织 R&D 经费支出比重分别在 68%~75%、7%~13%、12%~16%、3%~6% 的范围内上下波动。即企业是 R&D 经费的执行主体（如图 7-5 和图 7-6 所示）。

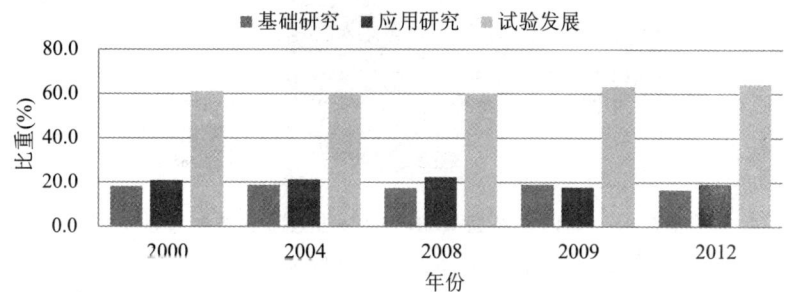

图 7-2 美国基础研究、应用研究和试验发展投入比重

数据来源：根据相应年份《中国科技统计年鉴》数据整理。

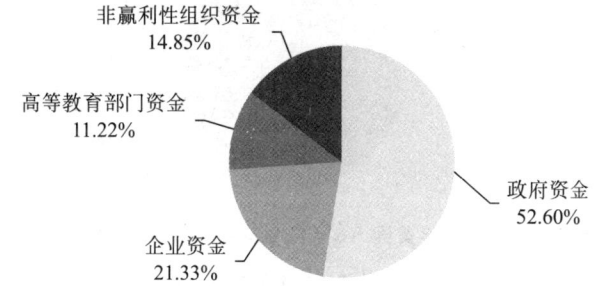

图 7-3 2012 年美国基础研究经费按照经费来源划分

数据来源：根据相应年份《中国科技统计年鉴》数据整理。

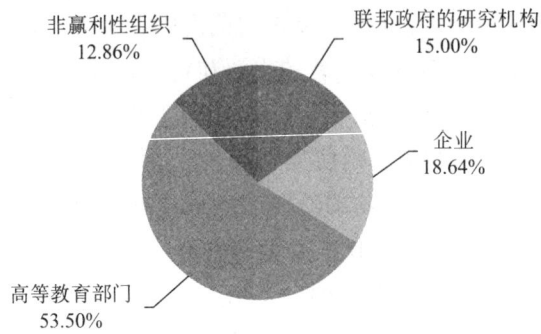

图 7-4　2012 年美国基础研究经费按照执行部门划分

数据来源：根据相应年份《中国科技统计年鉴》数据整理。

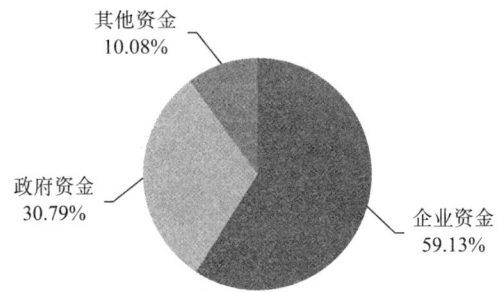

图 7-5　2012 年美国 R&D 经费支出按照经费来源划分

数据来源：根据相应年份《中国科技统计年鉴》数据整理。

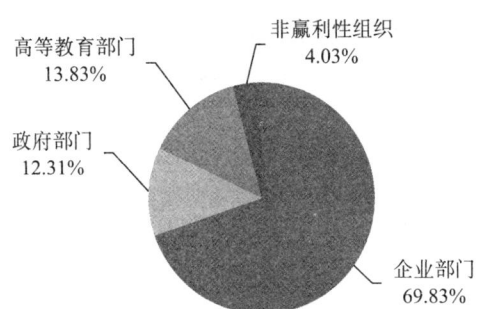

图 7-6　2012 年美国 R&D 经费支出按照执行部门划分

数据来源：根据相应年份《中国科技统计年鉴》数据整理。

（二）美国的政府采购政策

美国实施政府采购制度有 200 多年历史，美国的政府采购政策在引导企业开展科技创新方面起到比较重要的作用。具体来说，美国主要在以下几个方面，通过政府采购支持本国科技创新。

一是为促进本国企业科技创新而优先购买本国产品。美国1933年颁布的《购买美国产品法》中明确规定，"政府采购时要保护本国工业"，要求联邦政府在实施政府采购时，要采购一定比例的美国原材料和产品。并且美国现行的《联邦政府采购法》中也明确规定了扶持本国企业开展科技创新的政府采购具体实施办法，这些办法涉及的内容比较全面，包括政府采购对象、政府采购价格以及产品成本支出等。通过这些实施办法，美国充分保护了本国科技创新产品的发展。

二是对本国高新技术产品实行首购政策。美国为了扶持和发展本国的计算机、集成电路、航空航天和生物制药等高新技术领域，对本国高新技术产品实行首购政策，通过首购政策的实施，推动了美国高新技术产业的发展，使美国高新技术产业处于世界领先格局。

三是支持中小企业科技创新方面。美国于1983年启动了中小企业创新研究工程（SBIR），为了支持中小企业进行科技创新活动，美国政府规定在政府采购过程中优先考虑中小企业科技创新活动的产品和服务，这些产品和服务涵盖了美国民用和军用的各个领域，极大地解决了中小企业科技创新产品和服务销路的问题，使美国的中小企业得到充分的发展。

（三）美国的税收优惠政策

美国实施促进企业进行科技创新的税收优惠政策到现在已经有60多年，通过这几十年来对税收优惠政策的不断完善，税收优惠激励科技创新的效果得到不断增强。从税收优惠支持企业进行科技创新的实践来看，美国主要从以下几个方面来支持科技创新：

一是鼓励企业增加研究开发投入。1986年，美国的《国内税收法》规定：（1）当企业本年研发费用超出上年时，超出部分的20%可直接冲抵应纳税所得额；（2）企业将普通设备更新为高新科技设备时，更新设备的投资可享受设备投资额10%的所得税抵免；（3）当政府研究机构或者高等教育机构接受企业的委托，为企业进行科学研究时，企业提供的研发经费可享受一定比例所得税抵免。由于研发支出可以从应纳税所得额中扣除，从而使企业的前期研发成本得到降低，在一定程度上达到了政府鼓励企业加大研发投入的目的。近年来，美国政府为了鼓励企业持续进行技术研发投资，为相应的企业提供了永久性税收优惠，从而激励企业持续进行研发投资。

二是鼓励企业通过更新设备来进行科技创新。美国联邦政府为了鼓励企业采用新技术设备，允许企业对设备进行加速折旧，缩短设备的法定使用年限，作为政府对高新技术企业进行研发投资的一种补贴方式。与此同时，美国政府在鼓励中小企业投资购买新技术设备方面做了以下规定：当企业的技术设备法定使用年限越长，享受的购入价格的所得税抵免额度越高。美国各州政府为了鼓励企业采用新技术设备也采取了不同的税收优惠政策。如企业购买新技术办公设备的成本在第一年实行30%的额外加速折旧等。

三是支持中小企业科技创新的税收优惠政策。美国联邦政府在采用税收优惠政策支持中小企业科技创新方面做了以下规定：符合公司所得税税法中规定的中小企业，可以自主选择缴纳公司所得税和个人所得税中的一种。若企业缴纳公司所得税，税率为15%、18%、25%、33%四档税率，但缴纳完公司所得税后，在分配企业利润时，股东还需要缴纳个人所得税。若企业缴纳个人所得税，则按照合伙企业的合伙人纳税方式，即个人所得税根据股东所占份额由各股东分别缴纳。

二、日本财政支持的实践

（一）日本的财政科技支出

日本早在20世纪60年代就实施了研发补助金制度，研发补助金制度涉及很多领域（军工产业、新能源产业、生物技术产业等），该项制度主要有两个目的：一是直接向开展科技创新活动的企业提供研发经费；二是向开展科技创新活动的企业提供研究开发补助。研发补助金制度为日本的研发企业提供了大量的财政资金支持，并且自实施研发补助金制度以来，政府研发经费投入呈现持续增长趋势。经历了30多年的财政科技支出政策的发展，到20世纪90年代，日本研发经费投入增长速度高于国内生产总值的增长速度，如1997年研发经费投入增长速度是国内生产总值增长速度的5倍。到21世纪初期，即使日本的国内生产总值增长率为零，研发经费投入增长率还是保持在7%~10%。从2009年起，研发经费投入增长率有所下降，并且有些年份呈现出负增长率，但整体上研发经费投入还是呈现增长的趋势。如图7-7所示，20世纪90年代以来，日本R&D经费占GDP比重整体呈现逐渐上升趋势，到2012年达到3.35%。

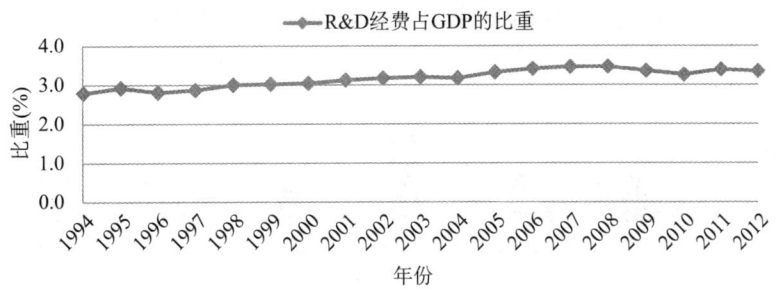

图7-7 日本R&D经费占GDP的比重

数据来源：根据相应年份《中国科技统计年鉴》数据整理。

日本在1996年、2001年、2006年分别颁布了《第一个科学技术基本计划》《第二个科学技术基本计划》和《第三个科学技术基本计划》，"《基本计划》"都强调了基础研究的重要作用，希望通过逐渐提高基础研究的投入，使基础研究成果成为带动整个产业全面发展的重要支撑，提高科技创新国际竞争力。如图7-8所示，日本政府投入基础研究所占比重呈上升趋势，到2011年基础研究所占比重达到12.85%，并且政府的基础研究投入也主要流入政府研究机构和大学。日本在分配科研经费给具体执行部门时，获得科研经费最高的部门是大学，其次为政府研究机构，最小的为民间机构，即大学和政府研究机构是日本研究开发最主要的部门。与此同时，受西方创新型国家的影响，日本政府感受到基础研究对整个国家科学技术发展的重大作用，因此，日本在21世纪初就开始加大了对基础研究科研经费的投入力度，到2004年，基础研究科研经费占科研经费总投入的比重达到40.4%。从21世纪初到2011年，日本的基础研究、应用研究和试验发展投入比重分别在8%~14%、21%~23%、60%~66%的范围内，上下波动较小。从2012年日本R&D经费的来源和在执行部门分配情况来看，企业资金是R&D经费的来源主体，占到76.12%，政府资金占R&D经费总额的比重为16.84%，与此同时，企业R&D经费支出占R&D经费总额的比重为76.62%，高等教育部门R&D经费支出占R&D经费总额的比重为13.36%，政府部门R&D经费支出占R&D经费总额的比重为8.62%。即企业是R&D经费的执行主体（如图7-9和图7-10所示）。

（二）日本的政府采购政策

日本实施政府采购的历史比较悠久，并号召发起了世界贸易组织的《政府采购协议》。不仅形成了典型的分散型政府采购模式，还建立了独具特色的

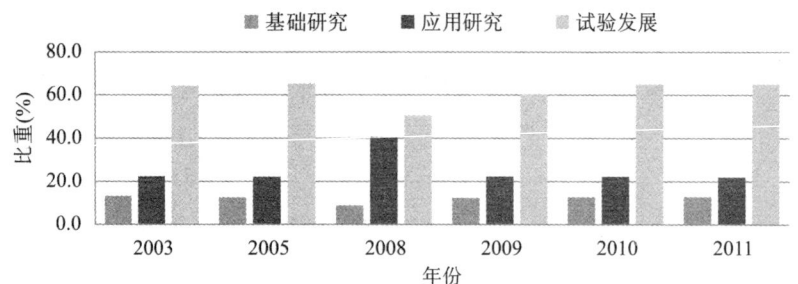

图 7-8 日本基础研究、应用研究和试验发展投入比重

数据来源：根据相应年份《中国科技统计年鉴》数据整理。

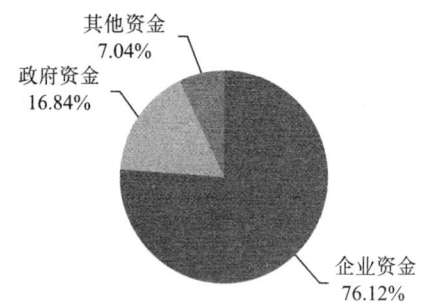

图 7-9 2012 年日本 R&D 经费支出按照经费来源划分

数据来源：根据相应年份《中国科技统计年鉴》数据整理。

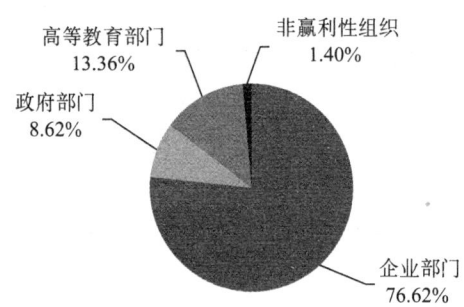

图 7-10 2012 年日本 R&D 经费支出按照执行部门划分

数据来源：根据相应年份《中国科技统计年鉴》数据整理。

政府采购法律体系。日本于 1947 年、1962 年先后制定了《会计法》《预算决算与账目公开条例》和《合同式商业交易法规》等，为了全面落实世界贸易组织的《政府采购协议》，日本于 1995 年制定了《地方自治法施行令》，用来规范地方政府签订的采购合同，使其符合《协议》的要求。日本主要在以下几个方面，通过政府采购支持本国科技创新。

一是为促进本国企业创新而优先购买本国产品。日本政府为了激励本国企业开展科技创新，保护本国高科技企业利益，在制定采购政策时，设置的政府采购程序比较复杂，使很多国外企业很难进入日本市场。更重要的一点是，日本政府专门设置一些特别条款来保护本国企业的利益，如涉及国家机密的商品、国防部门需要的商品等只能采购本国企业所生产的。与此同时，日本政府还利用第三种机构来进行政府采购，并且第三种机构的政府采购规模呈现逐年上升趋势，而第三种机构的政府采购不受日本的政府采购制度管理。即日本的特别条款和第三种机构在促进本国企业创新，保护本国企业中扮演着重要的角色[①]。

二是支持中小企业科技创新方面。为扶持中小企业进行科技创新，日本在国内制定的政府采购相关法律和落实世界贸易组织《政府采购协议》相关政策中均有对促进中小企业进行科技创新的具体规定。总的说来，日本的政府采购政策在支持中小企业进行科技创新方面做了以下几个工作：（1）降低中小企业进入政府采购候选企业的门槛。（2）将中小企业的科技创新产品列入政府采购目录，并划定一定比例的政府采购份额给中小企业。（3）鼓励和支持本国高科技创新型中小企业打入国外政府采购市场，提升中小企业科技创新水平。由于日本政府对中小企业的不断扶持，中小企业面临的资金和技术困难得到缓解，中小企业得到了全面发展，从而使中小企业成为日本科技创新的重要力量。

（三）日本的税收优惠政策

日本政府在科技发展历程中一向重视运用税收政策来鼓励企业的技术研发活动。早在 1952 年，日本通产省就以财政预算拨款的形式，对高新技术企业 R&D 研发的重要项目等符合政策要求的投入活动进行补贴。此后，日本不断推出新的补贴政策。总的说来，日本支持科技创新的税收优惠政策主要有以下几个方面内容：

一是激励企业开展研究开发活动的税收优惠政策。日本激励企业开展研究开发活动的税收优惠政策是建立在 20 世纪 50 年代建立的新技术企业化贷款制

[①] 中国政府采购网：《日本政府采购制度》，http://www.ccgp.gov.cn/wtogpa/zhidu/201310/t20131029_3588893.htm。

度基础上的,并经历了20世纪80年代的新技术开发贷款制度,才形成现代的税收优惠政策。早期的税收优惠政策对企业准入门槛比较高,企业必须完成研发并产业化后才能获得税收优惠,而现行的税收优惠政策对企业要求比较低,企业在进行研发阶段就可以获得税收优惠。日本政府现行激励企业开展研究开发活动的税收优惠最主要的方式包括:政府为进行研究开发的企业提供低利率银行贷款、政府对进行研究开发的企业实施税收抵免、政府对企业的研发投资实施税收抵扣等。与此同时,日本政府还制定了专门的法律制度支持企业进行高技术研发活动,如《促进基础技术研究税则》《增加试验研究费税额扣除制度》等。通过一系列税收优惠政策的实施,大大减轻了企业研发经费不足的问题,从而使日本的企业在研发过程中取得了不少让国际企业界轰动的科研成果。

二是对研究机构或大学与企业联合进行的研发活动实施税收优惠政策。20世纪90年代以前,日本政府鼓励企业与政府研究机构或大学进行联合研发活动,并对联合研发活动实施免税政策。20世纪90年代后,日本政府拓宽了企业税收优惠的范围,包括企业与私营企业进行联合研发活动以及企业与国外研究机构或大学进行联合研发活动,并对联合研发活动实施税收减免政策。通过对联合研发活动的税收优惠政策的实施,日本企业既降低了研发成本,又提高了自主科技创新能力。

三是对"技术研究协会"实施税收优惠政策。日本的"技术研究协会"属于非营利机构,对"技术研究协会"实施税收优惠政策,反映了日本特有的对科技创新的政府干预行为。日本政府为了优化企业间的研发资源配置,鼓励研发资源互补的企业开展联合研发活动,企业进行联合研发活动享受税收优惠的实际受惠者为"技术研究协会",各协会成员为协会提供特别折旧费。而即使当折旧费用于获得进行研究开发活动所需的固定资产时,其协会的成员企业仍可以在其账户上报告亏损。授权的技术研究协会用于研究开发的固定资产可以预先折旧,从而使"技术研究协会"的会计账面收入为零。通过上述特别措施,日本政府为研究开发所提供的税收减免每年可达900亿日元。

三、韩国财政支持的实践

(一)韩国的财政科技支出

韩国早在20世纪90年代就开始对政府研发机构和企业实施资助制度,现行韩国的研发资助制度主要是针对研发机构和企业的科研项目资助制度，即政府对研究机构和企业申请的科研项目实施科研经费资助。随着研发资助制度的不断实施，韩国的研究机构和企业获得了源源不断的R&D经费投入，R&D经费投入也直接促进了韩国的科学技术的发展，进一步提升了韩国的国际竞争力。如图7-11所示，20世纪90年代以来，韩国R&D经费占GDP的比重整体呈现逐渐上升趋势，到2012年达到4.36%。

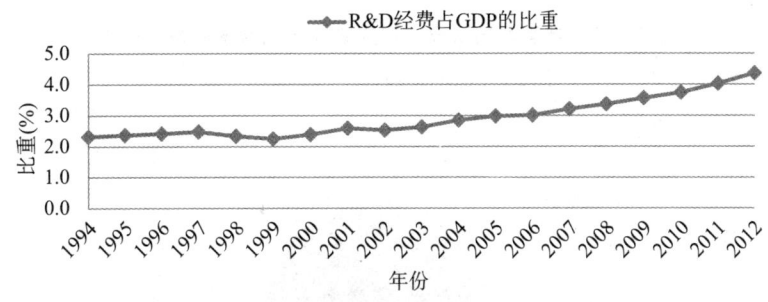

图7-11 韩国R&D经费占GDP的比重

数据来源：根据相应年份《中国科技统计年鉴》数据整理。

与此同时，21世纪以前，韩国对基础研究的R&D经费投入比较低，直接导致了韩国的自主科技创新技术停滞不前。为了有效发挥基础研究对韩国自主科技创新的促进作用，韩国政府于2004年在R&D经费投入预算中规定：在R&D经费投入不断增加的同时，逐步提高基础研究R&D经费投入占R&D经费总投入的比重。从21世纪初到2011年，韩国的基础研究、应用研究和试验发展投入比重分别在12%~19%、19%~26%、61%~65%的范围内，上下波动较小（如图7-12所示）。从2012年韩国R&D经费的来源和在执行部门分配情况来看，企业资金是R&D经费的来源主体，占到74.73%，政府资金占R&D经费总额的比重为23.85%，与此同时，企业R&D经费支出占R&D经费总额的比重为77.95%，政府部门R&D经费支出占R&D经费总额的比重为11.25%，高等教育部门R&D经费支出占R&D经费总额的比重为9.52%。即企业是R&D经费的执行主体（如图7-13和图7-14所示）。

（二）韩国的政府采购政策

韩国的政府采购政策实施时间也比较早，最早的政府采购主要目的是向国外采购本国急需的商品，随着政府采购政策的不断完善，韩国的政府采购规模

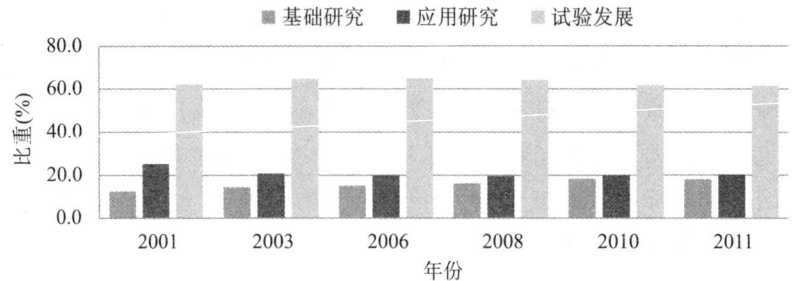

图7-12　韩国基础研究、应用研究和试验发展投入比重

数据来源：根据相应年份《中国科技统计年鉴》数据整理。

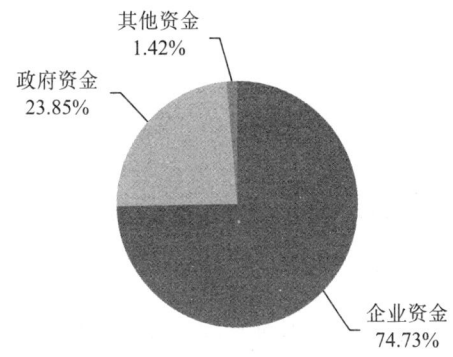

图7-13　2012年韩国R&D经费支出按照经费来源划分

数据来源：根据相应年份《中国科技统计年鉴》数据整理。

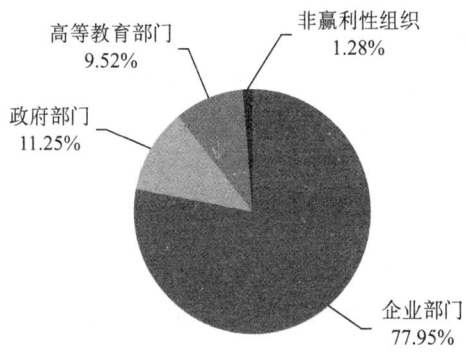

图7-14　2012年韩国R&D经费支出按照执行部门划分

数据来源：根据相应年份《中国科技统计年鉴》数据整理。

得到不断扩大，并且政府采购的范围也得到不断拓展，其中比较重要的一点就是在通过政府采购政策支持本国企业开展科技创新方面取得了很大成效，具体

实施为以下两个方面:

一是实行本国高新技术产品首购制。为了有效扩大本国高新技术产品的市场需求,韩国政府专门制定了相关法律,法律要求中央政府部门、地方政府部门以及与政府相关联的其他机构在采购本部门需要的高新技术产品时,均有义务优先采购本国企业生产的高新技术产品,如果各部门不履行相应的义务,部门负责人将受到法律的制裁。与此同时,韩国政府对本国高新技术产品实施最低限价,可以有效保护本国高新技术产品市场。通过实行本国高新技术产品首购制,韩国的高新技术产业得到空前发展,本国自主科技创新水平得到显著提高,大大提高了企业开展研究开发的积极性。特别是汽车和电子产业得到国际充分认可,从而使韩国出现了一些国际品牌,如三星、LG、现代等。

二是支持中小企业科技创新方面。为了鼓励本国中小企业参与高新技术产品的研发活动,韩国政府制定了相关的法律条款,法律条款明确指出:政府部门要将中小企业生产的高新技术产品纳入政府采购产品目录,经过国会审议通过后在政府部门网站进行公示;中央政府部门、地方政府部门以及与政府相关联的其他机构在实施优先采购本国高新技术产品时,要按照一定比例对中小企业的高新技术产品进行采购。

(三) 韩国的税收优惠政策

韩国市场经济发达,市场化程度比较高,法律法规比较完善,其支持科技创新的税收优惠政策主要是通过法律形式,如《税收减免控制法》和《中小企业创业支援法》等给予说明。即韩国支持科技创新的税收优惠政策比较规范和全面。韩国现有支持科技创新的税收优惠政策主要侧重在以下几个方面:

一是鼓励企业增加研究开发投入。为了鼓励企业增加研究开发投入,韩国先后颁布了《技术开发促进法》和《鼓励外资法》,并分别对具体优惠措施做了明确规定:为了解决有关行业的企业在进行研究开发时对资金的大量需求,特别制定了"技术开发准备金"制度,企业可按收入总额的一定比例提取技术开发准备金(如生产资料行业为5%,技术密集型行业为4%,其他行业为3%),提取的技术开发准备金可以允许在以后的年度进行技术开发活动,3年到期时未使用的技术开发准备金,应计入企业所得纳税。同时,对企业进行研究试验所用的设备投资、引进技术人才、进口学术研究用品等均做了相应的税收优惠。

二是鼓励企业采用先进技术设备。1977年,韩国制定了《科研设备投资税金扣除制度》，规定企业研发机构或产业技术研究团队对研发试验用设备的直接投资，可以给予税额减免和加速折旧。其中税额减免为按设备购置款的5%（国产设备为10%）直接进行税额的抵减；加速折旧为按设备购置款的50%（国产设备为70%）实行加速折旧。

三是鼓励企业进行技术转让。1979年，韩国制定了《技术转让减免所得税制度》，该制度明确企业技术转让、出租获取的收入，公民按照合同要求自行研发专利技术获取的收入，可以减免企业或法人所得税。技术转让、出租给本国企业或公民获取的收入实行全额免征；技术转让、出租给外国企业或公民获取的收入实行减征50%税额的政策。

四是支持中小企业进行科技创新。1972年，韩国颁布了《技术开发促进法》，实施技术开发准备金税前扣除制度，明确根据企业类型的不同，企业可将3%、4%、5%的收入总额提取为技术开发准备金，全额计入成本在企业所得税前扣除。20世纪80年代，韩国颁布了《中小企业创业支援法》，该法对中小企业的科技研发活动实行税额减免和税率降低等优惠政策。20世纪90年代以后，韩国进一步完善技术开发准备金制度，深化研发费用的税前抵扣、加强高新技术产品的消费税优惠、扩大研发设备投资额的减免范围、明确学术研究用品的关税减免等税收优惠政策[①]。

第二节　财政支持的国际经验

一、财政科技支出机制比较完善

财政科技支出为一个国家进行科技创新提供了非常重要的财力保障，财政科技支出对于一个国家需要投入巨额资金而存在高不确定性和高风险性的研发活动以及关系未来国家经济社会发展的重大科研项目等都发挥着非常重要的作用。虽然美国、日本和韩国等国家为了支持科技创新对政府科技投入的具体措施有差异，但总体来说，在完善支持科技创新的财政科技支出机制方面有以下三个共同点：

---

① 朱妙芬，张茹茹，张炜："韩国中小企业技术创新政策对我国的启示——基于开放式创新理论视角"，《杭州电子科技大学学报（社会科学版）》，2012年第3期。

第一,政府通过立法的形式对财政科技支出实施保障。这些国家对科技创新资金的投入进行了立法,立法所涵盖的内容比较全面,主要包括两大内容:一是在对科技创新进行财政科技投入前要进行严格的预算,主要针对财政科技投入的规模和投入方向;二是对未来一段时间内财政科技投入的增长速度也做了明确规定。20世纪90年代,美国在克林顿政府时期,为了鼓励社会各界积极参与科学技术发展,特别提出将研发经费占国内生产总值的比重提高到3%。小布什政府时期,美国于2002年制订了研发经费五年翻番的计划。奥巴马政府仍然在2014财年预算对研发给予了大力支持。2014年研发经费预算在2012年的基础上增加了19亿美元,达到1428亿美元。2001年日本政府在颁布的《第二个科学技术基本计划》中明确提出,为了提升日本的科技创新水平,将财政科技投入占GDP的比重提高到1%。到2012年日本政府的R&D经费达到15.88万亿日元,R&D经费占GDP的比重达到3.35%。自1994年以来,韩国政府加大了研发投入的规模,研发投入的增长速度随着经济增长速度随时调整。韩国政府在1997年制定的"科学技术革新五年计划"中明确提出,政府要不断加大研发投入规模,力争5年后研发投入占政府预算的比重达到5%以上。韩国政府在2013年底制定的"第六次产业技术创新计划"中指出,产业通商资源部将在未来5年内为"产业技术创新计划"投入17.8万亿韩元的技术创新资金。为了实现计划目标,韩国研发投入平均增长速度达到11.6%。

第二,研究开发投入逐渐向基础研究倾斜,基础研究、应用研究和试验发展投入比重比较稳定。近年来,创新型国家越来越重视基础研究,这些国家一致认为基础研究是科技创新之源,一个国家的基础研究实力可以直接反映国家的科技竞争力,因此,各国政府均在不断增加研发投入的同时,积极调整基础研究、应用研究和试验发展占研发投入的比重,并加大对基础研究的投入比重。从21世纪初到现在,美国、日本和韩国的基础研究、应用研究和试验发展投入比重分别在8%~19%、17%~26%、60%~66%的范围内,上下波动较小,其中美国基础研究的执行主体是高等教育部门。

第三,建立科技成果转化的财政补助体系,提高科技成果转化效率。目前,在增加研发经费投入总规模的基础上,加大对基础研究研发经费的投入,已经成为创新型国家的共识。而从科技创新价值链的角度来看,科技创新过程包括基础研究过程、应用研究过程和试验发展过程。即一个完善的财政支持体系,必然能在三个过程中体现出财政支持,通过财政支持形成技术研发到成果产业化的良性循环。如美国政府就建立了一套完整的财政补助体系，该财政补助体系在加大基础研究研发经费投入的同时，特别注重对基础研究成果的后期转化以及产业化的财政补助，从而有效激励了企业的科技成果转化。自20世纪90年代起，日本政府就开始实施对科技成果转化的财政补助制度，特别是注重企业与政府研究机构或大学的研发成果的转化补助，这是日本支持科技成果转化的一大特色；韩国1992年制定了《韩国工程技术振兴法》，是第一部从国家层面对科技成果转化进行支持的法律。2000年先后出台了《产业教育促进与合作法》修正案和《科技转化促进法案》，来支持韩国的科技成果转化。韩国在《产业教育促进与合作法》修正案的基础上成立了"产学研合作基金会"，基金会通过建立产学研财政补助体系，对科技成果转化进行资金投入，大大提高了科技成果转化效率。

二、政府采购法律体系比较健全

目前，政府采购已经成为创新型国家普遍采用的拉动科技创新产品需求的财政支持重要方式。政府采购制度在国外已经有较为长久的发展历史，并且对科技创新起着显著的激励作用。虽然美国、日本和韩国等国家为了支持科技创新制定的政府采购政策有差异，但总体来说在制定支持科技创新的政府采购政策方面有以下几个共同点：

第一，政府通过建立相关法律法规体系确保政府采购顺利进行。美国实施政府采购制度有200多年历史，美国的政府采购制度已成为促进科技创新的财政支持体系中不可或缺的一部分。20世纪70年代，美国颁布的《联邦采购法》中就明确指出，要通过采购本国的技术创新成果来支持企业进行技术创新。1963年，日本颁布了《中小企业基本法》，为促进中小企业进行技术创新提供了法律依据。在20世纪90年代，日本已将政府采购作为科技创新立国中的最重要的一条措施；韩国在通过立法对高新技术产品实施政府采购制度方面颇有建树，制定了《科学技术促进法》《科技振兴法》以及以总统令形式发布的《政府合同法实施细则》等法律法规，这些法律法规涵盖的范围比较广泛，如政府采购招投标的流程、政府采购形式以及政府采购监督等。

第二，实行本国高新技术产品首购制。美国早在1933年就制定了《购买美国产品法》。该法对本国高新技术产品进行政府采购做出了明确规定。21世纪初，美国制定的《联邦政府采购法》明确规定了采购本国企业科技创新产品的具体措施。日本政府采购过程的烦琐手续和长期形成的关系网，也使国外厂商望而却步。日本政府专门设置一些特别条款来保护本国企业的利益,如涉及国家机密的商品、国防部门需要的商品等只能采购本国企业。韩国政府专门制定了保护本国科技创新产品的相关法律,法律要求中央政府部门、地方政府部门以及与政府相关联的其他机构在采购本部门需要的高新技术产品时,均有义务优先采购本国企业生产的高新技术产品,如果各部门不履行相应的义务,部门负责人将受到法律的制裁。

第三,多层面采购监督机制提升政府采购效率。美国政府采购的监督管理机制比较完善,已经逐渐形成了由立法监督机构、行政监督机构、司法监督机构和公众组成的四位一体的监督管理体制。从立法监督来看,主要由美国国会下属的联邦会计总署、联邦采购规则委员会和众议院政府改革委员会技术与政府采购办公室来负责具体监督。从行政监督来看,主要由美国总统行政和预算办公室内设的联邦政府采购政策办公室来负责具体监督。在司法监督层面,采购的监督管理机构有合同上诉理事会、美国联邦赔偿法院、美国联邦巡回上诉法院。在美国,公众可以随时向各级政府部门设立的举报电话和其他举报渠道反映政府采购人员的违法违纪行为。针对政府采购监督问题,日本建立了政府采购质疑机制,并于1995年建立了两个相互独立的监督机构:政府采购审查办公室和政府采购审查局,政府采购审查办公室主要负责中央政府实体和其他与中央政府相关实体所进行的政府采购质疑程序,政府采购审查局主要负责供应商对中央政府实体和其他与中央政府相关实体提出的政府采购质疑程序。韩国专门设立了公共采购厅(调达厅)作为政府采购的监督管理机构。韩国公共采购厅主要有两大功能:一是组织采购单位进行招投标以及具体落实采购合同的签订等工作。二是由监察担当官负责对政府采购进行全过程监督。

三、税收优惠政策体系比较规范

美国、日本和韩国等国家均采取了各式各样的税收优惠政策来激励企业开展科技创新活动。由于市场经济周期性的变化对一个国家的科技创新活动有显著的外部性,这些国家在具体实施税收优惠时,主要通过市场引导和财政部门选择两种方式相结合对企业进行研发投入,进而使企业享受税收优惠政策后的收益得到提高,从而激励企业加大研发投入。美国、日本和韩国在支持科技创新的税收优惠政策主要有如下共同点:

第一,政府通过建立相关法律体系支持税收优惠规范化实施。美国制定了完备的税收优惠法律法规来支持科技创新,这些法律法规贯穿于科技创新体系的各个环节，如针对研发环节的《研发减税修正法》和成果转化环节的《投资收益减税法案》等。日本政府先后制定了针对基础研究阶段的《促进基础技术研究税则》和试验发展阶段的《增加试验研究费税额扣除制度》等税收优惠政策支持企业进行高技术研发活动。韩国先后制定了《技术开发准备金制度》《外资引进法》和《税收减免控制法》等法律制度，这些税收优惠法律制度的建立，标志着韩国开始从国家层面上来激励科技创新活动。

第二，以间接税收优惠方式为主，提高税收优惠政策激励效果。美国、日本和韩国等创新型国家主要以间接税收优惠为主，直接税收优惠和间接税收优惠相结合的税收优惠政策体系。这些国家之所以以间接税收优惠方式为主，主要是因为间接税收优惠方式比较灵活，并且间接税收优惠方式既可以对科技创新产品生产完成后实施税收优惠，又可以对科技创新的前期实施税收优惠，因此很好地解决了企业进行研发活动过程中研发成本过高且不能享受税收优惠的困境，大大地激励了企业进行科技创新的积极性。

第三，鼓励中小企业开展科技创新活动。美国联邦政府在采用税收优惠政策支持中小企业科技创新方面做了以下规定：符合公司所得税税法中规定的中小企业，可以自主选择缴纳公司所得税和个人所得税中的一种。日本为了鼓励中小企业购进或更新设备进行技术研发，政府制定了专门针对技术研发设备的折旧优惠制度，在正常折旧的基础上，第一年可以按照购买价的30%计提特别折旧。1985年日本政府制订的《加强中小企业技术基础税制》法案规定，中小企业技术开发经费的6%可以直接抵免应纳所得税额。日本政府决定自2013年度起的2年内进一步充实研究开发税制，该项税制是指从企业所得税中按一定比例扣除用于新产品开发及技术改良等研究及试验的相关经费，促进企业为研究开发投入资金。韩国1986年颁布的《中小企业创业支援法》中指出，进行科技创新活动的中小企业可以享受一定的直接或间接税收优惠。在制定的"技术开发准备金制度"中指出，进行技术开发的企业可以提取一定比例的收入作为技术开发准备年金，提取的技术开发准备年金可以作为研发成本的一部分，进而降低企业的应缴税额。

第三节　经验的启示

科技创新是各个国家经济社会发展过程中必然发生的现象，而财政支持是一个国家促进科技创新的主要手段。通过上文对美国、日本和韩国等国家财政支持科技创新的实践，我们可以从中吸取国外财政支持科技创新的成功经验，可以有针对性地制定促进科技创新的财政支持体系。

一、政府财政要大力支持科技创新体系的建立

从国外财政科技支出的实践来看，一个国家的科技创新体系，如果没有财政的大量投入，各国的科技创新活动是无法正常开展的，科技创新水平也得不到提升。而中国现行的科技创新资金来源中，政府财政支持担负了主要责任。中国政府于2006年制定了科学技术未来发展目标，发展目标中明确指出：到2020年，中国科技创新能力得到显著增强，科技创新促进经济社会发展和保障国家安全的能力进一步得到增强。自2006年以来，中国R&D经费占GDP的比重呈现逐渐上升的趋势，R&D经费支出由2006年的3003.1亿元上升到2014年的13015.6亿元，2014年R&D经费占GDP的比重为2.05%，但是要达到创新型国家R&D经费占GDP的比重，中国政府必须持续加大财政科技支出，为提升中国科技创新水平提供财力保障。

二、完善的政府采购实施细则是引导科技创新的必要条件

美国、日本和韩国等国家在实施引导科技创新的政府采购政策时制定了相关采购实施细则，从而使引导科技创新的政府采购政策得以顺利实施。2015年1月，中国政府颁布的《中华人民共和国政府采购法实施条例》指出：财政部门应当与政府采购相关部门一起制定符合国家经济和社会可持续发展的政府采购政策，通过制定优先采购措施，实现节约能源、促进中小企业发展等目标。但是目前中国还没有国家层面上的关于本国高新技术产品政府优先采购的实施细则。因此，为了更好地激励企业开展科技创新，中央政府应该制定针对本国高新技术产品的政府优先采购实施细则，各地方政府在中央政府实施细则的基础上应制定符合各地区高新技术产业发展的实施细则。

三、健全的税收优惠制度是财政支持体系的重要组成部分

在美国、日本和韩国等国家的财政支持体系中，税收优惠制度是其最重要的组成部分，并且激励科技创新的税收优惠制度比较健全，这些国家的税收优惠制度涉及的范围比较广，不仅有针对大型高新技术企业的税收优惠制度，还有针对中小型高新技术企业的税收优惠制度，健全的税收优惠制度为激励科技

创新提供了制度保障。而中国政府激励科技创新的税收优惠制度还有待健全，国家税务总局、科技部和财政部于2008年联合发布了《高新技术企业认定管理办法》，其中明确指出：企业只有在被认定为高新技术企业后，才可以享受相应的税收优惠待遇。作为科技创新的一个重要主体，中小型高新技术企业对中国科技创新发挥了重要作用，而大部分中小型高新技术企业不能完全符合认定条件，享受不了税收优惠政策。目前，中国针对中小型高新技术企业的税收优惠政策比较少，并且准入门槛较高。因此，政府部门应该完善针对中小型高新技术企业的税收优惠政策。

四、财政支持与科技创新体系有效结合

美国、日本和韩国等国家在实施财政支持过程中，通过不断修正财政科技支出机制、政府采购政策以及税收优惠政策的目标，将不同的财政支持方式与科技创新体系进行了有机融合，有效地支持了这些国家科技创新的发展。中国政府在党的十八大提出创新驱动发展战略以来，为了积极发挥财政支持的职能作用，制定实施了一系列支持科技创新的政策手段。但目前的财政支持与科技创新体系之间融合不够，具体表现在两个方面：一是财政支持顶层设计不足，即政府在制定一种财政支持方式时，没有充分考虑对其他财政支持方式的影响，使多种财政支持方式之间缺乏协调性，直接影响了财政支持与科技创新体系的有机结合。二是财政支持目标与科技创新目标有偏差，目前的科技创新目标不仅包含技术创新，还包括制度创新，而现有的财政支持目标主要是技术创新。因此，中央财政应该继续加大科技体制改革，促进财政支持与科技创新体系的有效结合。

第八章
提升科技创新水平的财政支持建议

自实施促进科技创新的财政支持体系以来,中国的科技创新水平和能力得到了有效提升,特别是 2011 年中国的科技创新综合水平增长速度达到最大。然而,中国科技创新也存在一些问题,如科技创新效率整体偏低,尤其是成果转化创新效率更低等。目前中国科技创新存在的问题,也充分暴露出中国财政支持科技创新的效果没有得到充分发挥,表明中国促进科技创新的财政支持体系还有待完善。本章将分别从加大财政科技支出力度与优化支出结构、完善政府采购制度和健全税收优惠政策体系出发,对科技创新的财政支持体系进行完善,以期为提升中国的科技创新水平提供理论依据。

第一节 优化财政科技支出模式

一、建立财政科技支出动态增长机制

自 1998 年以来,中国的 R&D 经费支出年均增长 22.0%,财政科技拨款年均增长 19.5%,2014 年中国 R&D 经费支出占 GDP 的比重为 2.05%,财政科技拨款占 GDP 的比重为 1.01%,已经实现了"十二五"的计划目标,跨入了创新型国家的行列,加快了科技创新的步伐,为促进中国经济增长提供了原动力。虽然目前中国的财政科技支出规模较大,但是与中国的人口和地域在国际上的排名相比,财政科技支出的相对水平在世界排名比较靠后。因此就需要政府在大幅度和持续稳定的增加科技投入绝对数的同时,提高财政科技支出的相对水平。现有的财政科技支出政策，应适应新时期支持科技创新的新要求，以科学的发展观来统筹各项科技规划，采取各种措施，加大科技投入。为此，中国进一步加大财政科技支出力度应该从以下三个方面着手，主要解决科技创新对财政科技支出的需求。

第一，建立财政科技支出增长常态化实施细则。中国实施的《科学技术进步法》对促进科技创新提供了财力保障措施，其第六章第五十九条指出："国家逐步提高科学技术经费投入的总体水平；国家财政用于科学技术经费的增长幅度，应当高于国家财政经常性收入的增长幅度。全社会科学技术研究开发经费应当占国内生产总值适当的比例，并逐步提高"[①]。但《科学技术进步法》中对科学技术经费投入增长机制没有具体的实施细则，因此中央政府应该在《科学技术进步法》的基础上，积极制定促进科技创新的相关中央财政科技支出增长实施细则，保证财政科技支出的增长速度能够满足创新型国家发展科技创新的需求，从而体现财政增量对科技投入的常态化。

第二，优化中国科技资源的地区布局，引导地方政府加大财政科技支出。目前，中国财政科技支出总量增长后劲不足的一部分原因是由地方政府科技投入不足造成的，中央政府应该优化中国科技资源的地区布局，引导地方政府主动立足地区科技资源特色，加大科技投入力度，构建具有地区科技发展优势的科技投入体系。

第三，激励企业增加科技投入。中国目前的科技创新投入体系的投入主体主要由三部分组成：政府、企业和社会，其中企业的科技投入最大、政府次之、社会最少，并且政府科技投入扮演的角色为引导企业进行科技创新。因此，目前政府在加大提高财政科技支出的同时，要进一步激励企业增加科技投入。具体来说，中国可采取以下激励措施：（1）建立企业研发经费投入后补助制度。政府对符合政策规定的企业研发经费投入提供较大强度的财政补贴，以提高企业对科技创新资金投入的积极性。由于不同区域经济差异，我们按照标准（各省市区 GDP < 人均消费额，人均消费额 < 各省市区 GDP < 人均 GDP，人均 GDP < 各省市区 GDP 且人均消费额 < 各省市区消费额 < 人均 GDP，人均 GDP < 各省市区消费额），将全国划分为贫困地区、欠发达地区、较发达地区、发达地区四个等级，对于经济"发达地区"，实行完全的财政补贴；对于

[①] 全国人民代表大会常务委员会：《中华人民共和国科技进步法》，http：//www.gov.cn/flfg/2007 - 12/29/content_ 847331.htm。

较发达地区，实行 50%～80% 的财政补贴；对于欠发达地区，实行 30%～50%；对于"贫困地区"10%～30% 的财政补贴。补助费用由中央、地方两级财政分别安排专项资金支付给相关企业。（2）设立企业研发经费投入奖励资金制度。政府部门可以根据本地区不同类型企业上一年度平均研发经费投入作为指标值来进行奖励，当企业当年研发经费投入达到平均研发经费投入，政府部门给予一定的财政奖励；当企业研发经费投入在指标值 20% 以下的企业，不享受财政奖励政策。研发经费投入奖励经费由各地区财政部门财政专项列支。（3）探索科技成果转化委托企业开发制度。为促进科技成果转化，政府可将科研院所和高校取得的成果委托给相关企业进行产业化开发，推进产学研合作。与此同时，国家鼓励企业与科研院所以及高校与国内外研发机构建立产学研合作平台，通过产学研合作平台共同推动中国的研发成果转化为科技生产力。政府拨给委托企业或合作企业一定的开发费，企业在开发成功并投产后，可以将年销售额的 50% 提取给企业留用，50% 交给科研院所和高校，提取的年限参考专利年限。（4）建立企业研究开发基金。由政府根据不同类型企业，提取一定比例的企业销售收入作为研究开发的费用，进入成本，并可视同实现利润。如果在规定年限内企业未能使用或将资金挪为他用，企业必须补缴税款并处以一定的罚款，从而鼓励企业进行研发经费投入。（5）建立企业研发经费投入监测与考核机制。政府科技部门要建立企业研发经费投入监测网络体系，随时掌握企业研发经费投入情况，建立企业研发经费投入与会计利润挂钩的绩效考核体系。

二、创建多元化筹资渠道

中国现有的科技投入资金主要由政府直接拨款、企业资金、国外资金和其他资金等构成。2014 年，中国研究与试验发展（R&D）经费投入继续保持增长态势，国家财政科技支出稳步增加，研究与试验发展（R&D）经费中政府资金、企业资金、国外资金、其他资金所占的比重分别为 21.11%、74.60%、0.89%、3.40%，即研究与试验发展（R&D）经费中企业资金是最主要的资金来源，而政府资金所占比重远远低于企业资金。从研究与试验发展（R&D）经费投入到基础研究、应用研究和试验发展的情况来看，基础研究所占的比重由 1998 年的 5.25% 下降到 2014 年的 4.71%，这与西方发达国家有很大差距，如 2012 年美国的基础研究（R&D）经费所占的比重已经达到了 16.5%。而基础研究（R&D）经费主要由政府财政投入，因此，中国政府应该在重点加大对基础研究（R&D）经费投入的同时，对应用研究和成果转化的启动资金的提供一定的支持。而中国还没有依据相应促进科技创新的国家政策和法规建立财政科技支出增长常态化实施细则，中央和地方政府必须实施引导企事业单位自筹科技活动经费和鼓励金融机构科技贷款相结合的方式，来支持企事业单位将自主创新的研发成果进行产业化运行。为此，中央和地方政府应该进一步拓宽科技资金筹资渠道，主要从以下三个方面着手弥补中国政府财政科技支出不足的问题。

第一，政府积极推动从事经营类的科研系统单位逐步改制为企业，提高科研系统单位自筹科研经费的能力。中国政府于1985年对科技体制实施了第一次改革，此次改革的主要内容为：加强研究机构与企业的合作、加大研究开发与成果转化的联系、建立不同部门跨区域合作机制，并且将具有研发实力的研究机构进行改制，转化为企业。2014年5月15日，国务院公布《事业单位人事管理条例》，《条例》的颁布将推动军工科研院所改制进程明显加速。一方面，政府要加快将以技术研究为主的科研单位改制为技术研发和成果转化并重的复合型科研单位；另一方面，政府要对企业单位提供具体政策支持，包括人员分流安置政策、社会保障政策、资产管理政策、财政税收政策，其中财政税收政策是重中之重，财政和税收方面的支持政策可以使转型后的企业实现可持续发展。

第二，加大对民间科研活动的支持力度，使其科研水平迅速提高，从而逐步成为社会科技投入的主体。创新型国家的成功经验表明，民间科研机构是一个国家科研创新体系中的一部分，对一个国家科技创新水平的提高发挥着比较重要的作用，很多重大的研发成果都是由民间科研机构独立完成的，如2015年日本有9家民间科研机构获得了军事科研项目。伴随着中国财政对教育支出的不断增长，全民受教育程度得到不断提升，中国的民间科研机构也因此得到蓬勃发展。中国的民间科研机构在科技创新方面取得了不少成绩，主要表现为：民间科研机构的专利发明申请量和授权量呈现不断上升趋势、民间科研机构积极参与关系国家重要经济命脉的课题研究以及民间科研机构与政府科研机构联合开展研发活动等。与此同时，中国民间科研机构也面临着不少难题，包括：社会对民间科研机构的认可程度不高、民间科研机构的研发资金不充足、政府对民间科研机构的财政支持力度不高、民间科研机构的研发成果得不到重视等。这些问题直接导致了民间科研机构对研发资金投入的下降，也影响了全社会的科研创新水平。因此，政府部门应该划拨一部分财政科技资金给有研发能力的民间科研机构,激励民间科研机构加大研发投入。同时,政府部门还应该制定有利于民间科研机构发展的政策措施,如民间科研机构工作人员的职称评定政策、民间科研机构科研成果转化的财政补贴制度以及民间科研机构科研项目的风险担保机制等。从而充分发挥民间科研机构促进中国科技创新的作用。

第三,建立拓宽金融机构科技贷款渠道政策体系。关于拓宽科技投入融资渠道,国家已经制定了一些相应的政策法规。2014年1月7日,中国人民银行等六部门联合发布了《关于大力推进体制机制创新,扎实做好科技金融服务的意见》,其中指出:为了支持科技创新企业的全面发展,解决科技创新企业发展过程中的资金困难问题,政府要加大支持科技创新企业上市、融资和并购的力度,并且鼓励科技创新企业通过发行公司债券来壮大企业。2015年1月10日,科技部发布《关于进一步推动科技型中小企业创新发展的若干意见》,其中指出:(1)完善多层次资本市场,支持科技型中小企业做大做强;(2)引导金融机构面向科技型中小企业开展服务创新,拓宽融资渠道;(3)完善科技型中小企业融资担保和科技保险体系。但现有的拓宽科技投入融资渠道中主要是针对科技企业的市场融资,而关于科技贷款的国家性政策和法规还不完善。因此,中国应该加快建立拓宽金融机构科技贷款渠道政策体系,以使科研单位能及时得到国家科技贷款的支持。

三、调整中央和地方财政科技支出结构

目前,大部分国家对科研经费的分配主要在三大方向:基础研究方向、应用研究方向和试验发展方向,而对不同阶段的科研经费投入,将直接影响基础研究、应用研究和试验发展相对应的知识创新、科研创新和成果转化创新水平,即政府对科研经费投入的方向将决定一个国家或地区的科技创新综合水平。根据创新型国家的财政科技支出支持科技创新的实践可以看出,基础研究R&D经费主要依靠政府的财政拨款,应用研究和试验发展R&D经费主要依靠企业投资。近年来欧美等创新型国家政府加大了基础研究R&D经费的投入,而以韩国为代表的新兴科技发展国家在21世纪以前没有重视基础研究对科技创新的作用,导致其在很长一段时间缺乏自主创新技术,直接影响了他们国家的国际竞争力,从那以后韩国政府开始逐步加大对基础研究R&D经费的投入,经过十几年科技体制的不断发展,韩国形成了基础研究R&D经费以政府投入为主体,应用研究和试验发展R&D经费以企业投入为主体,政府投入和企业

投入相结合,并且有完备的法律制度作支撑的科技创新体系。2012年,中国研究开发领域的基础研究R&D经费支出比重为4.8%,美国为16.5%,日本为12.9%,英国为14.9%,韩国为18.1%,俄罗斯为16.5%,中国远远低于中等发达国家水平和发达国家的平均水平,即中国政府在对科研经费的分配过程中,对基础研究的科研经费投入过少。而基础研究的科研经费投入过少,将直接影响中国的研发能力,进而制约科技创新水平的提升。因此,中央和地方政府在加大财政科技支出的基础上,要对有限财政科技资金进行合理分配,特别是要将财政科技资金向基础研究倾斜。与此同时,中央政府必须制定对地方政府科技投入的激励和约束机制,在激励地方政府加大对财政科技投入的同时,约束地方政府将科技投入向基础研究倾斜,以免地方政府过度追求经济增长,将科技投入的重点转向应用研究和试验发展。

四、实行差异化的研发经费支出结构

根据第三章的科技创新的绩效评估结果,本书在基于创新价值链角度下,按照知识创新、科研创新和成果转化创新绩效水平,将中国30个省市区划分为四类地区,因此,我们可以有针对性地对四种不同类型的地区采取不同的科技创新绩效水平提升路径。

处于第一种类型的地区主要有上海和江苏。这两个地区的知识创新、科研创新、成果转化创新绩效水平均处于30个省市区的前列。但从这两个地区的科技创新的绩效水平来看,上海的知识创新、科研创新、成果转化创新绩效水平均未达到最优,其中科研创新绩效在三阶段科技创新绩效中最低,因此,上海在提高研发经费整体支出的基础上要加大应用研究R&D经费支出的比重,从而通过提高科研创新绩效来提高整体科技创新水平。江苏的知识创新和科研创新绩效达到最优,而成果转化创新绩效未达到最优,因此,江苏在提高研发经费整体支出的基础上要加大试验发展R&D经费支出的比重,从而通过提高成果转化创新绩效来提高整体科技创新水平。

处于第二种类型的地区主要有北京、天津、浙江、辽宁、广东、陕西、湖北、湖南、四川、重庆、河南和山东。这11个地区的知识创新、科研创新、成果转化创新绩效中有两个阶段科技创新均处于30个省市区的前列。根据具体的三个阶段科技创新绩效水平的高低,又可以将这11个地区细分为三小类,其中北京、天津、辽宁、陕西、湖北和湖南属于知识创新、成果转化创新绩效高,而科研创新绩效相对低的第一小类地区;河南、浙江和山东属于知识创新、科研创新绩效高，而成果转化创新绩效相对低的第二小类地区；重庆、广东和四川属于科研创新、成果转化创新绩效高，而知识创新绩效相对低的地区。因此，北京、天津、辽宁、陕西、湖北和湖南在提高研发经费整体支出的基础上要加大应用研究 R&D 经费支出的比重，从而通过提高科研创新绩效来提高整体科技创新水平；河南、浙江和山东在提高研发经费整体支出的基础上要加大试验发展 R&D 经费支出的比重，从而通过提高成果转化创新绩效来提高整体科技创新水平；重庆、广东和四川在提高研发经费整体支出的基础上要加大基础研究 R&D 经费支出的比重，从而通过提高知识创新绩效来提高整体科技创新水平。

处于第三种类型的地区主要有安徽、福建、吉林、黑龙江和河北。这 5 个地区的知识创新、科研创新、成果转化创新绩效中有一个阶段科技创新均处于 30 个省市区的前列。其中，河北、安徽和福建属于科研创新绩效比较高，而知识创新、成果转化创新绩效比较低的地区；黑龙江属于知识创新绩效比较高，而科研创新、成果转化创新绩效比较低的地区；吉林属于成果转化创新绩效比较高，而知识创新、成果转化创新绩效比较低的地区。与此同时，安徽和福建的知识创新绩效在三阶段科技创新绩效中最低，吉林科研创新绩效在三阶段科技创新绩效中最低，河北和黑龙江的成果转化创新绩效在三阶段科技创新绩效中最低。因此，安徽和福建在提高研发经费整体支出的基础上要加大基础研究 R&D 经费支出的比重，从而通过提高科研创新绩效来提高整体科技创新水平；吉林在提高研发经费整体支出的基础上要加大应用研究 R&D 经费支出的比重，从而通过提高成果转化创新绩效来提高整体科技创新水平；河北和黑龙江在提高研发经费整体支出的基础上要加大试验发展 R&D 经费支出的比重，从而通过提高知识创新绩效来提高整体科技创新水平。

处于第四种类型的地区主要有江西、内蒙古、海南、山西、贵州、云南、广西、甘肃、青海、宁夏和新疆，这 11 个地区的知识创新、科研创新、成果转化创新绩效均处于 30 个省市区的后列。因此，江西、内蒙古、海南、山西、贵州、云南、广西、甘肃、青海、宁夏和新疆应该通过大幅度提高研发经费整体支出来提高整体科技创新水平。

第二节 完善政府采购制度

一、扩大对科技创新产品的采购规模

促进科技创新的政府采购必须要政府采购金额达到一定的规模,科技创新产品的投资成本高,当市场上存在一定规模的科技创新产品市场需求时,科技创新产品的投资者才愿意进行投资,而政府可以通过采购科技创新产品来提供需求,因此政府采购是推动企业进行科技创新的重要手段。中国的政府采购自1995年起在部分地区开展试点到2014年的二十年间得到迅速发展,特别是政府采购规模增长迅速,但与GDP的增长速度相比,政府采购规模增长速度远远不够,自实施政府采购政策以来存在的采购规模偏低问题,直接影响到实施政府采购来支持科技创新的目的。目前,创新型国家实施政府采购的主要目的是扶持本国科技创新产业的发展,并且这些国家政府采购规模占GDP的比重为10%左右,占整个政府财政支出的比重约为30%左右,而中国2014年的政府采购规模占GDP比重仅为2.72%,在财政支出中的比重也仅为11.41%。因此,中国应该继续扩大政府采购规模,特别是对本国科技创新产品的采购规模,从而充分发挥政府采购对科技创新的推动作用。

二、提高政府采购中创新产品比重

从政府采购的结构来看,2014年中国服务类政府采购占全部政府采购的比重为11.20%,与发达国家差距比较大,如美国的服务类政府采购占全部政府采购的比重已经超过30%;而且中国政府采购产品中自主创新产品的份额也远远不够。因此,我们可以采取以下两条措施来调整政府采购结构,提高自主创新产品的市场份额。

第一,积极拓宽政府部门的采购领域和采购主体范围。中国于2006年颁布的《国家中长期科学和技术发展规划纲要(2006~2020年)》及配套政策中提出"实施促进自主创新的政府采购"。为落实纲要和配套政策,相关部门出台了一系列政府采购的政策文件,构建起了比较完善的政府采购促进自主创新的政策体系。但中国现有政府采购的自主科技创新产品主要局限在政府预算安排的办公用品类别内,采购主体比较窄,仅局限于市级以上部门的政府财政

预算支出中，大大削弱了政府部门对自主科技创新产品采购的需求。因此，为扩大政府采购对于自主科技创新产品的采购规模，应将办公用品类产品向服务类产品扩展，并且采购主体扩大到所有财政预算拨款的公共部门。与此同时，探索对自主科技创新技术的采购，政府每年要安排一定比例的金额对自主科技创新技术进行采购。美国等政府采购比较发达的国家非常重视对自主科技创新技术的采购，而且不仅仅限于对自主科技创新产品的采购，在同一级政府采购自主科技创新产品过程中，基础性自主科技创新产品的比例应高于应用性自主科技创新产品的比例。

第二，加大对中小企业自主科技创新的扶持力度。在政府采购比较发达的国家，通常都有针对中小企业自主科技创新的支持政策，以促进中小企业可持续发展。例如，美国1953年颁布的《小企业法》中规定，为了保证小企业能够获得一定的份额，联邦政府必须将总采购规模的一定比例划拨给小企业，同时大企业也必须将一定比例的合同份额转包给小企业。澳大利亚和英国等国也有相关规定。目前，中国中小企业创造了超过70%的技术创新和专利发明。但由于中国中小企业起步较晚，与大型企业相比，受到国家政策、企业资金、研发人员等多方面的制约，生产的产品和提供的服务往往处于不利地位，这就需要中国政府加大对中小企业的扶持力度。因此，中国在制定扶持中小企业发展的政府采购政策中，应明确扶持中小企业的具体办法，降低相关的准入门槛，并适当向科技创新型中小企业倾斜。例如，中国可以参考政府采购比较发达的国家的成果经验，将每年的政府采购合同份额给予中小企业一定比例，并在采购数量、采购价格等方面给予中小企业更多的扶持，以促进其自主科技创新，进而提高中小企业的竞争力和创新能力。

三、制定支持科技创新的政府采购实施细则

制定翔实政府采购政策法规的实施细则是政策目标得以实现的重要保证。中国政府于2006年制定了科学技术未来发展目标，发展目标对关于"实施促进自主创新的政府采购"做了明确规定：要通过制定与《政府采购法》相配套的实施细则，来鼓励本国企业开展科技创新和保护本国科技创新产业发展。《政府采购法》中关于实施促进自主创新的政府采购相关条款表明，中国已经明确了政府采购对科技创新的支持功能。2015年，中国正式实施了《中华人民共和国政府采购法实施条例》，但其中没有完整的支持科技创新的政府采购实施细则和具体措施的规定。并且在很多地方政府采购部门做下一年的采购预

算时，很多科技创新产品没有纳入采购商品目录中，具体支持科技创新的政府采购实施细则更是没有。因此，尽快制定支持科技创新的政府采购政策实施细则是促进中国科技创新的重要手段。总体来讲，中国支持科技创新的政府采购政策实施细则应当包括以下三个方面的内容：

第一，制定采购本国科技创新产品的相关预算计划。制定政府采购政策实施细则首先要从采购单位编制预算计划入手，在采购产品中分配一定比例的科技创新产品，并将加入科技创新产品的预算计划作为下一年度的采购依据，在对科技创新产品的采购实施完成后，还要对采购科技创新产品的效果进行绩效评价，绩效水平高的科技创新产品要继续加大采购资金规模，绩效水平低的科技创新产品要由财政进行补贴。即通过后期的绩效评价，可以完善下一年度的政府采购预算计划。

第二，建立对本国科技创新产品采购优先机制。政府采购部门在实施采购过程中，主要遵守两个优先原则：国内外相同产品中本国科技创新产品优先采购和科技创新产品与非科技创新产品采购过程中采取对科技创新产品价格优先。通过对本国科技创新产品实施优先采购，在一定程度上使本国科技创新产品免受国际先进科技创新产品的竞争，保护了本国科技创新产业的发展。而通过对科技创新产品价格优先，可以弥补企业生产科技创新产品前期的巨额研发成本，增加企业的生产利润。

第三，引入采购科技创新产品的风险预警机制。目前中国政府在采购科技创新产品过程中面临很多风险，如预算编制不准确、采购的科技创新产品质量不合格、采购程序不安全、采购资金过高等。造成这些风险的主要原因是政府部门采购前没有风险危机意识。因此，政府采购部门在采购前要引入风险预警机制，包括在对科技创新产品供应商进行资格审查、对采购人员进行廉洁教育、建立科技创新产品认证机制等。通过引入采购科技创新产品的风险预警机制，弥补政府采购监督实施前的监管真空，使政府采购部门和科技创新产品供应商最大限度地减少损失。

四、建立引导科技创新的政府采购监督检查机制

政府采购的过程比较复杂，涉及政府采购政策、政府采购程序、政府采购过程及政府采购管理，政府采购过程中的任何一个环节出现问题，将导致政府采购无法实现原定目标，因此需要在政府采购整个过程中建立完善的监督机制。中国实施政府采购的目的有两方面：一方面是节约财政资金；另一方面是为公共部门服务和引导产业发展。而针对科技创新产品的采购，在节约财政资金的同时，更应该关注政府采购公益性和采购政策对企业科技创新活动引导性功能。这就需要我们建立有效的监督机制来确保政府采购的公益性和对企业加大科技创新活动的引导性功能等目标的实现。因此，政府采购监督机制的设计上要关注以下四个方面：管理者、操作者和使用者相互分离、多角度全过程监督、内外监督相结合以及公证监督。

第一，在政府采购过程中主要涉及管理者、操作者和使用者三个执行主体，具体执行过程中要将这三个主体相互分离。目前，中国政府采购的三个执行主体分别为财政部门、政府采购机构和财政部门，而实际进行政府采购时，不同政府采购执行主体所涉及的工作有很大关联，容易引起政府采购风险，造成采购部门和产品供应商的资金损失，不利于政府采购的发展。因此，在政府采购过程中将管理者、操作者和使用者三个执行主体的工作职责做具体划分，使三个执行主体之间形成相互制约，可以最大限度地降低政府采购风险。

第二，构建以科技创新为导向的政府采购监督机制。由于目前中国政府采购监督机制是以节约财政资金和预防采购腐败为导向建立起来的，从而在构建政府采购监督机制时，特别重视市场经济对政府采购的作用，在政府采购监督过程中主要关注采购资金的安全、采购资金的使用率、采购程序、采购方式等，从而造成"只看重采购程序，不看重采购结果"的政府采购监督导向，即政府采购监督的导向发生偏移。而创新型国家政府采购监督机制是以促进企业进行科技创新，保护本国民族产业为导向建立起来的。因此，以科技创新为导向来构建政府采购监督机制，将使采购监督部门在监督过程中既关注采购程序，又关注政府采购对科技创新的效果，进一步提高政府采购对科技创新的推动作用。

第三，探索将公证监督纳入采购科技创新产品的监督体系。目前有些地方政府已经将公证监督纳入政府采购的监督体系，如北京市于2007年引入公证监督进入市级政府采购项目。而对科技创新产品的政府采购进行公证监督在中国还比较少。将公证监督纳入采购科技创新产品的监督体系，可以保证政府采购的整个过程公平、公正。公证监督的具体实施内容包括：一是公证机构对政府采购招投标活动实行公证监督；二是签订采购合同时接受公证机构的现场公证；三是公证机构对政府采购的实施结果进行公证，保证采购结果符合预定目标，充分发挥公证在采购科技创新产品中的职能作用。

第三节 健全税收优惠政策体系

一、完善激励科技创新的税制结构

一个国家的税制结构对本国企业开展科技创新活动有着重大的影响。不同的税制结构对科技创新体系中知识创新阶段、科研创新阶段和成果转化创新阶段的不同环节实施的政策效应也会存在显著差异,一个好的税制结构将提高企业进行科技创新的积极性,而一个不健全的税制结构将降低企业进行科技创新的积极性。目前中国的税制结构还存在一定的问题,因此,完善中国税制结构,将对提升国家的科技创新水平起着重要的作用。

第一,降低商品劳务税比重。目前,很多发达国家都采取了税收激励政策来提升本国的科技创新能力,而中国也采取了一系列的税收优惠政策来提升国内企业的科技创新能力,特别是2012年1月1日开始实施营业税改征增值税试点,并且自2016年5月1日起在全国范围内全面实施"营改增"工作,这些更加体现了中国政府对于税收激励政策的重视。从激励科技创新的角度来看,"营改增"后,企业的税收负担降低了,有力地推动了企业的自主创新。因此,中国政府要继续降低商品劳务税比重,使企业承担的商品劳务税比重下降,从而有效激励企业开展科技创新活动。

第二,提高所得税比重。目前中国的税制是流转税和所得税并重,其他税种相配合的税制模式。从税源构成来看,流转税是中国税收收入的主要来源,所得税占税收收入比重较低。所得税作为直接税,纳税义务人同时是税收的实际负担人,纳税义务人难以将税收负担转嫁给他人。所得税的税收优惠无论是税额减免还是税基减免,都能有效降低纳税人的税收负担,增加企业的税后净利润或个人的可支配收入,对支持企业或个人开展科技创新活动的效果更为直接和明显。因此,要提高所得税占税收收入的比重,逐步由以间接税为主的税制结构过渡到以直接税为主的税制结构。如,企业所得税中对开发新技术、新产品、新工艺发生的研究开发费用进行加计扣除,可以充分降低企业研发投入成本,增大企业的利润空间,进而激励企业增加研发投入,推动企业开展科技创新活动。

二、实施直接税收优惠和间接税收优惠并重的税收优惠方式

目前,中国激励科技创新的税收优惠政策中,税额减免、优惠税率等直接税收优惠方式是主要的税收优惠政策工具。直接税收优惠强调税额的减免;而税前扣除、加速折旧、准备金制度等间接税收优惠方式强调税基的减免,间接税收优惠方式着重生产经营过程中的激励措施。即直接税收优惠方式主要是在企业进行科技创新活动完成后进行的,一些资金比较雄厚的大型企业有能力进行前期研发投入,这些大型企业是直接税收优惠最主要的受惠者。而那些资金不充足的中小企业,由于前期研发投入不足,享受税收优惠的额度较少;而税前扣除、加速折旧、准备金制度等间接税收优惠方式,既可以对企业前期的研发投入实施税收优惠,又可以在研发完成后实施税收优惠,因此大大提高了企业进行研发投入的积极性。目前,发达国家较为重视税前扣除、加速折旧、准备金制度等税基减免的间接税收优惠方式,为了促进本国科技创新产业的发展,通过采取以间接税收优惠方式为主,直接税收优惠方式为辅助的方式,来弥补税收优惠政策激励科技创新的不足。

中国的科技创新水平与创新性国家还有很大差距,而现行的以直接税收优惠方式为主的税收优惠政策不能很好激励企业开展科技创新活动,应建立直接税收优惠和间接税收优惠方式相结合的税收优惠政策,提高税收优惠政策支持科技创新的效果。在间接税收优惠方式选择过程中,可以借鉴日、韩等国的经验适当引入准备金制度,准许企业按照销售或营业收入的一定比例提取研究开发准备金,通过提取研究开发准备金用于企业的前期研发活动,解决企业研发资金不足的问题。在直接税收优惠方式选择过程中,可以采取降低税额减免税率、对研发企业进行税额减免等方式降低企业的生产成本。通过实施直接税收优惠和间接税收优惠方式相结合的税收优惠政策,打破过去只有大型高科技企业才能享受税收优惠的困境,使中小企业在进行科技创新活动的同时,也同样可以享受相应的税收优惠,进而有效激励企业增加研发投入,通过增加科技创新产品的生产来提升国家的科技创新水平。

三、扩大支持科技创新的税收优惠范围

国家实施税收优惠政策的目的就是利用税收手段来调节区域经济,即通过税收优惠政策支持不发达地区、特殊行业以及企业等的发展,来达到促进产业结构的调整和区域经济的均衡发展。而中国现有的税收优惠范围比较窄,直接

影响了税收优惠对科技创新的激励效果。为此，可以通过以下三条措施扩大税收优惠范围来增强税收优惠对科技创新的激励效果。

第一，扩大税收优惠的区域范围。目前，中国的税收优惠水平呈现出显著的区域差异，经济越发达的地区税收优惠水平越高，经济越不发达的地区税收优惠水平越低，即区域间税收优惠水平呈现"马太效应"。这进一步表明，经济不发达地区的很多企业在开展科技创新活动过程中没有享受到该有的税收优惠，这将导致企业减少研发投入，将资金投向其他可以获得税收优惠的领域。因此，政府要彻底改变区域间税收优惠水平呈现的"马太效应"现象，就必须扩大经济不发达地区的企业开展科技创新活动的税收优惠实施范围，使开展科技创新活动的企业在经济不发达地区也能享受政府提供的税收优惠待遇，从而促进区域间税收优惠水平均衡，进而提高全国科技创新水平。

第二，扩大税收优惠的产业范围。目前，中国针对企业开展科技创新实施税收优惠的行业主要是软件与集成电路产业，其他从事科技创新产品生产的产业涉及的税收优惠政策较少，传统产业的就更少。因此，为了激励其他产业的企业参与科技创新活动，政府应该积极将税收优惠政策扩大到其他从事科技创新的产业，从而形成万众创新、全民创新的新局面，即通过扩大税收优惠的产业范围，使税收优惠政策逐渐普及到所有产业，激励各个产业开展科技创新的热潮。

第三，扩大税收优惠的企业范围。目前针对科技创新的企业实施税收优惠的主体是高新科技企业，而高新科技企业的认定门槛比较高，主要是一些大型企业符合条件，很多中小企业以及刚成立不久的新兴企业，由于资金不足、销售收入低、研发人员不足等原因无法被认定为高新科技企业，以致享受不到税收优惠，大大影响了这些企业的积极性。而根据创新型国家的经验，中小企业以及新兴企业是一个国家科技创新主体中的不可或缺的一部分，并且中小企业以及新兴企业在开展科技创新活动中发挥着越来越重要的作用。因此，政府必须扩大税收优惠的企业范围，建立针对中小企业以及新兴企业的税收优惠政策，充分发挥他们提升科技创新水平的作用。

随着 2015 年《国务院关于积极发挥新消费引领作用加快培育形成新供给新动力的指导意见》的发布，全社会掀起大众创业、万众创新的局面，从而使科技创新问题成为全社会关注的焦点之一，而问题背后折射出了中国目前的激励科技创新的财政支持体系不完善的现象。本书以科技创新的内涵、科技创新导向型的财政支持内涵和财政支持科技创新的必要性为理论支撑，采用"理论研究—制度研究—实证研究—比较研究—对策研究"的方法和思路，得出了如下基本结论。

第一，科技创新是一个创新主体（国家或企业）为了保护本国居民的权利或利益，通过对科技相关知识的不断更新、科技创新知识所有权的获得、高新科学技术的不断突破以及科技制度的不断改革，从而使创新主体的国际竞争力得到提升的一种科技行为。中国科技创新导向型的财政支持内涵为：政府在运用财政政策工具支持科技创新时，通过激励科技创新活动、提升科技创新绩效、增强科技创新能力为目标，并且将激励科技创新的理念自始至终贯穿于财政政策制定、财政政策实施和财政政策实施效果绩效评价的整个过程之中的一种战略和行为，具有影响或者改变全社会科技创新方向、进程和规模的一系列财政收支行为。

第二，从中国财政支持科技创新的政策演变及其现状来看，中国财政科技支出绝对值呈现出逐渐上升的趋势，中国财政科技支出增长率整体呈现先上升后下降的趋势，并且财政科技支出增长率与财政总支出增长率的走势不一致，基础研究、应用研究和试验发展占 R&D 支出的比重有待优化，基础研究比重偏低。中国政府采购规模持续增大，采购范围由纯粹的货物类、工程类不断延伸到服务类采购,采购资金来源渠道也从开始的财政预算内资金扩展至预算内、外以及自筹性财政资金,政府采购支持科技创新的体系逐渐形成。现有的支持科技创新的税收优惠政策,大部分是在基本税收法律制度中有关科技创新的条款基础上修订和补充而形成的,还没有形成单独的法律法规,即促进科技创新的税收优惠政策体系还有待完善。与此同时,中国的科技创新水平整体偏低,东中西部三大区域间差异比较大。

第三,实证分析结果表明,中国各省市区的知识创新、科研创新和成果转化创新效率水平均不高。中国30个省市地区的知识创新效率＞科研创新效率＞成果转化创新效率,即中国目前的科技创新整体效率较低,特别是成果转化创新处于效率较低时期。不同地区间科技创新效率存在显著差异。不管是知识创新、科研创新还是成果转化创新效率,效率值较高的地区主要是东部和中部地区,而西部地区偏低。政府采购对知识创新、科研创新以及综合科技创新均有不同程度的激励作用,但是短期内政府采购对成果转化创新有一定的抑制作用,并且政府采购对科研创新的平均贡献率最大,成果转化创新的平均贡献率次之,知识创新的平均贡献率最小。税收优惠对知识创新、科研创新、成果转化创新以及综合科技创新均有不同程度的激励作用,并且税收优惠对成果转化创新的平均贡献率最大,科研创新的平均贡献率次之,知识创新的平均贡献率最小。

第四,创新型国家的实践经验表明,财政支持对科技创新产生了显著的激励作用。从促进科技创新的财政支持体系来看,创新型国家制定的完备法律是财政科技支出体系的制度保障,基础研究、应用研究和试验发展投入在研发开发投入中的比重比较稳定,并且基础研究投入在政府科技投入结构中占有重要地位;创新型国家制定完备的法律体系和专属执行机构是政府采购政策实施的两大支柱,并且多层次政府采购监督体系提升采购执行效率;创新型国家税收政策的法制化建设使激励科技创新的税收优惠政策得以规范化实施,并且直接税收优惠方式和间接税收优惠方式相结合,以间接税收优惠方式为主的政策体系,大大提高了税收优惠政策支持科技创新的效率。相比之下,中国的财政支持体系还不能很好满足中国激励科技创新的需要。通过创新型国家财政支持的成功经验,我们可以有针对性地制定促进科技创新的财政支持体系。

第五,中国促进科技创新的财政支持体系需要从中国的实际国情出发,在借鉴创新型国家成功经验的基础上,重点完善三方面的制度设计。首先是优化财政科技支出模式。主要从建立财政科技支出动态增长机制、创建多元化筹资渠道、优化中央和地方财政科技支出结构和实行差异化的研发经费支出结构等方面具体实施。其次是完善政府采购制度。主要从扩大对科技创新产品的采购规模、提高政府采购中创新产品比重、制定支持科技创新的政府采购政策实施细则和建立引导科技创新的政府采购监督检查机制等方面具体实施。最后是健全税收优惠政策体系。主要从完善激励科技创新的税制结构、实施直接和间接并重的税收优惠方式和扩大支持科技创新的税收优惠范围等方面具体实施。

参考文献

[1] 安宁，罗珊："主要创新型国家科技投入分析及经验借鉴"，《华南师范大学学报》，2008年第2期。

[2] 庇古：《福利经济学》，金镝译，华夏出版社，2007年。

[3] 白景明："构建适合中国国情的财政科技支出绩效评价体系"，《中国财经信息资料》，2004年第25期。

[4] 鲍玉昆："国外科技评估实践及对中国的借鉴"，《软科学》，2009年第2期。

[5] "创新型国家支持科技创新的财政政策"课题组："创新型国家支持科技创新的财政政策"，《经济研究参考》，2007年第22期。

[6] 财政部国库司：《政府采购》，中国方正出版社，2004年。

[7] 陈爱祖等：《系统运行绩效评价研究》，科学出版社，2009年。

[8] 陈义华，陈骑兵，董玉成等："基于改进DEA模型的科技投入产出有效性分析"，《数学的实践与认识》，2007年第11期。

[9] 陈向东，王磊："基于专利指标的中国区域创新的俱乐部收敛特征研究"，《中国软科学》，2007年第10期。

[10] 蔡翔，崔晓兰，熊静等："中国地区R&D效率及其影响因素探究——基于'科研产出—成果转化'视角"，《软科学》，2013年第3期。

[11] 仇怡："中国政府财政研发投入的现状与国际比较"，《财政研究》，2006年第3期。

[12] 崔巍平，何伦志："科技创新、经济增长与丝绸之路经济带的构建"，《开发研究》，2014年第3期。

[13] 陈永立，邹洋："政府资助与政府采购对企业科技创新影响的差异研究——基于省级面板数据的实证分析"，《现代商业》，2014年第15期。

[14] 柴玮，申万，毛亚林："基于 *DEA* 的中国资源型企业科技创新绩效评价研究"，《科研管理》，2015 年第 10 期。

[15] 丁福虎："科技评价指标设置的误区"，《科学管理研究》，2002 第 6 期。

[16] 董为民："政府采购与科技创新"，《经济研究导刊》，2010 年第 46 期。

[17] 戴晨，刘怡："税收优惠与财政补贴对企业 R&D 影响的比较分析"，《经济科学》，2008 年第 3 期。

[18] 邓子基，方东霖："公共财政与科技进步"，《厦门大学学报（哲学社会科学版）》，2008 年第 3 期。

[19] 华锦阳，汤丹："科技投入体制的国际比较及对中国科技政策的建议"，《科技进步与对策》，2010 年第 5 期。

[20] 范允奇，周方召："中国高技术产业技术创新效率影响因素及区域联动效应研究"，《科技管理研究》，2014 年第 21 期。

[21] 冯海红，曲婉，李铭禄："税收优惠政策有利于企业加大研发投入吗？"，《科学学研究》，2015 年第 5 期。

[22] 龚征旗，龙苗："中国促进科技创新的财政政策研究"，《商业时代》，2008 年第 15 期。

[23] 郭兵，袁菲，谢智敏："基于 *DEA* 方法的上海市财政科技投入绩效评价研究"，《中国管理科学》，2012 年 S1 期。

[24] 郭际，吴先华，吴崇："基于 *DEA – Tobit* 模型的中国高校科技投入产出绩效评价及政策启示"，《科技管理研究》，2013 年第 23 期。

[25] 桂黄宝："中国高技术产业创新效率及其影响因素空间计量分析"，《经济地理》，2014 年第 6 期。

[26] 官建成，何颖："基于 *DEA* 方法的区域创新系统的评价"，《科学学研究》，2005 年第 4 期。

[27] 桂黄宝："中国区域创新能力空间差异与变化趋势——基于改进 *TOPSIS – Theil* 法的省域面板数据分析"，《经济经纬》，2015 年第 6 期。

[28] 韩莉："促进企业自主创新的财政政策研究"，《科技管理研究》，2010 年第 24 期。

[29] 胡兴旺："财政科技支出绩效管理研究"，《财政研究》，2007 年第 7 期。

[30] 霍克，丁伟："中国地方财政收支收敛性检验与实证分析"，《财政研究》，2005年第9期。

[31] 何青："日本政府R&D投资评估经验及其借鉴"，《外国经济与管理》，2003年第8期。

[32] 贾康，孙洁："平衡计分卡（表）方法在财政支出绩效评价中的应用设计初探"，《山东经济》，2010年第1期。

[33] 贾明琪，朱亚宁，辛江龙等："技术创新与政府采购关系实证研究——基于开放性视角"，《科技进步与对策》，2014年第20期。

[34] 姬鸿恩，陈浩，李咏娟等："基于数据包络分析的科技活动投入产出相对有效性研究"，《统计与决策》，2009第8期。

[35] 纪杰："地方财政科技支出与经济增长动态均衡研究——以重庆为例"，《科技与经济》，2013年第2期。

[36] 江炎骏，赵永亮："环境规制、技术创新与经济增长——基于中国省级面板数据的研究"，《科技与经济》，2014年第2期。

[37] 金永红，吴江涛："中国R&D投入问题研究综述"，《科技管理研究》，2008年第3期。

[38] 孔淑红："税收优惠对科技创新促进作用的实证分析——基于省际面板数据的经验分析"，《科技进步与对策》，2010年第24期。

[39] 李国璋，霍宗杰："中国全要素能源效率及其收敛性"，《中国人口·资源与环境》，2010年第1期。

[40] 李龙，张志超："财政科技支出、地方财政收入与经济增长动态关系研究及SVAR实证分析"，《现代管理科学》，2014年第4期。

[41] 李升泽，贺定修，范明明："基于客观赋权法的财政科技支出绩效评价软件研究"，《科技管理研究》，2013年第11期。

[42] 李保婵，李振才，高鑫龙："财政科技支出资金绩效评估指标体系的构建"，《会计师》，2013年第11期。

[43] 李强："基于内生增长理论的中国科技投入产出绩效评价模型研究"，《科技管理研究》，2006年第4期。

[44] 李炳安："美国支持科技创新的财税金融政策研究"，《经济纵横》，2011年第7期。

[45] 李颜："广西财政科技支出对区域科技创新能力的作用研究"，《内蒙古科技与经济》，2015年第3期。

[46] 李志刚，汤书昆，梁晓艳等："中国创新产出的空间分布特征研究——基于省际专利统计数据的空间计量分析"，《科学学与科学技术管理》，2006 年第 8 期。

[47] 李倩，师萍，赵立雨："基于灰色关联分析的中国区域科技创新能力评价研究"，《科技管理研究》，2010 年第 2 期。

[48] 李习保："中国区域创新能力变迁的实证分析：基于创新系统的观点"，《管理世界》，2007 年第 12 期。

[49] 李朝洪，李侃蔚："技术创新与经济增长相关关系实证研究"，《企业经济》，2014 年第 4 期。

[50] 李醒民，魏玖长："区域创新型企业创新效率评价及影响因素分析——基于安徽省创新型企业规模的对比研究"，《中国科学技术大学学报》，2015 年第 8 期。

[51] 罗卫平，陈志坚："基于 DEA 的广东省 21 个地市财政科技支出绩效评价"，《科技管理研究》，2007 第 3 期。

[52] 罗彦如，冉茂盛，黄凌云："中国区域技术创新效率实证研究——三阶段 DEA 模型的应用"，《科技进步与对策》，2010 年第 14 期。

[53] 刘俊杰，刘家铭："科技经费投入结构对区域创新能力的影响——基于全国 30 省市区面板数据的实证检验"，《广西师范大学学报：哲学社会科学版》，2011 年第 10 期。

[54] 刘凤朝，孙玉涛："中国政府科技投入对其他科技投入的效应分析"，《研究与发展管理》，2007 年第 6 期。

[55] 刘凤朝，孙玉涛，刘萍萍："中央与地方政府财政科技支出结构分析"，《中国科技论坛》，2007 年第 10 期。

[56] 刘亚旭，龚小军，高蓉等："科技投入产出评价方法探析"，《中国科技论坛》，2007 年第 4 期。

[57] 刘雪妮，尹林辉："江苏常州市政府财政投入产出效率研究——基于 $DEA-Tobit$ 方法"，《金融经济》，2013 年第 22 期。

[58] 刘伟："中国高新技术产业研发创新效率测算——基于三阶段 DEA 模型"，《数理统计与管理》，2013 年第 4 期。

[59] 刘金玲，李波："基于激励科技创新的税收优惠政策探讨"，《生产力研究》，2013 年第 4 期。

[60] 刘军民："提升企业自主创新能力的财税政策分析"，《华中师范大

学学报》，2009 年第 3 期。

[61] 刘纳新："科技创新对经济增长的影响分析——来自湖南省的实证研究"，《湖南社会科学》，2013 年第 4 期。

[62] 刘锋，逯宇铎，于娇："中国科技创新产出与经济增长的协整分析"，《科技管理研究》，2014 年第 17 期。

[63] 林海波："中国财政科技支出效率研究"，辽宁大学博士论文，2011 年。

[64] 梁淑美，王淑慧："中国财政科技支出效率比较分析"，《国家行政学院学报》，2012 年第 6 期。

[65] 梁彤缨，冯莉，陈修德："税收优惠、财政补贴对研发投入的影响研究"，《软科学》，2012 年第 5 期。

[66] 卢时雨，赵树宽，鞠晓伟："区域技术创新能力测度及实证研究"，《情报科学》，2008 年第 6 期。

[67] 马骥："知识创新与区域经济增长——一个空间计量经济学的检验框架"，《西南民族大学学报（人文社会科学版）》，2011 年第 4 期。

[68] 苗慧："地方财政科技支出效率评价研究——以辽宁省为例"，大连理工大学博士论文，2013 年。

[69] 穆智蕊："基于超效率 DEA 模型的北京 $R\&D$ 投入绩效评价"，《科技进步与对策》，2012 年第 5 期。

[70] 聂颖："中国支持科技创新的财政政策研究"，辽宁大学博士论文，2011 年。

[71] 庞瑞芝，李鹏："中国工业创新：过程、效率与模式——基于 2001～2008 年大中型工业企业的数据"，《产业经济研究》，2011 年第 2 期。

[72] 潘石，王泽彩："关于推进中国财政支出绩效评价改革的建议"，《经济纵横》，2006 年第 3 期。

[73] 潘雄锋，史晓辉："基于专利指标的中国区域创新趋同的时空演变特征分析"，《管理评论》，2012 年第 2 期。

[74] 潘镇，金中坤，徐伟："财政分权背景下地方政府科技支出行为研究"，《上海经济研究》，2013 年第 1 期。

[75] 普万里，王泽华，茹华所："科技投入绩效评价研究"，《科技进步与对策》，2007 年第 2 期。

[76] 钱丽，肖仁桥，陈忠卫："中国工业企业绿色技术创新效率及其区

域差异研究——基于共同前沿理论和 DEA 模型",《经济理论与经济管理》, 2015 年第 1 期。

[77] 戚湧等:《科学研究绩效评价的理论与方法》, 科学出版社, 2009 年。

[78] 吕向阳: "中国财政科技支出区域差距与分解研究: 1995—2011",《管理现代化》, 2013 年第 4 期。

[79] 阮华, 滕玉华: "城市教育支出效率差异及其收敛性分析——以江西省为例",《北京农业职业学院学报》, 2014 年第 6 期。

[80] 孙东: "财政科技支出对长三角创新能力的影响: 基于动态面板数据的 GMM 方法",《产经评论》, 2013 年第 6 期。

[81] 孙晓峰: "研究与开发活动中的财政支持",《经济学家》, 2005 年第 4 期。

[82] 孙斐, 韩伟: "自主创新导向型公共科技管理理论研究综述——基于演化经济学视角",《科技进步与对策》, 2011 年第 3 期。

[83] 孙萍, 孔德意, 许阳: "中国财政科技支出与其影响因素的动态关系研究",《科技与经济》, 2014 年第 1 期。

[84] 陶裕春, 申昱: "基于生产函数的国有工业企业科技创新测算",《中国市场》, 2014 年第 3 期。

[85] 田时中, 田淑英, 钱海燕: "财政科技支出项目绩效评价指标体系及方法",《科研管理》, 2015 年第 S1 期。

[86] 万勇: "现阶段中国区域技术创新能力及其分布研究——基于中国 30 个省级区域数据的因子分析",《东北大学学报（社会科学版）》, 2009 年第 3 期。

[87] 万勇: "创新能力的空间分布及其经济增长效应的实证研究",《上海经济研究》, 2011 年第 4 期。

[88] 万勇: "技术创新、贸易开发度与市场化的区域经济增长的效应——基于时空维度上的效应分析",《研究与发展管理》, 2010 年第 3 期。

[89] 王元地, 潘雄锋, 杨越: "中国地方政府科技投入效率的空间外溢效应研究",《中国人口·资源与环境》, 2013 年第 12 期。

[90] 王桂强, 张青: "基于'指标靶'概念的地方财政科技支出绩效评价模型体系的构建",《科学学与科学技术管理》, 2006 年第 7 期。

[91] 王志勇:《地方财政支出绩效评价研究与实践》, 云南科技出版社, 2009 年。

[92] 王海鹏, 田鹏, 靳萍: "中国科技投入与经济增长的 Granger 因果关系分析",《系统工程》, 2005 年第 7 期。

[93] 王乔, 饶立新: "高新技术产业税收政策",《税务研究》, 2007 年第 1 期。

[94] 王彪: "中国地方政府财政支出效率研究", 华中科技大学博士论文, 2012 年。

[95] 王雪莹: "国际财政科技支出的新特征和新趋势",《科技进步与对策》, 2012 年第 23 期。

[96] 吴玉鸣, 徐建华: "中国区域经济增长集聚的空间统计分析",《地理科学》, 2004 年第 6 期。

[97] 吴玉鸣: "空间计量经济模型在省域研发与创新中的应用研究",《数量经济技术经济研究》, 2006 年第 5 期。

[98] 吴俊培: "绩效预算研究",《财政监督》, 2007 年第 11 期。

[99] 吴雪: "地域科技投入产出的 DEA 模型构建与分析":《统计与决策》, 2014 年第 3 期。

[100] 吴秀波: "激励 R&D 投资的税收优惠政策研究",《科学管理研究》, 2002 年第 3 期。

[101] 吴二娇: "科技创新对经济增长影响的协整分析——以广东省为例",《沈阳工业大学学报(社会科学版)》, 2011 年第 1 期。

[102] 魏守华, 吴贵生, 唐方成: "中国区域科技差距及其成因研究",《科学学研究》, 2008 年第 2 期。

[103] 谢红: "基于层次分析法的科技财政支出绩效评价研究",《中央财经大学学报》, 2007 年第 4 期。

[104] 谢福泉, 任浩, 张军果: "财政科技支出产出绩效评价体系的构建——科技项目后评价视角",《中国科技论坛》, 2006 年第 6 期。

[105] 谢伟峰: "中国区域技术效率的差异及其原因探究",《财经理论与实践》, 2014 年第 3 期。

[106] 许治, 师萍: "影响中国科技投入强度因素分析——基于知识积累的一种解释",《软科学》, 2005 年第 2 期。

[107] 熊灵, 魏伟, 杨勇: "贸易开放对中国区域增长的空间效应研究: 1987—2009",《经济学(季刊)》, 2012 年第 3 期。

[108] 熊彼特:《熊彼特: 经济发展理论》, 邹建平译, 中国画报出版社,

2012年。

[109] 解垩:"中国财政政策收敛的空间计量经济分析",《社会科学战线》,2008年第7期。

[110] 袁卫,赵路,钟卫:《中国R&D理论、方法及应用研究》,中国人民大学出版社,2009年。

[111] 严成樑,周铭山,龚六堂:"知识生产,创新与研发投资回报",《经济学(季刊)》,2010年第3期。

[112] 袁金星:"河南省财政科技支出绩效评价研究——基于DEA分析法",《金融理论与实践》,2013年第12期。

[113] 杨宏进,刘立群:"基于三阶段DEA的高校科技创新绩效研究",《科技管理研究》,2011年第9期。

[114] 余泳泽:"中国高技术产业技术创新效率及其影响因素研究——基于价值链视角下的两阶段分析",《经济科学》,2009年第4期。

[115] 余泳泽,刘大勇:"中国区域创新效率的空间外溢效应与价值链外溢效应——创新价值链视角下的多维空间面板模型研究",《管理世界》,2013年第7期。

[116] 余泳泽,刘大勇:"创新价值链视角下的中国区域创新效率提升路径研究",《科研管理》,2014年第5期。

[117] 尹伟华:"三大执行主体视角下的区域R&D投入绩效评价研究",《科学学与科学技术管理》,2012年第10期。

[118] 张宇麟,柳锐:"中国省级财政政策收敛研究:基于空间面板数据模型的分析",《中央财经大学学报》,2008年第4期。

[119] 张平:"日本科技评估及对中国的借鉴",《中国科技论坛》,2005年第2期。

[120] 张清廉,于传岗,于长立:"中国地方财政支出绩效评价研究——以因子分析法为基础的分析",《河南社会科学》,2009年第6期。

[121] 张子龙,薛冰,陈兴鹏等:"中国工业环境效率及其空间差异的收敛性",《中国人口·资源与环境》,2015年第2期。

[122] 张铭洪,王晔,卢雄标:"地方财政科技支出的空间效应——基于福建省的经验数据分析",《厦门广播电视大学学报》,2014年第1期。

[123] 张小菁:"地方科技计划项目绩效评价研究",《科技管理研究》,2010年第21期。

[124] 张金胜:"中国政府财政科技支出适度规模研究",西北大学博士论文,2011年。

[125] 张青,徐之舟:"上海市工业企业科技投入产出效率测度与评价——基于政府财政科技支出的视角",《上海管理科学》,2006年第5期。

[126] 张海洋:"中国省际工业全要素R&D效率和影响因素:1999-2007",《经济学(季刊)》,2010年第4期。

[127] 张宗益,周勇,钱灿:"基于SFA模型的中国区域技术创新效率的实证研究",《软科学》,2006年第2期。

[128] 张序萍,刘中文,张峰:"区域技术创新能力的指标筛选及评价研究",《经济研究导刊》,2010年第30期。

[129] 张欣,宋化民:"中国五省知识经济发展状况比较分析",《科技管理研究》,2001年第1期。

[130] 张继红,吴玉鸣,何建坤:"专利创新与区域经济增长关联机制的空间计量经济分析",《科学学与科学技术管理》,2007年第1期。

[131] 张宏彦:"基于科技创新导向的金融支持政策研究",《科技进步与对策》,2012年第14期。

[132] 张信东,贺亚楠,马小美:"R&D税收优惠政策对企业创新产出的激励效果分析——基于国家级企业技术中心的研究",《当代财经》,2014年第11期。

[133] 张换兆,霍光峰,刘冠男:"京津冀区域科技创新比较的实证分析",《科技进步与对策》,2011年第2期。

[134] 张璞:"产业部门科技创新效用计量模型的一种应用",《科学学与科学技术管理》,2010年第5期。

[135] 张伟,高霞:"外商投资、创新能力与环境效率的结构方程分析:以山东为例"《中国软科学》,2012年第3期。

[136] 赵敏:"南京市科技投入产出的DEA评价模型",《南京社会科学》,2003年第S2期。

[137] 邹林全:"基于省级面板数据财政科技支出绩效评价模型的构建",《未来与发展》,2013年第1期。

[138] 周忠民:"试论财政科技资金的有效投入",《中南大学学报(社会科学版)》,2014年第2期。

[139] 周星雨,张应武:"科技创新与地区经济增长:基于中国31个省

区面板数据的实证研究",《江苏商论》,2015 年第 1 期。

[140] 周迪,程慧平:"创新价值链视角下的区域创新活动收敛分析——基于空间面板模型",《科技进步与对策》,2015 年第 1 期。

[141] 朱大玮,雷良海:"中国财政科技支出结构优化探讨——基于科技金融视角",《科学管理研究》,2012 年第 2 期。

[142] 钟泽圣:"支撑科技创新的财政政策研究",山东大学博士论文,2008 年。

[143] 钟祖昌:"研发创新 SBM 效率的国际比较研究——基于 OECD 国家和中国的实证分析",《财经研究》,2011 年第 9 期。

[144] Anselin L. Lagranger multiplier test diagnostics for Spatial Dependence and Spatial Heterogeneity. Geographical Analysis, Vol. 20, No. 1, 1988, pp. 1 – 17.

[145] Arrow, Kenneth J. The Economic Implications of Learning by Doing, The Review of Economic Studies, Vol. 29, No. 3, 1962, pp. 155 – 173.

[146] Barro, R. J., and Sala – I – Martin, X., Convergence, the Journal of Political Economy, Vol. 100, No. 2, 1992a, pp. 223 – 251.

[147] Barro, R. J. andX. Sala – I – Martin., Economic Growth, New York: McGraw – Hill, 1995.

[148] Barro, R., Government Spending in a Simple Model of Endogenous Growth, Journal of Political Economy, Vol. 98, No. 5, 1990, pp. S103 – S125.

[149] Barro, R. Economic Growth in Cross Section of Countries, Quarterly Journal of Economics, Vol. 106, No. 2, 1991, pp. 407 – 444.

[150] Baldwin R E. Core – periphery model with forward – looking expectations. Regional Science and Urban Economics, Vol. 31, NO. 3, 2001, pp. 21 – 49.

[151] Brown M G, Svenson R A. Measuring R&D Productivity, Research Technology Management, Vol. 31, NO. 4, 1988, pp. 11 – 15.

[152] Berman, Evan and XiaoHu Wang. Performance Measurement in US Counties: Capacity for Reform, Public Administration Review, Vol. 60, NO. 5, 2000, pp. 409 – 420.

[153] Bayouni. T, Coe, T, D. M., Liberating Supply: Fiscal Policy and Technologicl Innovation in a Multicountry Model. IMF Working Paper, 1998.

[154] Carl G. Thor. How to Find, Select and Display Performance Measures in

Government, Cost Management, Vol. 17, NO. 3, 2003, pp. 31 – 38.

[155] David, P. A., B. H. Hall and A. A. Toole: "Is Public R&D a Complement or Substitute for Private R&D? A Review of the Econometric Evidence", Research Policy, Vol. 29, No. 1, 2000, pp. 497 – 529.

[156] Duranton G, Puga D. Nursery cities: Urban diversity, process innovation, and the life cycle of products. American Economics Studies, Vol. 191, NO, 9, 2001, pp. 1454 – 1477.

[157] Dupont V. Do geographical agglomeration, growth and equity conflict? Papers in Regional Science, Vol. 86, NO. 11, 2007, pp. 193 – 213.

[158] Dagum, C.. A New Approach to the Decomposition of the Gini Income Inequality Ratio. Empirical Economics, Vol. 22, No. 4, 1997, pp. 515 – 531.

[159] De Laneer Julnes, Patria and Mare Holzer. Promoting the Utilizations of Performance Measures in Public Organizations: An Empirical Study of Factors Affecting Adoption and Implementation, Public Administration Review. Vol. 61, No. 6, 2001, pp. 693 – 708.

[160] Dominique Guellec, Bruno Van Pottlesberghe. The impact of public R&D expenditure on business R&D. Paris: OECD Working Paper, 2000.

[161] Esteban J. and Ray D. On the measurement of Polarization, Econometrica. Vol. 62, No. 4, 1994, pp. 819 – 851.

[162] Esteban, J., Gradín C. and Ray D., Extension of a measure of polarization, with an application to the income distribution of five OECD countries. The Journal of Economic Inequality, Vol. 5, No. 1, 2007, pp. 1 – 19.

[163] Fields, G. S., and Ok, E. A, The Measurement of Income Mobility: An Introduction to the Literature, in Silber, J (eds), Handbook of Inequality Measurement, Kluwer Academic Publishers. 1999.

[164] Fields, G. S. and G. Yoo, Falling Labor Income Inequality in Korea's Economic Growth: Patterns and Underlying Causes, Review of Income and Wealth, Vol. 46, No. 2, 2000, pp. 139 – 159.

[165] Fields, G. S., Distribution and Development: A New Look at the Developing Worlds, The MIT Press, 2001.

[166] Fields, G. S., Does Income Mobility Equalize Longer – term Incomes? New Measures of an Old Concept, Cornell University, 2005.

[167] Griliches, Zvi. Issues in Assessing the Contribution of R&D to Productivity Growth, Bell Journal of Economics. Vol. 10, No. 1, 1979, pp. 92 – 116.

[168] Grossmann V. How to Promote R&D – based Growth? Public Education Expenditure on Scientists and Engineers versus R&D Subsidies, Journal of Macroeconomics, Vol. 1, No. 1, 2007, pp. 1 – 27.

[169] Hassan, M. K., Sanchez, B., &Suk Yu, Financial Development and Economic Growth: New Evidence from Panel Data. The Quarterly Review of Economics and Finance, Vol. 51, NO. 1, 2011, pp. 88 – 104.

[170] Heng, Y. Fiscal Disparities and the Equalization Effects of Fiscal Transfers at the County Level in china. Annals of Economics and Finance, Vol. 9. No. 1, 2008, pp. 115 – 149.

[171] Irwin D. A, Klenow P. J. High – tech R&D subsidies Estimating the effects of Sematech, Journal of International Economics, Vol. 40. No. 3, 1996, pp. 323 – 344.

[172] Jaffe, A. B. Real effects of Academic Research, American Economic Review, Vol. 79. No. 5, 1989, pp. 957 – 970.

[173] Kerssens – van Drongelen, Cook. Design Principles for the Development of Measurement Systems for Research and Development Processes, R&D management, Vol. 27, No. 4, 1997, pp. 345 – 359.

[174] Kramer M R. Creating shared value, Harvard Business Review, Vol. 89, No. 1, 2011, pp. 62 – 77.

[175] Lasso de la Vega, M. C., and Urrutia A. M., An Alternative Formulation of the Esteban – Gradín – Ray Extended Measure of Polarization. Journal of Income Distribution, Vol. 15, No. 1, 2006, pp. 42 – 54.

[176] Lee J, Gereffi G, Beauvais J, Global value chains and agrifood standards: Challenges and possibilities for smallholders in developing countries, Proceeding of the National Academy of Sciences, Vol. 109, No. 31, 2012, pp. 12326 – 12331.

[177] M. skidmore, H. Toya and D. Merriman, Convergence in Government Spending Theory and Cross – Country Evidence. kyklos, Vol. 57, NO. 4, 2004, pp. 587 – 620.

[178] Mookherjee, D. and Shorrocks, A. F., A Decomposition Analysis of the Trend in UK Income Inequality. Economic Journal, Vol. 92, No. 1, 1982,

pp. 886 – 902.

[179] Morduch, J. and T. Sicular, Rethinking inequality decomposition: with evidence from rural China. The Economic Journal, Vol. 112, No. 476, 2002, pp. 93 – 106.

[180] Mario, Coccia. New Models for Measuring the R&D Performance and identifying of Public Research Institutes, R&D Management, Vol. 34, No. 3, 2005, pp. 234 – 239.

[181] Rey S B Montouri. US regional income convergence: A Spatial Econometric Perspective. Economic Journal, Vol. 33. No. 2, 1999, pp. 143 – 156.

[182] Shorrocks, Anthony F., The class of additively decomposable inequality measures. Econometrica, Vol. 48, No. 3, 1980, pp. 613 – 625.

[183] Shorrocks, Anthony F., Inequality Decomposition by Population Subgroups. Econometrica, Vol. 52. No. 6, 1984, pp. 1369 – 1385.

[184] Shorrocks, A. F., Decomposition Procedures for Distributional Analysis: A Unified Framework Based on the Shapley Value, Unpublished Manucript, Department of Economics, University of Essex, 1999.

[185] Shorrocks, A. F. and D. Slottje. , Approximating Unanimity Orderings: An Applicationto Lorenz Dominance, Journal of Economics, Supplement 9, Vol. 77, No. 1, 2002, pp. 91 – 117.

[186] Sean Nicholson Crotty, Nick A, Theobald and Jill Nieholson – Crotty. Disparate Measures: Public Managers and Performanee – Measurement Strategies, Public Administration Review, Vol. 66, NO. 1, 2006, pp. 101 – 113.

[187] Tone K. . A slacks – based measure of efficiency in data envelopment analysis. European Journal of Operational Research, Vol. 130, NO. 1, 2001, pp. 498 – 509.

[188] Wan, G. , Accounting for Income Inequality in Rural china: a Regression based Approach, Journal of Comparative Economics, Vol. 32, NO. 2, 2004, pp. 348 – 363.

[189] Wen Mei. Relocation and agglomeration of Chinese industry. Journal of Development Economics, Vol. 73, NO. 1, 2003, pp. 329 – 347.